KB164253

화폐경제학

밀턴 프리드먼
화폐경제학

밀턴 프리드먼 지음
김병주 옮김

통화 이론으로 노벨경제학상을 수상한
세계적 경제학자의 돈 이야기

MONEY MISCHIEF

한국경제신문

"화폐는 우리에게 어떤 영향을 끼쳐왔는가"

수십 년 동안 화폐적 현상을 연구해 오면서, 화폐제도에 있어서 사소해 보이는 변화들조차 곳곳에서 때로는 예기치 못한 결과들을 초래한다는 사실에 나는 거듭 감동을 받곤 했다.

나의 전작 『최적 화폐 수량 *The Optimum Quantity of Money*』의 서문에서 "화폐적 현상은 일본의 정원과 비슷하다. 그것은 다양성에서 비롯된 심미적 일체감, 정교한 실체를 숨기고 있는 외형상의 소박함, 점차 깊은 그림의 구도 속으로 스며드는 겉모양을 띠고 있다. 그리고 화폐적 현상과 일본의 정원, 이 양자는 다양한 각도에서 느긋하게 그러나 심도 있게 감상할 경우에만 완전하게 느낄 수 있다. 이 양자는 전체적 맥락과는 독립적으로 감상할 수 있는 요소들을 갖고 있으면서도 전체적인 맥락의 부분으로 파악되어야 완전히 이해될 수 있다"라고 말했다.

화폐이론에 대한 적절한 설명은 실제로 화폐 역사에도 유효하다. 어느 한 각도에서 볼 때 이상하게 보이는 화폐구조도 다른 각도에서 보면 당연하게 보인다. 이 책의 1장이 이의 명백한 예가 된다. 즉, 돌石화폐와 금金화폐는 너무나 유사하여 마치 동일한 곳에서 발굴된 듯하다.

1장의 짧은 글은 화폐 현상을 다룸에 있어서 돈의 겉모습이 얼마나 오류를 유발할 수 있는가를 예시함으로써 독자의 흥미를 돋운다. 2장에서는 간략하게 화폐이론의 본질을 설명한다. 이는 뒤에 이어지는 역사적 일화들을 이해할 수 있는 배경이 된다. 3~5장에서는 외견상 사소하게 보이는 사건들이 광범위하고도 전혀 예상치 못한 결과를 초래한다는 실제의 사례들을 다룬다. 3장에서는 화폐주조에 관한 법률에서 무심코 한 구절을 생략한 것이 수십 년 동안 미국의 정치·경제에 중대한 영향을 미치게 되었다는 이야기를 들려주며, 4장에서는 이의 결론을 경험적으로 뒷받침해주는 내용들을 담고 있다. 5장은 잘 알려지지 않은 두 명의 스코틀랜드 화학자들의 연구 결과가 윌리엄 제닝스 브라이언William Jennings Bryan(지난 세기에 가장 다채로우면서도 가장 인정받지 못한 정치인 중의 한 사람)의 대통령 꿈을 끝장나게 했다는 이야기이다.

이러한 역사적인 일화에 대한 고찰에 이어 6장에서는 주요 논쟁거리인 금은복본위제도bimetalism를 다루고 있는데, 이 제도는 3~5장에서 서술된 사건들에서 주된 역할을 담당했다. 최근에 복본위제도가 "1860년대 중반부터 1890년대 중반까지 '문명사회'의 경제학자들 사이에서 가장 격렬한 이론적 논쟁과 경제정책에 관한 논쟁을 불러일으켰다"라고 쓴 학자가 있다(Roccas 1987, p.1). 6장에서는 통화제도로서의 복본위제도에 관한 전통적인 장단점의 견해가 크게 잘못되었다는 주장을 담고 있다.

내 글의 초점은 통화제도로서의 복본위제도를 단본위제도monometallism 와 비교하는 데 있다. 미국 혹은 다른 나라가 현재의 상황에서 복본위제도를 제정해야 한다고 주장하는 것이 아니다. 만일 주장한다면 그것은 1세기 이전에 월터 베이지호트Walter Bagehot가 주장한 바와 같이, 화폐제도는 그저 성장할 뿐이라는 나의 소신과 완전히 상반되는 것이다. 화폐제도는 기존의 것을 버리고 새로 만들어지지도 않고 만들어질 수도 없다. 그러나 '1873년의 범죄'에서 볼 수 있듯이, 화폐제도는 고의적 조치에 의해 온갖 모양으로 수정되며 영향을 받게 된다. 이 때문에 화폐적 현상에 대한 올바른 이해가 상당한 가치를 갖게 된다. 따라서 3~6장에서는 동일한 사건들을 상이한 관점에서 다룬다.

7장에서는 역사적 일화인 1930년대 미국의 은구매사업의 영향을 다시 고찰한다. 미국 서부지역 출신 몇몇 상원의원들을 회유하기 위한 프랭클린 D. 루스벨트Franklin Delano Roosevelt 대통령의 결정이 지구 저편의 중국에서 공산주의의 승리에 기여했을 가능성이 있다고 주장한다면 좀 지나치게 보일 것이다. 그러나 그 가능성이 현실로 나타난 사건들의 인과관계는 분명하며, 당시 기본 화폐이론을 조금이라도 이해했던 사람들은 그 과정의 초기 몇 단계는 분명하게 볼 수 있었다. 미국의 은구매정책이 기여한 인과관계의 마지막 단계는 초인플레이션이었는데, 이는 수천 년에 걸쳐 수많은 나라들에 타격을 준 질병과 유사한 형태이다.

8장에서는 많은 국가들에게 "인플레이션은 언제 어디서나 화폐적 현상이다"라는 핵심 명제를 예시하기 위해 많은 나라들의 최신 자료와 역사적 자료를 들어 인플레이션의 원인과 대책을 고찰한다. 9장에서는 우연이란 요인이 화폐에 영향을 끼칠 수 있는 역할을 증언한다. 예컨대 미

국에서 발생한 사건, 따라서 칠레와 이스라엘 정책입안자들의 영향권
밖에 있었던 사건이라 할지라도 칠레의 정책입안자들은 악한이 된 반면
이스라엘의 정책입안자들은 영웅이 되었다.

10장은 역사적으로 전례가 없으나 전세계적으로 통용되고 있는 오늘
날의 통화제도가 향후 미칠 수 있는 결과를 탐색한다. 1971년 리처드 닉
슨Richard Nixon이 달러와 금 사이에 남아 있던 마지막 희미한 관계마저
깨뜨린 이래 어떤 주요 통화도 상품과 연계되어 있지 않다. 현재 모든 통
화는 정부의 위임과 인가에만 의존하는 불환화폐이다.

이 책의 마지막 장은 앞에서 살펴본 이야기들로부터 몇 가지의 교훈
을 도출하는 후기이다. 인간이 판매행위와 구매행위를 구분하는 것이
유용하다는 것을 깨달았던 그날, 그 누군가가 자기의 생산물(혹은 용역)
을 그 무엇(자기가 직접 소비하거나 생산에 이용할 의사가 없지만 앞으로 소비
또는 생산에 이용할 목적으로 다른 생산물이나 용역을 구입하는 수단으로 이용
할 그 무엇)을 받고 판매하는 것이 안전하다고 결정한 그날부터 수천 년
동안 성쇠를 거듭했던 매력적인 '화폐의 정원'에 대해 이 책은 단편적
으로나마 살펴볼 기회를 제공한다. 여기서 거래를 연결하는 '그 무엇'은
화폐라고 불리며, 이는 역사적으로 돌에서부터 깃털, 담배, 조가비, 구
리, 은, 금, 종잇조각 그리고 회계장부의 항목에 이르기까지 수많은 형태
를 취했다. 그러면 미래의 화폐는 어떤 형태를 가지게 될까? 과연 컴퓨
터의 바이트byte일까?

이 책의 내용 중 일부는 이미 출간된 바 있다. 3장과 4장은 「*Journal of
Political Economy*」(1990. 12), 6장은 「*Journal of Economic Perspectives*」

(1990. 가을호), 7장은 「*Journal of Political Economy*」(1992. 2), 그리고 10장은 「*Bank of Japan Monetary Economics and Studies*」(1985. 9)에 수록되었다. 나는 이 논문들을 여기에 다시 수록하는 것을 허락한 잡지사에 감사를 표한다. 8장은 밀턴 프리드먼Milton Friedman과 로즈 프리드먼Rose D. Friedman 공저의 『선택의 자유*Free to Choose*』(1980)의 9장을 새롭게 쓴 것이다. 아울러 각 장들 사이에서의 반복을 피하고, 논의의 연속성을 기하기 위해 전작물의 내용을 다소 수정하였다.

나는 많은 친구들의 지식과 충고로부터 도움을 받았다. 장마다 그들이 기여한 부분을 각주에서 표시했다. 특히 애너 야콥슨 슈워츠Anna Jacobson Schwartz에게 깊은 감사를 드린다. 그녀는 금융 연구의 오랜 동료로서 도움이 필요할 때 항상 도움을 주었다. 또한 오랫동안 나의 비서이자 조수인 글로리아 발렌틴Gloria Valentine에게도 감사한다. 그녀는 기초 자료 출처에 대한 값진 조사 연구와 거듭되는 타이핑, 반복되는 원고 수정을 담당했고, 또한 모든 참고문헌들의 정확성을 확인했다.

나와 내 처의 공저 『선택의 자유』와 『현상의 폭정*The Tyranny of the Status Quo*』에 도움을 준 윌리엄 요바노비치William Jovanovich가 이 책에서도 큰 도움을 주었다. 그리고 이 책의 편집 책임을 맡은 마리아나 리Marianna Lee와 원고의 오류를 교정한 편집자들에게도 감사를 드린다.

글렌 캠벨W. Glenn Campbell과 존 레이션John Raisian, 2대에 걸친 후버연구소Hoover Institution 소장의 책임 하에서 후버연구소는 이 책이 집필되는데 최대의 자유를 보장하고 거의 이상적인 수준의 자금을 제공해주었다.

최고의 감사를 드려야 할 사람은 또 있다. 59년 전에 처음 만난 뒤 나의 삶을 풍성하게 해준 로즈 프리드먼은 상상을 초월한 행운이었다. 그녀가 나의 모든 개인적 활동과 지적 활동에 기여했듯이, 이 책의 저술에 있어서도 그녀가 이바지한 바를 헤아릴 수 없다.

캘리포니아 주 스탠포드에서

밀턴 프리드먼

"왜 인플레이션이라는 재앙이 찾아올까"

참으로 우연한 기회에 밀튼 프리드먼의 최신 저술 『*Money Mischief : Episodes in Monetary History*』(Harcourt Brace Jovanovich)의 번역을 맡게 되었다. 나는 시카고학파와 반대 입장의 진영 중 하나인 프린스턴대학에서 공부했으나 전공 관계로 항상 프리드먼의 저술에 관심을 갖고 있었다. 연구방법의 기술적 측면들과 정책적 주장에 있어서는 그와 상당한 거리와 골을 지금도 느끼고 있다. 그러나 그가 학문 일생을 통해 시종일관해온 화폐 수량설 관점의 거시경제학적 접근, 자유시장 경제에 대한 투철한 신념은 많은 사람의 존경을 받아 마땅하다.

프리드먼은 단순히 상아탑 학자일 뿐 아니라 자신의 신념들을 예컨대 「뉴스위크」의 컬럼을 통해 명쾌하게 펼쳐 국민을 설득해 여론을 조성하고, 주로 미국의 공화당 정부와 일부 라틴아메리카 국가의 경제정책 운용에 상당한 영향을 미치기도 한 행동파 학자의 면모를 보여주었다.

이 책은 그의 일생에 걸친 진지한 연구와 경험의 통찰력을 아마도 마지막으로 세상에 내놓은 저서라고 할 수 있다. 그런 의미에서 이 책의 이곳저곳에서 반짝이는 사상과 지식의 편린들은 값진 것이다. 한동안 거시경제에 있어서 화폐의 중요성 문제를 둘러싸고 뜨거운 공방전이 전개되었으나, 이제는 어느 진영, 어느 학파의 경제학자라도 국민경제 활동 수준과 그 동태적 경로에 대한 화폐의 역할을 인정하게 되었다.

이 책은 긴 역사의 경험 사례들을 흥미 있게 소개하면서, 만일 정부가 재정적자를 손쉽게 메우는 수단으로 화폐증발을 선택하는 경우 인플레이션이라는 재앙을 불러오게 된다는 주장을 여러 측면에서 반복하여 설득력을 강화한다. 이 책의 원제가 Money Mischief, 즉 '화폐적 폐해' 인 것은 바로 이 점을 뜻하는 것으로 풀이된다. 자유시장경제와 규제완화가 최근 금융위기의 원인으로 보아 시카고학파의 태두 프리드먼이 저평가되는 경향이 있음에도 불구하고 그가 거듭 강조하는 말, 즉 "인플레이션은 언제 어디서나 화폐적 현상이다"라는 말은 최근 위기 이후 세계적으로 유동성이 풀린 상태에서 시사하는 점이 크다.

과연 앞으로 세계 각국 정부들이 상품화폐와 연결고리가 없는 불환지폐제도를 그 폐해인 인플레이션 가능성을 배제하면서 운용하는 제도적 장치를 마련할 수 있을지, 그리고 각국의 국민들이 경제학적 지각 수준을 높여 정부에게 이를 관철하도록 영향력을 행사할지 관심거리가 아닐 수 없다.

이 책의 대부분은 일반 독자들에게 적절한 수준으로 서술되어 있다(그러나 2장의 일부와 4장은 경제학 전공자들에게는 도움이 될 것이나 일반 독자들은 이해하기 어려운 수준이므로 그냥 넘어가도 된다). 이 책은 일반 독자는 물론 경제학 전공자들 그리고 경제정책의 수립과 집행의 관여자들에게

일독을 권하는 바이다.

　요즘 케인즈를 띄우고 프리드먼을 폄하하는 것이 유행이다. 하지만 프리드먼을 제대로 읽으면 최근 세계적 금융위기의 뿌리를 알 수 있을 것이라 판단된다.

　번역은 창조이자 파괴이다. 원작의 문장 맛을 감상하려면 역시 원저 그대로 읽는 게 좋다는 입장에서, 되도록 원문에 충실하게 번역하고자 노력했다. 또한 좋은 책을 읽고 우리말로 옮기는 것은 즐거움이자 괴로움이었다.

　오래된 번역원고를 찾아내 빛을 보게 하고 시대에 맞게 윤문해주신 한국경제신문 편집부에 감사의 말씀을 드린다.

김병주

차례

책머리에 "화폐는 우리에게 어떤 영향을 끼쳐왔는가" … 5
이 책을 옮기면서 "왜 인플레이션이라는 재앙이 찾아올까" … 11

CHAPTER 1 돌화폐의 섬 **19**

CHAPTER 2 화폐의 신비 **27**
　화폐의 공급 … 38
　화폐의 수요 … 40
　공급과 수요의 조절 … 48
　화폐 수량 방정식 … 60
　화폐 수량의 변화 … 62
　화폐 수요의 변화 … 68
　결론 … 69

CHAPTER 3 1873년의 범죄 **75**
　배경 … 79
　무슨 일이 일어났었는가? … 85
　1873년의 화폐주조법의 결과 … 89
　금 · 은 둘 중에서 어느 것이 더 좋았을까? … 96

MONEY MISCHIEF

MONEY MISCHIEF

CHAPTER 4 반사실적 실험 **105**

목적 … 107

단순한 추정치 … 108

16:1의 추정치 … 111

정교한 추정치 … 113

더욱 정교한 추정치 … 124

CHAPTER 5 윌리엄 제닝스 브라이언과 청화법 **131**

브라이언의 후보 지명과 그 이후의 정치적 경력 … 135

금본위제의 승리 … 139

디플레이션과 청화법 … 141

디플레이션과 은 운동 … 142

16:1은 어처구니없는 생각이었나? … 145

청화법과 브라이언의 정치적 쇠퇴 … 152

결론 … 153

CHAPTER 6 복본위주의의 재고 **155**

역사적 경험 … 161

복본위주의에 대한 학자들의 문헌 … 166

복본위제주의 주장자와 반대자 … 169

복본위제에 대한 여러 가지 견해 … 172

제안보다 우수한 개혁안들 … 172

실행상의 고려 사항들 … 173

은의 단본위주의냐, 금의 단본위주의냐 … 178

결론 … 185

CHAPTER 7 루스벨트의 은구매사업과 중국 **187**

　　은을 지지하는 압력 … 191

　　은에 대한 뉴딜 정책 … 193

　　미국 내에서의 효과 … 197

　　다른 나라에 끼친 영향 … 201

　　중국에 대한 효과 … 203

　　중국의 초인플레이션 … 209

　　결론 … 211

　　부록 중국의 은본위제 이탈에 대한 다른 해석 … 213

CHAPTER 8 인플레이션의 원인과 처방 **221**

　　인플레이션의 직접적 원인 … 228

　　과도한 화폐발행의 원인은 무엇인가? … 239

　　인플레이션에 의한 정부수입 … 243

　　인플레이션에 대한 처방 … 247

　　처방의 부작용 … 252

　　부작용의 완화 … 257

　　물가안정을 위한 제도 개혁 … 262

　　사례 연구 … 264

　　결론 … 267

MONEY MISCHIEF

MONEY MISCHIEF

CHAPTER 9 칠레와 이스라엘: 동일한 정책, 반대의 결과 **271**

칠레 ⋯ 273
이스라엘 ⋯ 277
환율조치가 신뢰할 수 없는 정책인 이유는 무엇인가? ⋯ 279

CHAPTER 10 불환지폐 세계에서의 금융정책 **287**

에필로그 "화폐, 광범위하고 예기치 못한 효과를 가져오는 것" ⋯ 300
참고 문헌 ⋯ 305
주 ⋯ 315
찾아보기 ⋯ 334

MONEY MISCHIEF

Chapter 1

돌화폐의 섬

1899년부터 1919년까지 마이크로네시아에 있는 캐롤라인 군도는 독일의 식민지였다. 이 군도 중 가장 서쪽에 위치한 섬은 얩Yap(혹은 웹Uap)이었는데 당시 인구는 5~6천 명이었다.

1903년 윌리엄 헨리 퍼니스 3세William Henry Furness Ⅲ라는 미국 인류학자가 그 섬에서 여러 달 동안 살았으며, 섬 주민들의 삶과 풍습에 대한 아주 흥미로운 책을 썼다. 특히 그는 섬의 화폐제도에 대해 깊은 인상을 받아 책의 제목을 『돌화폐의 섬The Island of Stone Money』(1910)이라고 붙였다. 나는 이를 이 장의 제목으로 삼기로 했다.

얩섬에서는 금속물질이 생산되지 않기 때문에 그들은 돌을 돈으로 사용했다. 문명사회에서 주조되는 동전의 경우처럼, 운반하고 다듬는 수고와 공을 들인 돌은 훌륭한 노동의 상징이었다.

그들은 자신들의 교환매개 수단을 페이fei라고 불렀는데, 페이는 크고 단단하며 두꺼운 돌바퀴로 되어 있다. 이 돌바퀴의 직경은 1피트에서 12

피트(대략 40cm~5m 길이 – 옮긴이)까지 달했고, 한가운데에 구멍이 있어서 무게를 견디고 운반하기에 알맞을 만큼 크고 튼튼한 막대기를 집어넣을 수 있었다. 이러한 돌동전은 "섬에서 약 400마일 떨어진 섬에서 발견되는 석회석으로 만들어진다." 그곳에서 채석되고 가공된 다음 카누와 뗏목에 실려 모험을 좋아하는 원주민 뱃사람들에 의해서 얩섬으로 운반되었다.

이러한 돌화폐의 특징 중 두드러진 것은 돌의 주인이 자기 소유물이라는 표시를 나타내려고 노력할 필요가 없다는 것이다. 운반하기 곤란할 정도의 큰 페이값에 달하는 거래를 맺은 다음, 새 주인은 그 돌이 자기 것이라는 인정을 얻는 데 만족할 뿐 굳이 그 거래가 있었다는 표시조차 하려들지 않는다. 그 돌은 원래의 주인 집안에 그대로 남는다.

나의 늙은 친구인 파튜마크Fatumak가 나에게 들려준 흥미로운 이야기는 다음과 같다. 인근 마을에 모든 사람들이 인정하는 큰 재산을 가진 한 가족이 살았는데, 그 가족은 물론 어느 누구도 그 재산을 본 적도 만져본 적도 없었다. 그 재산은 아주 큰 페이로 되어 있었는데, 그 크기는 구전口傳으로만 알려져 있었다. 왜냐하면 그 돌은 두어 세대 이전부터 바다 밑에 가라앉아 있었기 때문이다. 그 가족의 이야기인즉, 조상 한 분이 페이를 찾아 원정대를 따라 나섰다가 아주 크고 값진 돌을 얻어 집으로 가져오려고 뗏목에 실었다. 그러나 도중에 심한 폭풍우를 만나자 사람들은 목숨을 구하려고 배 뒤에 매달린 줄을 잘라야 했다. 그렇게 되어 커다란 돌은 바다 속으로 사라져 버렸다. 집에 돌아온 사람들은 가라앉은 페이가 아주 크고 값진 것과 그 돌이 바다에 가라앉은 사건은 주인의 잘못이 아니라는 것을 모두 증언했다. 그래서 그들의 소박한 생각으로는 그 돌이 정당한 형태로 공들여 쪼아 만들어졌기 때문에, 돌을 바다에 빠뜨려 잃어버린 단순한 사고쯤이야 너무 하찮아 언급할 필요도 없었다. 또한 해안에서 수백 피트 떨어진 바다가 삼켜 버렸다고 해서 그 돌의 시장가치에 영향이 있어서는 안 된다고 널리 인정하게 되었다. 따라서 마치 이 돌이 주인 집 벽면에 기대 서 있는 것처럼 돌의 구매력은 그대로 인정되었다는 것이다.

앱섬에는 바퀴가 달린 운반기구가 없었고 따라서 수레가 다닐 길도 없었다. 그러나 다른 마을 사람들과 왕래를 하기 위한 길은 항상 있었다. 독일 정부가 1898년 스페인으로부터 캐롤라인 군도를 사들여 이 군도의 소유권을 갖게 되었을 때, 독일 정부는 지역의 추장들에게 길을 좋은 상태로 보수하라고 명령했다. 그러나 원주민들은 맨발로 다녔지만 큰 불편을 느끼지 못했기에 명령은 여러 차례 무시되었다. 참다 못한 독일 정부는 마을의 추장들에게 명령불복종죄로 벌금을 부과하기로 결정했다. 그런데 어떤 형태로 벌금을 부과해야 할까? 궁리 끝에 기발한 생각이 떠올랐다.

명령을 이행하지 않은 집집마다 관리를 보내 가장 값진 페이 몇 개를 골라 정부의 소유를 나타내는 검은 십자 표시를 하도록 한 것이다. 그러자 즉시 요술 같은 효과가 나타났다. 즉, 그 표시 행위 때문에 처량하게 가난해진 주민들이 섬의 끝에서 끝까지 도로 보수작업을 열심히 한 것이다(지금도 그 도로는 공원의 길처럼 훌륭하다). 그러자 정부는 관리를 다시 파견하여 십자 표시를 지웠다. 이제 원주민들은 자기네 소유권을 회복하고 예전의 부를 누리게 되었다(pp.93, 96~100).

나와 마찬가지로 대부분의 독자들은 "저런 바보들 같으니! 어떻게 사

람들이 그토록 비논리적일까"라는 반응을 보일 것이다. 그러나 얩섬의
순진한 사람들을 야유하기 이전에 미국에서의 한 가지 일화를 살펴보
자. 이 일화를 듣는다면 옙섬의 주민들이 똑같은 반응을 보일 것이다.
1932~33년에 미국이 금 1온스당 20.67달러라는 전통적인 가격으로 금
본위제도를 유지하지 않을 것을 우려한 프랑스은행Bank of France은, 뉴욕
의 연방준비은행Federal Reserve Bank에 맡겨둔 달러 자산 대부분을 금으로
바꾸어줄 것을 요청했다. 동시에 금을 바다 건너로 운반해야 할 필요성
을 피하기 위해 연방준비은행이 금을 자기 은행의 계정으로 보관해줄
것을 요청했다. 이에 따라 연방준비은행 직원이 금 저장실로 가서 정확
한 양의 금을 별도의 서랍에 집어넣고, 그 내용물이 프랑스의 자산임을
나타내는 표시를 서랍에 붙였다. 이것은 모든 면에서 마치 독일인이 돌
에 검은 십자 표시를 한 것과 똑같다.

　그 결과 경제신문에 '금의 손실', '미국 금융제도의 위협' 등과 같은
제목의 기사들이 실렸다. 미국의 금보유고는 감소하고, 프랑스의 금보
유고는 증가했다. 시장에서 달러 가치는 약화되고, 프랑의 가치는 강화
되었다. 프랑스가 미국으로부터 금을 유출한 것이, 말하자면 궁극적으
로 미국의 금융공황을 야기한 요인 중의 하나가 되었다.

　지하금고 속의 서랍 겉면에 붙은 어떤 표시 때문에 미국의 통화 가치
가 약화되었다고 믿는 연방준비은행의 생각과 돌에 칠한 어떤 표시 때
문에 가난하게 되었다고 믿는 얩섬 주민들의 생각 사이에 실제로 차이
가 있겠는가? 또 3천 마일이나 떨어져 있는 지하금고 서랍에 붙인 어떤
표시 때문에 통화가치가 강화되었다는 프랑스은행의 생각과 해안에서
수백 마일 이상 떨어진 바다 밑에 잠긴 돌 하나 덕분에 부자가 됐다고 믿

는 얩섬의 한 가족의 생각 사이에도 차이가 있는가? 말이 나왔으니 말이지만, 우리들 중 얼마나 많은 사람들이 부의 구성요소로 간주되는 재산의 존재에 대해 문자 그대로 몸소 직접 확인할 수 있겠는가? 우리가 소유하고 있는 재산이라는 것은 아마도 은행통장에 기입된 금액과 주식이라고 불리는 종잇조각에 의해 보증되는 재산권에 불과하다.

얩섬 주민들은 멀리 떨어진 섬에 가서 다듬어 자기네 섬으로 운반된 돌을 부의 구체적 표현으로 보았다. 문명세계는 땅 속 깊은 곳에서 채광하여 힘들여 제련하고 멀리 운반하여 다시 땅 속 깊은 곳의 정교한 금고 속에 보관하는 금속을 부의 구체적 표현으로 보았다. 실제로 어느 것이 더 합리적이라고 말할 수 있을까?

수많은 예들을 더 열거할 수 있지만, 위의 두 가지 예가 보여주는 것은 어떤 외양이나 환상, 신화이든지 그에 대한 사람들의 확고한 믿음이 있다면 금융 측면의 가치를 지닐 수 있다는 점이다. 우리 자신의 화폐, 우리 자신과 함께 발전해온 화폐, 우리의 화폐관리제도는 우리에게는 '현실적'이고도 '합리적'인 것으로 보인다. 반면에 외국의 화폐는 비록 당사자에게는 소중할지 몰라도 우리에게는 때때로 종이 혹은 쓸모없는 금속 조각에 불과하다.

MONEY MISCHIEF

Chapter 2

화폐의 신비

화폐라는 용어는 일반 사람들의 대화에서 두 가지 의미를 가진다. 소득을 벌고 있다는 것을 의미할 때, 우리는 그가 "돈을 번다 making money"는 말을 쓴다. 이 경우는 그가 지하실에 녹색 종잇조각을 찍어내는 인쇄기를 가지고 있다는 의미는 아니다. 이러한 말의 쓰임에 있어서 화폐는 소득(혹은 수익)과 동의어이며, '흐름'의 개념으로 월 소득 혹은 연간 소득이나 수익을 말한다. 두 번째로는 은행 예금계좌에 돈을 가지고 있다는 의미이다. 이 말의 쓰임에 있어서 화폐는 하나의 자산, 즉 어떤 사람의 총재산의 구성요소를 말한다. 달리 말하면 화폐라는 말의 첫 번째 쓰임은 손익계산서에서 하나의 항목을, 두 번째 쓰임은 대차대조표의 한 항목을 언급한다.

이 책에서 나는 화폐라는 용어를 대차대조표에서의 항목을 나타내는 두 번째 의미로서만 사용하려고 노력하겠다. '노력하겠다'라고 말하는 이유는, 화폐란 말을 소득(수익)의 동의어로 사용하는 것은 너무 흔한 일이어서, 수십 년 동안 화폐의 두 가지 의미를 구별하는 것이 중요하다는 것을 잘 알고 있는 나조차도 가끔 실수로 첫 번째 의미로 사용할 수 있기 때문이다.

그렇게 많은 사람들에게 화폐가 신비롭게 보이는 까닭의 하나는 신화나 허구, 관례의 역할에 있다. 나는 바로 이 점을 예시하기 위해서 1장에서 돌화폐의 이야기를 들려주었다. 우리 대부분의 일상적 경험에 더 적절한 방법으로 이 점을 예시하기 위해, 똑같은 크기를 가진 직사각형의 종이 두 장이 있다고 생각해보자. 하나는 뒷면이 녹색으로 되어 있고, 앞면에는 링컨의 초상이 그려져 있으며 각 모서리마다 5라는 숫자가 있고 그밖에 약간의 문자들이 인쇄되어 있다. 사람들은 이 종잇조각을 가지고 일정량의 음식, 옷가지를 비롯한 여러 가지 물건들과 바꿀 수 있다. 사람들은 기꺼이 이러한 교환을 한다.

여기에 또 하나의 종이가 있다. 번드레한 잡지에서 오려낸 이 종잇조각도 그림 하나, 어떤 숫자와 약간의 인쇄된 문자들을 담은 앞면과 색깔이 녹색인 뒷면을 가질 수 있다. 그러나 그것은 불쏘시개로나 알맞을 뿐이다.

그 차이점은 어디에 있는가? 5달러짜리 지폐에 인쇄되어 있는 문자들은 아무런 해답을 주지 않는다. 5달러짜리 지폐에는 단순히 '연방준비은행권/미합중국/5달러'라고 쓰여 있고, 작은 글씨로 "이 지폐는 모든 공적·사적 부채에 대한 법화이다THIS NOTE IS LEGAL TENDER FOR ALL DEBTS, PUBLIC AND PRIVATE"라고 쓰여 있다. 그리고 얼마 전까지만 해도 "지불을 약속할 것이다WILL PROMISE TO PAY"라는 말이 '미합중국'과 '5달러'라는 말 사이에 들어 있었다. 이 말은 정부가 종잇조각 대신 무언가 형태가 있는 것을 주겠다는 의미일까? 아니다. 그것은 다만 만일 당신이 5달러짜리 지폐를 가지고 연방준비은행에 가서 출납계원에게 그 약속을 이행할 것을 요구한다면, 5라는 숫자 대신 1이라는 숫자와 링컨의 초상 대신 조지 워싱턴의 초상이 있는 똑같은 크기의 지폐 다섯 장을 준다는 것을 의미할 뿐이다. 만일 다시 당신이 이 다섯 장 중에서 1장의 지폐를 가지고 출납계원에게 이 지폐에 약속되어 있는 1달러를 지불하라고 요구하면 그는 주화를 주었을 것이다. 만일 당신이 −불법이긴 하지만− 그 주화들을 녹여 금속으로 판다면 1달러도 받지 못한다.

법화法貨라는 성격은 정부가 정부에 대한 부채 이행과 조세 납부에 그 종잇조각을 받아들인다는 뜻이다. 그러면 민간인들도 재화와 용역을 교환하는 사적 거래에서 그 종잇조각을 받아들이는 까닭은 무엇인가?

이에 대한 간단하고도 올바른 대답은, 다른 사람들도 받아들일 것이라고 확신하기 때문에 종잇조각들을 받아들이는 것이다. 그리고 녹색의 종잇조각이 가치를 가지는 것은 모든 사람들이 그것이 가치 있다고 생각하기 때문이다. 1장에서 말한 돌화폐의 경우처럼, 모든 사람들은 그것이 가치 있었던 자기 경험 때문에 가치를 지닌다고 생각한다. 일반적이며 널리 받아들여지는 하나의 교환매개수단(또는 기껏 많아야 소수의 교환매개수단들)이 없다면 미국은 잘 운영되지 않을 것이다. 일반적이며 널리 받아들여지는 하나의 교환매개수단이 존재하는 것은 관례에 기초한다. 즉, 우리의 모든 화폐제도는 어떤 관점에서 본다면 하나의 허구에 불과한 것을 서로 받아들이기 때문에 존재한다.

그 허구는 쉽게 깨뜨려지는 것이 아니다. 오히려 하나의 공통된 화폐를 갖는다는 것의 가치는 매우 큰 것이어서, 사람들은 터무니 없는 일을 겪더라도 그 허구를 지키려고 한다. 그렇다고 해서 그 허구가 파괴 불가능한 것도 아니다. 'not worth a Continental(보잘것없는)'이란 말은 미국의 대륙의회US Continental Congress가 독립전쟁의 자금을 조달하기 위해 컨티넨탈화폐Continental currency를 남발함에 따라 그 허구가 어떻게 파괴되었나를 상기시켜준다.

미국과 영국을 비롯한 선진국들의 최근의 완만한 인플레이션, 라틴아메리카 국가들의 극심한 인플레이션, 두 차례의 세계대전 이후의 초인플레이션, 그리고 로마시대로 소급되는 고대의 인플레이션 등 역사에 등장한 수많은 인플레이션이 허구의 위력을 −아울러 간접적으로 그 유용성을− 입증해 보였다. 사람들은 두 자리 숫자의 속도로 여러 해 동안 지속되는 대단히 높은 인플레이션을 경험해 보아야만 인플레이션을 부추기는 화폐의 사용을 멈추게 된다. 그러나 사람들이 그 허구에 대한 신뢰를 잃은 때에도 직접적인 물물교환 방식으로 되돌아가지는 않는다. 사람들은 대체화폐를 선택한다. 역사상 대부분의 인플레이션 상태에서 사용된 대체화폐로는 금, 은, 동의 정화正貨 또는 미국 독립전쟁 기간에 있어서처럼 외국 주화 형태인 것들도 있었다. 게다가 사람들은 지폐를 전부 없애 버리지는 않을 것이며, 오히려 과도하게 발행되지 않은 지폐를 사용하게 될 수도 있다.

이의 두 가지 실례는 200년 전에 벌어진 미국 독립전쟁 시기와 1918년의 러시아혁명기에서 찾아볼 수 있다. 컨티넨탈화폐는 남발되었다. 그 결과 정화 보상의 약속은 지켜지지 않았으며, 총으로 협박해야 컨티넨탈화폐를 받아들였다. 반면에 원래의 13개의 식민지 가운데 일부는 자체의 지폐를 발행했는데, 그 발행액이 제한되어 있었다. 이 지폐는 외국의 주화와 함께 계속 사용되었다. 더욱 놀라운 사례는 1918년 러시아

혁명 이후의 인플레이션인데, 이는 미국 독립전쟁기의 인플레이션보다 훨씬 강도 높은 초인플레이션이었다. 1924년 인플레이션이 끝나고 새로운 화폐가 발행되었을 때, 신화폐 체르보네츠chervonets 1루블이 구화폐의 500억루블로 교환되었다. 구화폐도 새로운 소비에트 정부가 발행했던 것이었다. 그런데 옛날 짜르시대의 화폐도 통용되고 있었다. 짜르 정부가 다시 복귀되어 짜르시대의 지폐에 인쇄된 지불 약속을 이행할 가능성이 적었다는 점을 고려한다면, 그 화폐들이 여전히 대체화폐로 받아들여지고 구매력을 유지한다는 것은 놀라운 일이다. 이렇게 짜르시대 화폐가 가치를 유지할 수 있었던 까닭은 바로 그 화폐가 추가적으로 발행될 수 없으며, 따라서 유통 가능한 양이 고정되어 있었다는 점이다.

1차대전 이후 독일의 초인플레이션 기간에는 외국의 화폐가 대체화폐로 사용되었다. 2차대전 직후, 독일을 점령한 연합군은 물가와 임금을 관리하는 과정에서 상당히 엄격한 금융통제를 실시하여 외국 화폐의 사용이 어려웠다. 그럼에도 불구하고 대체화폐에 대한 수요는 대단히 커서 담배와 꼬냑이 대체화폐의 구실을 했으며, 이들은 순수한 소비상품으로서의 가치를 훨씬 뛰어넘는 경제적 가치를 갖고 있었다.

나 자신도 1950년에 담배를 화폐로 사용해본 경험이 있는데, 당시에는 독일이 화폐의 안정성을 되찾아 독일 마르크화 지폐가 통상적인 매개수단으로 사용되고 있었다. 나는 마샬플랜을 관리하는 미국 기관의 고문으로 몇 달 동안 머물렀던 파리를 떠나 독일의 새로운 임시 수도이자 미군 기지가 있던 프랑크푸르트로 가던 중이었다. 소형 르노자동차 쿼뜨르스보Quatre Chevaux를 운전하고 가던 도중에 휘발유를 다시 주유해야 했다. 그러나 그때 나는 프랑크푸르트에 도착해서 마르크화로 급여를 받기로 되어 있었기 때문에 마르크화는 가지고 있지 못한 상태였다. 내 수중에는 달러, 프랑, 파운드화가 있었다. 그런데 내 차에 기름을 넣어준 독일 부인은 외국 돈을 받는 것은 불법이라면서 어느 외국 돈도 받으려 하지 않았다. 그러면서 묻는 말이 "돈 외에 다른 물건은 가지고 있지 않습니까?"였다. 나는 담배 한 보루를 내밀었다. 그녀는 그 담배에 대해 마르크화의 공식환율로 4달러라고 가격을 매겼다. 당시 미군 PX에서 1달러에 살 수 있었지만(독자 여러분은 이것이 오래 전 이야기라는 점을 상기하시도록) 모든 문제가 기분 좋게 해결되었다. 그녀의 입장에서는 4달러어치 휘발유의 대가로 4달러어치의 담배를 얻었고, 내 입장으로는 1달러어치의 담배를 주고 1달러어치의 연료를 얻은 셈이었다. 그래서 우리는 둘 다 만족했다. 그러나 내가 그 후 교수가 되어 학생들에게 질문을 던지곤 했듯이, 잃어버린 3달러는 어떻게 되었을까?

덧붙여 설명하면, 이보다 몇 년 전, 즉 독일의 눈부신 전후 복구의 첫 단계인 루드비히 에르하르트Ludwig Erhard(독일의 경제학자, 수상 1897~1977 - 옮긴이)의 화폐개혁 이전에 그런 일이 있었다면, 담배 한 보루는 훨씬 더 비싸게 값이 매겨졌을 것이다. 담배가 화폐로 거래될 때, 보통 몇 갑 심지어는 한 개비 단위로 이루어지지 보루 단위로 이루어지지 않는다. 외국인들은 독일인들이 엄청난 값을 치를 만큼 미국 담배에 중독되어 있다는 사실에 때때로 놀라움을 표시했다. 그러나 독일인들은 이에 대해 "미국 담배를 피우기 위한 것이 아니라 교환을 위한 것이다"라고 답변했다.

담배 혹은 꼬냑의 예가 보여주듯이 역사를 돌아보면 놀랍도록 다양한 물건들이 화폐로 사용되었다. '금전적pecuniary' 이라는 말은 소를 의미하는 라틴어 페쿠스pecus에서 유래되었는데, 소는 화폐로 사용된 여러 가지 물건 중의 하나였다. 여기에는 소금, 비단, 모피, 말린 생선, 담배, 심지어는 깃털과 1장에서 보았듯이 돌이 포함된다. 미국 인디언들의 왐펌wampum에서 보듯이 구슬, 조개껍데기가 가장 널리 사용된 원시적 화폐였다. 그리고 금, 은, 구리, 철, 주석과 같은 금속들은 종이와 장부 기록자의 펜이 사용되기 이전에(1,000년 이상 전에 중국에서 종이가 화폐로서 일시적으로 사용된 바 있지만) 선진 국가에서 가장 널리 사용된 화폐였다.

특정한 물건이 화폐로 사용되게 결정하는 요인은 무엇인가? 이 간단한 물음에 대해서 우리는 실제로 만족할 만한 대답을 할 수 없다. 어느 물건을 화폐로 사용하든 관습은 스스로의 생명을 가지고 성장하기 마련이다. 19세기 영국의 정기간행물인 〈더 이코노미스트*The Economist*〉의 편집자인 월터 베이지호트는 그의 걸작인 금융 칼럼 「롬바드 스트리트Lombard Street」에서 이렇게 썼다. "신용은 저절로 성장하는 힘이지 일부러 만들어낼 수 없는 것이다"(1873, p.69). 이 말을 우리 이야기에 적합한 용어로 옮기려면 '신용' 대신 '계산 단위'나 '화폐'란 말로 바꿔 쓰면 된다.

우리는 다음과 같이 좀 다르면서 근본적으로 더 중요한 문제, 즉 화폐로 받아들여지는 물건이 무엇이든 그것의 가치를 결정하는 것은 무엇인가?에 대한 일반적인 해답을 구함으로써 접근할 수 있다. 대부분의 화폐가 금은 또는 비화폐적 용도를 가진 특별한 물건이거나 그 물건의 일정량을 지불하겠다는 이행가능한 약속으로 구성되어 있던 시대에는 "화폐의 교환가치(또는 구매력)의 논리적 근거가 어떤 상품의 −화폐적 기능과 관계없는− 교환가치(또는 구매력)가 되도록 화폐가 어떤 상품으로 구성되거나 '보증되는' 것이 논리적이고 필수적"(Schumpeter, 1954, p.288)이라고 보는 금속주의적metallist 오류가 발생한다.

앱섬의 돌화폐, 2차대전 후 독일에서의 담배 그리고 현재 통용되는 지폐의 예들이 이러한 금속주의적 견해가 오류라는 것을 명백히 나타낸다. (앱섬의 돌화폐는 그렇지 않았지만) 소비나 그 밖의 비화폐적 용도로서의 유용성이 어떤 물건이 화폐로서의 지위를 확보하는 데 작용했을 가능성이 있다. 그러나 일단 이러한 것들이 화폐로서의 지위를 얻게 된 다음에는 다른 요소들이 교환가치에 영향을 미쳤다는 것이 분명하다. 어떤 한 물건의 비화폐적 가치는 고정되어 있는 것이 아니다. 즉, 금 1온스와 교환되는 밀의 부셸bushels(밀의 단위. 대략 27~28kg-옮긴이), 구두의 켤레, 노동시간의 수는 일정한 것이 아니다. 이는 취미와 선호에 의존하며 그리고 상대적인 양에 의존한다. 예컨대 화폐로 금을 사용하는 것은 다른 목적에 사용가능한 금의 수량을 바꾸고, 이로써 금 1온스와 교환될 수 있는 상품의 수량을 바꾼다. 1873년 미국의 은 폐화廢貨 효과를 3장에서 다루겠지만, 화폐로 사용되는 물건의 비화폐용 수요는 그 물건의 화폐적 가치에 중대한 영향을 미친다. 이와 마찬가지로 어떤 물건의 화폐용 수요도 그 물건의 비화폐적 가치에 영향을 미친다.

현재의 연구 목적을 위해, 역사적으로는 매우 특별한 경우이지만 오늘날의 일반화되어 있는 화폐제도, 즉 상품 자체로서는 아무런 가치를 가지지 않은 순수한 지폐제도에 집중함으로써 화폐의 신비를 벗기려는 시도를 단순화할 수 있다. 이러한 화폐제도는 리처드 닉슨 대통령이 1971년 8월 15일 '금 창문gold window의 폐쇄', 즉 외국 금융당국이 보유한 달러를 금 1온스당 35.00달러로 바꿔주어야 하는 브레튼우즈Bretton

Woods 체제 하의 미국의 의무를 종결시킨 이후에 비로소 일반화되었다.

1971년 이전에 모든 주요 화폐들은 특정 상품과 직접 또는 간접적으로 연관되어 있었다. 고정된 연관관계로부터 이탈하는 경우가 때때로 일어났지만 그런 일은 위기 상황에서만 일어났다. 어빙 피셔Irving Fisher 는 1911년에 이러한 일화를 포함한 과거의 경험을 평가하면서 이렇게 썼다. "상환 불능의 지폐는 이를 사용하는 국가에게 거의 예외없이 재앙이었음이 입증되었다"(1929, p.131). 그 결과 이러한 상환 불능 지폐의 일화들은 일시적일 것이라고 예상되었고 실제로도 일시적이었다. 그러나 이러한 상품과의 연관관계는 닉슨의 조치로 제거될 때까지 계속 약화되었다. 그 이후 어떤 주요 화폐도 상품과 연결되지 않았다. 미국의 연방준비제도이사회(연준)를 포함한 중앙은행들은 고정된 명목가격으로 평가된 금 계정항목을 아직도 대차대조표에 기재하고 있다. 그러나 이는 마치 『이상한 나라의 앨리스』에 등장하는 체셔 고양이가 몸통은 모두 사라지고 남긴 미소에 불과하다.

그러면 처음에 우리가 이야기를 시작한 5달러짜리 녹색 지폐를 가지고 얼마나 살 수 있나를 결정하는 요인은 무엇인가? 모든 가격이 그러하듯이 결정요인은 공급과 수요이다. 그러나 이는 또 다른 의문을 제기할 뿐이다. 완전한 대답을 위해서는 화폐의 공급을 결정하는 것은 무엇인가? 그리고 화폐의 수요를 결정하는 것은 무엇인가? 나아가 구체적으로 '화폐'란 무엇인가?라는 질문을 계속해야 한다.

화폐의 추상적인 개념은 명백하다. 즉, 화폐는 상품과 서비스의 교환에 있어서 일반적으로 받아들여지는 것이며, 소비할 물건으로 받아들여지는 것이 아니라 다른 상품과 용역을 사는 데 사용할 구매력의 일시적 거처居處를 표시하는 물건으로 받아들여지는 것이다. 이러한 추상적인 개념을 구체적으로 나타내는 실증적 개념은 명백하지 못하다. 금과 은이 교환의 주된 매개수단이었던 수세기 동안에는 경제학자들을 포함한 대부분의 사람들은 주화만을 화폐로 받아들였다. 그 뒤 그들은 청구하는 즉시 금이나 은으로 상환될 수 있는 은행권을 추가하였고, 다시 100년 뒤에는 청구하는 즉시 지불되고 수표에 의해 양도될 수 있는 은행예금도 포함했다.

현재 미국에서는 많은 통화총량들이 정기적으로 집계되고 있는데, 그중 어느 하나를 화폐의 실증적 개념으로 간주할 수 있다. 그중에는 가장 협의의 총량 개념인 화폐발행액으로부터 시작해 광의로는 연방준비은행이 L이라고 표시하는 총량 개념인 일정한 유동자산의 합계가 있다.[1]

이 책에서는 5달러짜리 지폐와 같은 지폐만이 유통의 매개수단인 가상적 세계를 상정함으로써 이 문제들에 대해 살펴본다. 실제 상황과의 일관성을 유지하기 위해 유통되고 있는 화폐의 달러 총액이 미국의 연준과 같은 정부 통화 당국에 의해 결정된다고 가정한다.

| 화폐의 공급

화폐 공급, 특히 화폐 공급의 변화에 대한 분석은 원칙상 간단하지만, 오늘날 실제 세계에서는 물론이거니와 가상적 세계에서도 매우 복잡하다. 원칙상 간단하다는 뜻은 화폐 공급이 통화 당국에서 만들어내는 대로 결정되기 때문이며, 실제로 복잡하다는 뜻은 통화 당국의 결정이 수많은 요인들에 의해 결정되기 때문이다. 이 요소들에는 통화 당국의 관료적 필요, 책임자들의 개인적인 신념과 가치, 경제의 현재 상황 또는 추정 상황, 금융 당국에 대한 정부의 압력 등 무수히 많은 것들이 포함된다. 이것이 지배적인 실제 상황이다. 물론 역사적으로는 상황이 전혀 달랐다. 왜냐하면 정부 발행 또는 은행 발행의 화폐를 정화正貨로 상환한다는 약속은 생산의 물리적 조건이 중요한 역할을 한다는 것을 의미했기 때문이다(이러한 상환 약속의 결과는 다음 여러 장에서 상세히 다룬다).

화폐가 어떻게 중앙에서 통제되는지를 설명하는 것은 간단하다. 이는 거의 믿기 어려울 정도이다. 나의 관찰에 의하면 경제학자가 아닌 사람들은 워싱턴 콘스티튜션가의 웅장한 그리스풍 건물(연준을 의미함-옮긴이) 안의 한 테이블에 둘러 앉아 있는 19명(그중 어느 누구도 국민에 의해 선임되지 않았다) 중의 12명이, 미국의 화폐 총량을 두 배로 증가시키거나 반감시킬 수 있는 막강한 법적 권한을 갖고 있다고 믿지 않을 것이다. 그들이 그 권한을 어떻게 행사하느냐는 앞에서 열거한 복잡한 요소들에 좌우된다. 그렇다고 하더라도 이것이 그들 혹은 그들만이, 소위 경제학자들이 말하는 본원통화, 즉 화폐 발행액+미국 연방준비은행에 대한 은행의 지불준비예치금 혹은 민간화폐보유액+은행의 지불준비금의 양을 결정하는 권한을 갖고 있다는 사실을 변화시키지 못한다. 은행예금과 시장금리 단기상품money market funds(MMF), 채권 등을 포함하는 유동성 자산의 전체 구조는 본원통화의 수량을 정점에 두고 그 토대에 의존하는 피라미드를 뒤집어 놓은 꼴이다.

그러면 19명의 사람들은 누구인가? 이들 중 7명은 대통령이 임명하고 (임기는 14년이며 연임은 불가능하다), 나머지 12명은 연방준비은행의 총재들로서 이들은 각각의 이사회에 의해 임명된다(연준은 이들에 대해 거부권을 행사할 수 있다). 이들 19명은 연준의 공개시장위원회를 구성하는데, 여기서는(중앙위원회의 7명만이 최종적인 권한을 가지도록 보장하기 위해) 은행 총재들 중 5명만이 투표권을 갖는다.

간혹 이와 같은 재량적 권한을 행사한다는 것이 유익한 결과를 가져오는 경우도 있었다. 그러나 내 생각으로는 오히려 좋지 못한 결과를 가져오는 경우가 더 많았다. 1913년 의회에서 권한을 부여받고 1914년부터 운영되기 시작한 연준의 주재 하에서 1차대전 기간과 직후의 물가가 두 배 이상 상승되었다. 그후 1920~21년의 불경기는 연준의 지나친 반응 탓이었다. 그리고 1920년대의 잠시 상대적으로 안정되었던 기간이 지난 후에 연준의 조치들은 1929~33년의 대공황을 심화시키고 장기화시켰다. 나아가 1970년대의 인플레이션 가속화에도 책임이 있다. 이상은 연준의 권한이 실제로 어떻게 사용되어왔는가를 보여주는 몇 가지 사례에 불과하다.[2]

| 화폐의 수요

연준은 화폐의 수량, 민간의 수중에 있는 달러의 수량을 결정할 수 있다. 그러나 더 많지도 더 적지도 않게 꼭 그만큼의 화폐 수량을 민간이 보유하도록 만드는 것은 무엇인가? 이의 대답을 구하기 위해 명목화폐 수량(즉 달러 수량)과 실질화폐 수량(즉 명목화폐 수량으로 살 수 있는 재화와 용역의 수량) 이 두 가지를 구별하는 것이 중요하다. 연준이 첫 번째의 것을 결정하며, 민간은 화폐 수요를 통해 두 번째의 것을 결정한다.

실질화폐 수량을 나타내는 방법에는 여러 가지가 있다. 한 가지 특별히 의미가 있는 표시 방법은 현금잔고에 상응하는 소득흐름으로 나타내는 방법이다. 어떤 사람이 2만 달러의 연소득을 얻고 있다고 가정하자. 이때 만일 1년 동안 그 사람이 평균적으로 2,000달러를 현금으로 보유하려 한다면, 그의 현금잔고는 1년 소득의 1/10이 되거나 혹은 5.2주 동안의 소득이 된다. 즉, 그의 현금잔고는 5.2주의 소득을 가지고 살 수 있는 재화와 용역의 수량을 지배할 수 있게 한다.

소득은 유량flow의 개념으로서 시간 한 단위당 달러로 나타난다. 그러나 화폐 수량은 저량stock의 개념인 교환으로서, 증권거래소에서 거래되는 주식equity의 의미가 아니라 유량과 대조되는 개념으로 재화의 저장 혹은 재고라는 의미이다. 명목현금잔고는 특정 시점에서의 몇 달러, 예컨대 2009년 7월 31일 오후 4시의 시점에서의 2,000달러라는 식으로 표시된다. 실질현금잔고는 예컨대 2주처럼 시간 단위로 측정되며 달러로 표시되지 않는다.[3]

화폐를 가지고 있는 사람으로서 당신에게 중요한 것은 당신이 가지고 있는 달러 수량, 즉 당신의 명목현금잔고라고 믿는 것은 당연하다. 이는 다만 당신이 달러의 가격(이는 당신의 소득과 아울러 또 당신이 사려고 하는 물품의 가격을 결정한다)을 당연한 것으로 받아들이기 때문이다. 그러나 곰곰이 생각해보면 실제로 중요한 것은 명목잔고를 가지고 구입할 수 있는 것, 즉 실질현금잔고라는 사실에 동의할 것이다. 예컨대 달러 대신에 센트로 명목가치를 나타낸다면, 명목소득과 명목현금잔고가 100으로 곱해진 것일 뿐 실질잔고는 아무런 영향을 받지 않게 되며(큰 숫자들을 써 넣어야 하는 사람들을 제외하고), 어느 누구에게도 아무런 영향도 주지 않을 것이다.

이와 마찬가지로 당신의 소득을 결정하는 가격들을 포함한 모든 가격들이 밤사이에 100으로 곱해지거나 100으로 나누어지고, 이에 따라 현금잔고, 명목부채 및 명목자산이 동시에 100으로 곱해지거나 100으로 나누어진다고 생각해보라. 그러면 실제로 변하는 것은 아무것도 없다. 물론 이것은 화폐 수량이나 물가가 변하는 일반적인 방법은 아니다. 그래서 금융 분석에 있어서 모든 어려움이 야기된다. 이러한 일은 주로 심한 인플레이션 기간 중이거나 또는 그 이후에 정부가 통화 단위를 바꿈으로써, 이른바 화폐개혁을 발표하는 경우에 일어난다. 이러한 예로서는 1960년 1월 1일 드골 장군이 구프랑화의 모든 가격 표시에서 두 자리의 0을 지워버리기만 함으로써 구프랑화를 신프랑화로 바꾸었던 경우이다. 즉 1신프랑화는 100구프랑화와 맞먹었다. 비록 단순한 계산 단위의 변경 자체로서는 별 효과가 없지만, 드골은 매우 중대한 효과를 가져다준 광범한 화폐개혁의 일환으로서 이러한 조치를 취했다. 그러나 이 일화는 사람들의 화폐 관습이 얼마나 뿌리깊은가를 보여주는 예이기도 하다. 그 후로도 수십 년 동안 많은 프랑스인들은 가격 표시와 돈 계산을 구프랑화로 계속했으며, 신프랑화로 지불 제의가 있을 때에만 맨 끝의 두 자리 0을 떼어버리고 계산했다.

이러한 통화 단위의 변경이, 1985년 아르헨티나가 페세타peseta를 오스트랄austral로 단순히 대체했던 경우처럼, 피상적인 금융·재정 개편과 결합된 화폐개혁의 경우에는 기껏해야 극히 일시적이며 미미한 효과를 미치는 데 그친다. 이는 그 조치들만으로서는 실물변수들을 변화시키지 않기 때문이다.

　중요한 것은 명목수량이 아니라 실질화폐 수량이라고 인정할 때, 실제로 오랜 세월 동안 많은 나라들의 경우에서 그러했듯이 5주 동안의 소득에 해당하는 평균적 화폐잔고를 보유하려 할 것인지 또는 예컨대 1975년의 칠레에서처럼 3~4일 소득에 해당하는 평균화폐잔고를 보유하려 할 것인지를 결정하는 요인은 무엇일까?[4]

　사람들이 얼마만큼의 현금을 갖기 원하는지를 결정하는 주된 요인으로는 다음의 두 가지가 있다.

　1) 구매력의 일시적 거처로서 현금잔고의 유용성
　2) 현금잔고 보유에 따른 비용

1) 유용성

　현금잔고는 우리로 하여금 판매행동과 구매행동을 분리할 수 있게 하는 수단으로 유용하다. 화폐가 없는 세계에서는 거래가 물물교환의 형태를 취한다. 당신이 팔고자 하는 A를 가지고 B를 얻고자 한다. 그러면 당신은, B를 가지고 A를 원하는 사람을 찾아야 하고, 서로 받아들일 만한 조건으로 거래해야 한다. 이것이 교과서에서 '물물교환의 이중적 일치'라고 말하는 것이다. 화폐경제에서는, 당신은 'A를 원하며 구매력을 갖고 있는 사람'에게 화폐, 즉 일반적 구매력을 받고 A를 팔 수 있다. 또다시 당신은 'B를 갖고서 이를 팔고자 하는 사람'에게 그가 다시 무엇을 사고자 하든지 관계없이 돈을 주고 B를 살 수 있다. 이와 같은 판매행동과 구매행동의 분리가 화폐의 기본적 기능이다.

이와 관련된 화폐 보유의 또 하나의 이유는 장래의 긴급한 상황에 대한 준비이다. 화폐는 이런 기능을 갖고 있는 많은 자산 중의 하나에 지나지 않지만, 때에 따라서 일부 사람들에게는 선호되는 자산이다.

이러한 목적들에 화폐가 얼마나 유용한가는 여러 가지 요인에 달려 있다. 예컨대 주로 자급자족하는 가계들로 구성된 저개발국가에 있어서 화폐 거래의 중요성은 상대적으로 떨어진다. 이러한 사회가 경제적으로 발전을 하면서 화폐를 통한 거래의 범위가 확대되면 현금잔고는 소득보다 빠른 속도로 증가하게 되고, 이에 따라 몇 주 동안의 소득으로 표시되는 실질현금잔고는 증가하게 된다. 이와 같은 화폐화의 발전은 일반적으로 동일한 효과를 가져다주는 도시화와 함께 일어난다. 이는 종전처럼 개인 친분관계로 이루어지던 거래의 부분이 점차 축소되는 것을 의미하기 때문이다. 시골 식료품점에서 종전에는 외상(즉, 신용) 거래가 잘 통했지만, 이제는 외상으로 수입과 지출 사이의 불일치를 메워주는 일은 쉽지 않다.

한편 오늘날의 미국처럼 극도로 금융이 발달하고 복잡한 사회에는 어느 정도 편리한 구매력의 일시적인 거처로 구실할 수 있는 다양한 자산들이 존재한다. 이들 중에는 주머니 속의 현금을 비롯해 수표에 의해 양도 가능한 은행예금, 시장금리 단기상품MMF, 신용카드 계좌, 단기성 증권 등 어리둥절할 정도로 다양한 형태의 자산들이 포함된다. 이들은 현금화폐와 같은 협의의 실질현금잔고의 수요는 감소시키지만, 다양한 형태의 자산과 부채 사이의 이동을 손쉽게 함으로써 광의의 실질현금잔고의 수요를 증가시킨다.[5]

2) 비용

현금잔고는 자산이다. 현금은 하나의 자산으로서 저당권, 저축계좌, 단기성 증권 그리고 채권 등과 같은 명목자산을 비롯해 주식이나 보통주의 형태로 직접·간접으로 소유할 수 있는 토지, 주택, 기계설비, 상품재고 등과 같은 실물자산에 이르기까지 광범위한 자산들에 대한 대체재이다. 자산의 축적은 저축, 즉 소비 억제를 요구한다. 일단 자산이 축적되면 실물재고의 경우와 같이 보유 비용을 치러야 하거나 저당권이나 채권에 대한 이자 또는 주식에 대한 배당과 같은 소득흐름의 형태로 수익을 낳기도 한다.

현금잔고의 경우와 마찬가지로 자산에 대한 명목수익과 실질수익을 구별하는 것이 중요하다. 예컨대, 일반 물가가 연간 6% 상승할 때 채권에 대해 달러당 10센트의 명목수익을 얻는다면 실질수익은 달러당 4센트이다. 왜냐하면 연초에 투자된 것과 동일한 구매력을 연말에 유지하기 위해서는 달러당 6센트를 다시 투자해야 되기 때문이다.[6] 따라서 명목수익은 10%, 실질수익은 4%인 것이다. 이와 마찬가지로 물가가 하락한다면 실질수익은 물가하락률만큼 명목수익률을 초과한다.

결국 중요한 것은 명목변수가 아니라 실질변수인 것이다. 그 결과 채권과 같은 자산의 명목수익은 실질수익을 거의 동일하게 유지하기 위해 장기에 걸쳐 조정되는 경향이 있다. 그러나 사람들이 상황 변화에 적응하는 데는 시간이 걸리기 때문에 단기적으로는 실질수익이 결코 동일하게 유지되지 않았다.

현금잔고를 보유하는 경우에는 금융 관련 문헌에서 강조되는 한 가지 비용이 있는데, 그것은 확실한 이자수익을 주는 자산 대신에 현금을 보유함으로써 희생되는 이자수익이다. 예컨대, 미국 재무성증권의 1달러당 수입이자와 현금잔고 1달러당 수입이자(현금의 경우에는 0)의 차이를 말한다.

문헌에서 덜 강조하지만 때로는 더 중요한 또 하나의 화폐 보유의 비용(또는 수익)은 실질가치의 변화이다. 만일 물가가 연간 6% 상승한다면, 연말에 1달러를 가지고 살 수 있는 것은 연초에 94센트를 주고 살 수 있던 것에 지나지 않게 된다. 현금잔고의 실질가치를 일정하게 유지하기 위해서는 연말에 연초보다 6%를 더 많이 보유해야 한다. 평균적으로 말하면, 이 경우에는 1년 동안 보유한 현금 잔고에 대해 달러당 6%의 비용을 치르게 한 셈이다. 반대로 물가가 연간 6%의 비율로 하락한다면, 1년 동안 보유한 현금잔고에 대해 달러당 6%의 수익을 얻은 셈이 된다. 물가가 떨어질 때보다는 물가가 상승할 때 현금의 매력은 명백히 떨어진다.

명목자산의 경우에는 희생된 명목이자율과 구매력의 변화를 합산할 수 없다. 그 이유는 앞에서 설명한 이유, 즉 명목이자율은 물가변화율에 영향을 받기 때문에 이미 물가변화율에 대한 고려를 포함하고 있기 때문이다. 실질자산의 경우에는, 달러 보유에 따르는 비용이 다음의 두 가지, 즉 1)물가상승(하락)에 따른 구매력의 손실(이득)과 2)희생된 대체자산의 실질수익률로 구성된다.

장기에 걸쳐 다양한 종류의 자산에 대한 수익이 점차 균등해지는 경향이 있다. 그러나 어느 한 시점에서는 실질수익이 자산의 종류에 따라 크게 차이가 있을 수 있다. 더구나 자산을 획득할 때 사람들이 기대하는 수익, 즉 사전적ex ante 수익이 자산 보유로부터 실제로 받는 수익, 즉 사후적ex post 수익과 큰 차이가 있을 수 있다.

[그림 2-1]이 좋은 예이다. 이 그림에는 100년 이상에 걸쳐 장기성 증권의 매년 관찰된 명목수익률 연도별 실제 실현된 사후적 수익률 그리고 1875~1975년의 평균 실질수익률이 나타나 있다. 명목수익률은 대부분의 기간 동안 상당히 안정적이었으며, 반면에 사후적인 실질수익률은 기간 내내 변동하고 있다. 이렇게 수익률이 크게 변동할 것을 미리 예상하고 그 자산들을 구입한 것은 분명히 아니었다. 그 자산들은 대체로 장기간 보유되기 때문에 자산 보유자들의 사후적 수익률은 연도별 계산수익률보다 실제로는 가변성이 적었다. 실제로 명목수익률이 상대적으로 안정적이었다는 것은 증권 보유자가 평균적으로 0의 인플레이션을 기대했다는 것을 의미한다. 그리고 2차대전까지는 그들의 생각이 옳았다. 1939년 미국의 물가는 1839년의 물가와 거의 같은 수준이었다.

2차대전 이후 사람들이 인플레이션을 일시적 현상 이상의 것이라고

그림 2-1 연도별 명목 및 실질 채권수익률(1875~1989)

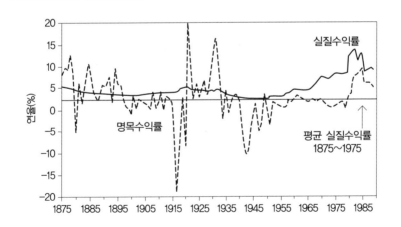

인식하게 됨에 따라 그래프의 선들이 성격을 달리하게 되었다. 사람들의 이 같은 인식을 반영하여 명목수익률은 상승했으며, 실질수익률은 좀더 안정적으로 되었다가 장기 평균수준을 향해 상승하기 시작했으며, 1980년대에는 장기 평균수준을 초과하였다.

화폐보유와 대체관계에 있는 자산들이 다양하다는 점을 고려한다면, 화폐보유에 따르는 특정한 비용을 말하는 것은 엄청난 단순화이다. 실제로 화폐보유에 대해 어떤 대체자산을 고려하는가에 따라 달라지는 비용의 벡터vector가 존재한다. 그러나 이것 역시 지나친 단순화이다. 어느 한 가지 자산의 경우에도 명목가치와 실질가치에 대해 수많은 가능한 수익률의 범위가 있다. 대체자산의 명목수익에 대한 불확실성이 화폐보유의 한 가지 이유이다. 화폐의 명목수익률에 대해서는 불확실성이 거의 없지만 화폐의 실질수익률에 대해서는 불확실성 문제가 있다. 경험적으로 보면, 높은 율의 인플레이션은 낮은 율의 인플레이션보다 심한 불안정성을 보이는 경향이 있다. 그 결과 인플레이션의 정도와 불안정성은 모두 화폐보유를 저해한다. 바로 이 때문에 1975년의 칠레의 경우처럼 고도의 불확실한 인플레이션 기간 동안에 비록 거래비용의 급격한 증가에도 불구하고 실질화폐잔고가 극도로 감소된다.

| 공급과 수요의 조절

우리는 처음에 제기했던 간단한 질문 "5달러짜리 녹색지폐를 가지고 살 수 있는 수량을 결정하는 요인이 무엇인가"로부터 상당히 발전했다. 우리는 통화의 공급과 수요라는 가위의 두 날을 함께 움직임으로써 그 질문에 답변할 준비가 되었다.

지폐가 유일한 거래 매개수단인 이 세계에서, 먼저 화폐 수량이 장기간 일정하고 그 밖의 다른 조건들도 일정한 정태 상황을 가정해보자. 사회의 개별 구성원들은 수입과 지출 사이의 예상치 못한 불일치에 대처하기 위해 현금잔고가 유용하다는 것을 알게 될 만큼 불확실한 상황에 처해 있다고 가정하자. 그러나 이러한 불확실성은 서로 상쇄되어 사회 전체는 연간소득의 1/10에 해당하는 만큼의 현금 잔고를 보유하고자 한다고 가정하자.

이와 같은 상황에서는 물가 수준이 얼마나 많은 화폐 수량이 존재하는가, 즉 액면 금액이 다른 각종 지폐가 모두 얼마나 있는가에 의해 결정된다. 만일 화폐 수량이 당초에 가정된 것의 절반 수준에 머물렀다면 모든 달러 가격은 반감되며, 화폐 수량이 당초의 두 배 수준으로 된다면 모든 달러 가격도 두 배로 된다. 그래도 상대 가격은 변하지 않는다.

이 같이 매우 가상적이며 비현실적인 상황(우리는 곧 이러한 가정을 버릴 것이지만)은 화폐의 한 가지 특징, 즉 사회 전체에 대한 화폐의 유용성은 화폐 수량의 많고 적음에 달려 있지 않다는 사실을 잘 부각시켜준다. 거의 모든 상품과 용역의 효용은 물질적 수량, 즉 실물 단위의 숫자에 달려 있으나 화폐의 경우에는 그렇지 않다. 달러의 숫자를 두 배 혹은 절반으로 했다는 것은 가격을 표시하는 숫자가 두 배 혹은 절반으로 되었다는 것을 의미할 따름이다. 금이 화폐의 기반을 지배하고 있을 때, 지불준비 자산으로 역할을 수행할 만큼 충분한 금이 있었는지의 여부에 대해 많은 논란이 있었다. 그러나 이는 잘못된 문제였다. 원론적으로 말하자면, 금 1온스만 있어도 충분하다. 이 경우에는 (실제로 금본위제 하에서 대부분의 금이 유통되지 않았듯이) 그 1온스의 금마저 물질적으로 유통되지 않을 것이다. 다만 1온스의 금에 대한 청구권을 편의에 따라 몇분의 1의 액면 표시로, 예컨대 1온스의 10억분의 1로 발행될 수 있을 것이다.

애당초 그것이 잘못된 문제였다는 것은 수요와 공급이 불변한 가상적인 세계에서는 금융이론상 어떤 중요하거나 흥미로운 문제도 발생하지 않기 때문이다. 데이비드 흄David Hume(영국의 계몽주의 철학자이자 경제학자–옮긴이)이 200여 년 전에 썼듯이 "화폐 수량이 많으냐 적으냐는 한 나라의 국내 복지와는 아무 관련이 없다"(1742, 1804b, p.305). 또한 그는 실제로 중요한 것은 화폐 수량의 변화와 화폐수요 사정의 변화라고 말했다.

어느 날 헬리콥터가 우리의 정태사회 위를 날면서 현재 유통되고 있는 화폐 수량과 같은 액수의 화폐를 하늘에서 뿌리고, 이것은 예컨대 연소득 2만 달러의 개인마다 2,000달러씩에 해당한다고 가정하자.[7] 그러면 사람들은 허겁지겁 그 돈을 주울 것이다. 이때 모든 사람들은 이러한 일은 두 번 다시 되풀이되지 않을 것이라고 확신한다.

이제 각 개인은 이전에 갖고 있던 돈과 동일한 액수만큼의 돈을 주워 두 배의 현금잔고를 갖게 되었다. 만일 모든 사람이 헬리콥터에서 주운 여분의 돈을 그대로 보유하기로 결정한다면 아무런 일도 일어나지 않을 것이다. 물가는 이전과 동일한 수준이고 개인소득도 연간 2만 달러에 머문다. 사회의 현금잔고는 5.2주의 소득 대신 단순히 10.4주의 소득에 해당된다.

그러나 사람들은 이렇게 행동하지 않는 법이다. 만일 모든 사람들이 헬리콥터의 기적이 반복되지 않을 것이라고 확신한다면 사람들이 전보다 더 많은 현금을 보유하는 것이 유리하다고 생각하게 만드는 어떤 일도 발생하지 않는다(그러나 그러한 가정이 없다면 헬리콥터의 출현은 그 사회 구성원들이 예상하는 불확실성의 정도를 높일 것이고, 이것은 다시 실질현금잔고의 수요를 변화시킬 것이다).

전에는 5.2주의 소득을 현금으로 갖고 있다가 이제는 10.4주의 소득을 현금으로 갖게 된 대표적인 개인을 생각해보자. 만일 그가 저축을 목표로 했다면 충분히 장기간에 걸쳐 수입보다 지출을 적게 함으로써 헬리콥터 사건 이전에 이미 10.4주의 소득을 현금으로 보유할 수 있었을 것이다. 그가 2주의 소득을 현금잔고로 보유하고 있을 때, 그는 현금잔고로 1달러를 추가적으로 보유하는 데서 얻는 이득이 1년 동안 연간 1달러의 비율로, 또는 10년 동안 연간 10센트의 비율로 소비를 희생할 가치가 있다고 생각하지 않았다. 이제 그가 10.4주의 소득을 현금으로 갖고 있다고 해서 그러한 희생이 가치 있다고 생각해야 하는가? 이전에 그가 안정적 균형 상태에 있었다는 가정은, 이제는 현금잔고가 다시 이전의 수준으로 돌아갈 때까지 소비를 증가시키고 현금잔고를 감소시키려 할 것이라는 것을 의미한다. 비로소 현금잔고가 다시 종전 수준으로 될 때, 소비율을 낮게 하는 데 따른 희생이 이에 상응하여 현금잔고 보유를 높임으로써 얻는 이득과 딱 균형을 이루게 된다.

개인은 다음의 두 가지를 결정해야 된다는 것에 주목하라.

1) 단기적으로 증가된 자신의 현금잔고를 어느 수준까지 줄이려 할 것인가? 헬리콥터의 출현이 그의 실질소득이나 다른 기본 조건들을

변화시키지 않았기 때문에 우리는 '이전의 수준까지'라고 명백히 말할 수 있다.

2) 얼마만큼의 빠른 속도로 이전의 수준으로 복귀할 것인가? 우리는 이 문제에 대해 답할 수 없다. 그 답은 정체적인 균형 상태에 반영되어 있지 않은 개인의 특성 여하에 달려 있다.

우리가 알고 있는 것은 각 개인이 현금잔고를 줄이려 할 것이라는 것 뿐이다. 그리고 그는 수입보다 지출을 늘림으로써 그렇게 하려고 할 것이다. 그러나 어느 한 사람의 지출은 다른 사람의 수입이다. 따라서 사회의 구성원들은 전체적으로 사회 전체의 수입을 초과하여 지출할 수는 없다. 각 개인들의 현금잔고의 합은 보유 가능한 현금 총액과 같다. 전체적으로 보면 개인들은 현금잔고를 '지출'할 수는 없고 '이전' 시킬 수 있을 따름이다. 어떤 한 사람이 다른 사람으로 하여금 지출 이상으로 수입을 늘리도록 유도해야만 자기의 수입 이상으로 지출을 늘릴 수 있다. 즉, 사람들은 사실상 어린애들의 의자빼앗기 놀이를 하고 있는 셈이다.

최종적인 입장이 어찌될 것인지를 알아보는 것은 어려운 일이 아니다. 수입 이상으로 지출하려는 사람들의 시도는 좌절될 것이며, 이 과정에서 이러한 시도는 상품과 용역의 명목가치를 상승시킨다. 종잇조각들이 추가된다고 해서 사회의 기본 상황이 변경되지는 않는다. 지폐의 증가는 생산 능력을 증가시키지도 않으며 사람들의 기호를 바꾸지도 못한다. 그것은 또한 소비자들이 한 상품을 다른 상품으로 대체하거나 생산자들이 생산에 있어서 한 상품을 다른 상품으로 대체하려는 외견상의 비율이나 실제의 비율 그 어느 것도 바꾸지 못한다. 따라서 최종적인 균형은 대표적 개인 한 사람의 명목소득이 2만 달러 대신 4만 달러로 되고, 실물적 재화와 용역의 흐름은 종전과 정확히 동일한 수준이 되는 것이다.

최종 균형 상태에 이르기까지의 동태 과정에 대해 말하는 것은 무척이나 어렵다. 우선 어떤 생산자들은 자기들의 가격을 조정하는 데 느리고, 시장생산을 증가하기 위해 비시장적 용도의 자원을 희생시킬 수 있다. 한편 다른 생산자들은 시장을 위한 생산에서 휴식을 취함으로써 지출이 수입을 초과하도록 시도할 수 있다. 따라서 시초의 명목가격으로 측정된 소득은 조정 기간 동안 증가될 수도 있고 감소될 수도 있다. 이와 마찬가지로 일부 상품의 가격이 다른 상품의 가격에 비해 빠른 속도로 조정될 수 있으므로 상대가격과 수량이 영향을 받는다. 과도한 조정이 있을 수 있으며, 이에 따른 순환적인 조정 양상이 나타날 수 있다. 간단히 말해서 반응 패턴이 어떠할지에 대한 보다 상세한 규명이 없이는 조정에 관해서 거의 예측할 수 없다. 모든 가격이 하룻밤새 두 배로 되는 순간적 조정에서부터 가격과 시장 생산이 여러 차례 상승과 하락을 거듭하는 장기적 조정에 이르기까지 조정 과정에는 여러 가지가 있다.

이제 우리는 각 개인이 처음에 보유했던 화폐 수량과 동일한 액수의 지폐만을 줍게 된다는 이제까지의 가정을 버릴 단계가 되었다. 각 개인이 줍는 지폐 수량은 순전히 우연한 재수 탓이라고 하자. 이는 초기의 분배 효과를 도입하게 된다. 조정 기간 동안 일부 사람들의 소비는 증가하고 일부 사람들의 소비는 감소할 것이다. 그러나 궁극적인 입장은 동일하다.

초기의 분배 효과가 존재한다는 것은 한 가지 중요한 결과를 함축한다. 즉, 조정 과정은 단순한 가격 상승 이상의 의미를 포함하기 때문에 즉각적인 조정기간은 개념상으로 불가능하다. 밤사이에 가격이 두 배로 올랐다고 하자. 그 결과는 여전히 불균형의 상태이다. 일정 비율의 몫 이상의 현금을 주운 사람들은 보유하고자 하는 수준 이상의 실질잔고를 갖게 된 셈이다. 그들은 초과분을 지출하려고 할 것이나, 즉각적으로가 아니라 일정한 기간에 걸쳐서 지출할 것이다. 반면에 일정 비율의 몫 이하의 현금을 주운 사람들은 그들이 보유하고자 하는 수준 이하의 실질잔고를 갖게 된 셈이다. 그러나 이들은 자기의 수입이 일정한 시간의 흐름에 따라 발생하기 때문에 현금잔고를 즉각적으로 회복시킬 수 없다.

이제 현금의 명목수량의 즉각적인 변화 문제에서 현금 선호의 결정적인 변화 문제로 분석의 초점을 옮겨보자. 사람들이 평균적으로 현금 보유를 종전보다 절반으로 줄이기로 결정했다고 가정하자. 그러면 궁극적인 결과로 물가는 두 배로 되고, 현금잔고는 시초에서처럼 그대로 2,000달러가 되고, 연간 명목소득은 4만 달러가 된다. 이와 같은 단순한 사례에는 화폐이론의 기본 원리 대부분이 포함되어 있다.

1) 화폐의 명목수량과 실질수량을 구별하는 것이 핵심적 역할을 한다.
2) 개인과 사회 전체가 선택할 수 있는 대안들을 구별하는 것이 역시 핵심적 역할을 한다.
3) 사전과 사후의 구별이 중요하다.

헬리콥터에서 떨어진 추가적인 현금을 주운 시점에서 소망하는 지출은 예상수입을 초과한다(즉, 사전적으로 지출이 수입을 초과한다). 사후적으로는 지출과 수입은 일치해야 한다. 그러나 수입 수준 이상으로 지출하려고 하는 시도는 비록 좌절될 수밖에 없지만 총 명목지출(그리고 수입)을 증가시키는 효과를 가지고 있다.

이제 화폐의 공중 투하가 단 한 번의 기적적 사건이 아니라 연속 과정이 되어 모든 사람이 예상할 수 있는 일이 되었다고 가정하여 우리의 예를 복잡하게 만들어보자. 화폐 수량이 일정 비율 −예컨대 연간 10%로 꾸준히 증가− 로 비처럼 내린다고 가정하자. 사람들은 화폐 수량을 한꺼번에 두 배로 증가시킨 변화에 궁극적으로 실질잔고를 일정하게 유지하는 반응을 보였듯이, 이러한 줄기찬 화폐 비에 대해서도 같은 반응을 보일 수 있다. 만일 사람들이 즉각적으로 아무런 마찰없이 이렇게 대응한다면 모든 실물 변수의 크기는 불변으로 남는다. 물가도 명목화폐 수량과 함께 정확하게 움직여 초기 수준에서 연간 10%의 비율로 상승할 것이다.

역시 이 경우에도 사람들은 그 전처럼 행동할 수 있지만 실제로 그렇게 행동하지는 않을 것이다. 헬리콥터가 출현하기 전에 대표적 개인은 소득을 모두 소비하고 현금잔고에 전혀 추가하지 않을 수도 있다. 그러나 그의 현금잔고는 여전히 5.2주의 소득과 동일한 상태로 남는다. 물가가 안정적이기 때문에 명목잔고뿐만 아니라 실질잔고도 일정하게 유지된다. 말하자면 보관비용과 감가상각비용은 0이 된다.

이제 대표적 개인이 헬리콥터로부터 현금을 얻고 있으므로, 그는 물가상승을 상쇄하기 위해 추가로 얻는 현금을 모두 명목잔고에 투입해야만 용역 판매로 벌어들인 5.2주의 소득에 알맞은 실질현금잔고 수준을 유지시킬 수 있다. 그러나 하늘에서 떨어진 돈은 그에게는 더 잘살 수 있게 하는 노다지처럼 보인다. 만일 그가 현금잔고를 1년에 1달러씩 줄인다면, 이제는 1년에 1.10달러의 비율로 소비를 증가시킬 수 있다. 반면에 이전에 그랬다면 오직 연간 1달러의 비율로 소비를 증가시킬 것이다. 이전에 그가 균형의 한계수준에 있었기 때문에 이제는 한계수준을 넘어선다. 보관비용과 감가상각비용은 이전처럼 0이 아니라 연간 달러당 10센트이므로 실질화폐 보유량을 줄이려 할 것이다.

구체적으로 물가가 연간 10%씩 상승할 때 용역 판매로 벌어들인 연간소득의 1/10 대신에 1/12, 즉 5.2주의 소득 대신 4.3주의 소득에 해당하는 현금잔고를 보유하고자 한다고 가정하자. 지금 우리는 앞에서 설명한 문제로 되돌아왔다. 개인 각자에게는 마치 그가 현금잔고를 줄임으로써 소비를 늘릴 수 있는 것처럼 보이지만, 사회 전체로는 그렇게 할 수 없다. 다시 말하거니와 헬리콥터는 실질가치를 변화시키지 못했으며, 사회의 실물자원을 추가하지 않았으며, 이용 가능한 어떠한 물질적 기회도 변화시키지 못했다.

현금잔고를 감소시키려는 개인들의 시도는 명목화폐 수량을 연간 명목소득의 1/10 대신에 1/12에 일치시키기 위해 가격과 소득을 더욱 증가시켰을 뿐이다. 일단 이 같은 일이 일어나면 화폐 수량의 증가와 일치하여 물가는 연간 10% 상승한다. 물가와 명목소득 모두 연간 10% 증가하므로 실질소득은 일정하다. 명목화폐 수량도 연간 10% 증가하므로, 그것은 소득에 대해서는 일정 비율, 즉 4.3주의 소득에 해당하는 수준에 머물게 된다.

이 같은 조정 경로에 이르기 위해서는 다음 두 가지 종류의 물가상승이 필요하다.

1) 한꺼번에 20%의 물가상승: 이는 현금보유 비용이 연간 달러당 10%일 때, 실질잔고를 소망하는 수준까지 줄이기 위한 것이다.

2) 연간 10%의 비율로 무한히 계속되는 인플레이션: 이는 실질잔고를 새로운 수준에서 일정하게 유지하기 위한 것이다.

이제는 조정 과정에 대해 확정적인 결론을 내릴 수 있다. 조정 과정 중에 인플레이션은 평균적으로 10%임에 틀림없다. 따라서 인플레이션 은 장기균형 수준을 초과할 것이 틀림없다. 또 틀림없이 주기적 반응 양 상을 보여준다.

[그림 2-2]에서 수평의 실선은 인플레이션의 궁극적인 균형 경로를 나타낸다. 화폐 수량이 증가하기 시작하는 시점인 t_0 이후 점선으로 나타 낸 3개의 곡선은 선택이 가능한 조정 경로를 나타낸다. 곡선 A는 한 번 초과반응overshooting을 보여준 뒤 점차 장기균형 수준으로 복귀하는 경 로를 보이고, 곡선 B와 C는 처음에 미달반응undershooting을 보인 다음 초

그림 2-2 인플레이션의 균형 경로

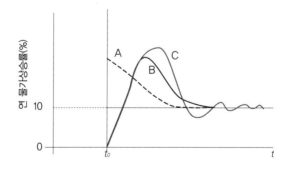

과반응을 보이고, 그 이후에는 (B곡선의 경우) 점진적으로 균형에 복귀하거나 (C곡선의 경우) 진폭이 좁아지면서 순환하는 조정을 보인다.

내 생각으로는 (반드시 물가 수준이나 소득 수준에 있어서의 초과반응은 아니더라도) 물가변화율이나 소득변화율에 있어서의 초과반응의 필연성이 화폐적 경기변동이론의 핵심 요인이다. 실제로 초과반응의 필연성은 초기의 미달반응(B와 C곡선의 경우처럼) 때문에 강화된다. 헬리콥터가 꾸준하게 돈을 떨어뜨리기 시작할 때, 또는 화폐 수량이 예기치 않게 보다 급속히 증가할 때, 사람들이 어떤 일이 일어나고 있는지를 이해하는 데는 시간이 걸린다. 처음에 사람들은 실질잔고가 장기적 소망 수준을 초과하도록 내버려둔다. 여기에는 타성의 탓도 있고, 초기의 물가상승을 추후의 물가가 하락할 조짐으로 받아들이기(즉, 소망 화폐잔고 수준을 높이는 예상) 때문이기도 하고, 화폐잔고 증가의 초기 효과가 물가보다는 생산에 작용하기(이는 소망 화폐잔고 수준을 더욱 증가시킴) 때문이기도 하다. 그러다가 사람들이 사태를 깨닫게 됨에 따라 일시적으로 물가는 더욱 급속히 상승하고, 이는 결과적으로 초기의 실질잔고 증가를 무력화시킬 뿐만 아니라 장기적 감소를 가져온다.

조정 과정의 이 같은 특징 한 가지는 분명하지만, 사회구성원들의 반응 패턴과 물가동향에 대한 예상 형성 과정을 보다 정확하게 규명하지 않고서는 조정 과정에 대해 구체적으로 언급할 수 없다.

마지막으로 한 가지 중요한 구체적 사항을 살펴보자. 지금까지 우리는 암묵적으로 용역의 실질 유량이 당초와 같이 궁극적인 균형경로에 있는 것처럼 다루어왔다. 그러나 이는 다음의 두 가지 이유에서 잘못되었다. 첫 번째는, 우리의 목적에는 덜 중요하지만 영구적인 분배효과가 존재할 수 있다는 것이다. 두 번째는 보다 중요한 것으로서, 실질현금잔고가 적어도 부분적으로는 하나의 생산 요소라는 점이다.

사소한 예를 들면, 한 소매상인이 심부름 소년을 고용해서 길모퉁이에 있는 은행에 보내 손님이 지불한 고액권을 잔돈으로 바꾸어오게 함으로써 평균 현금잔고를 절약할 수 있다. 소매상인이 현금 1달러를 더 보유하는 비용이 0이 아니라 연간 달러당 10센트라고 한다면 심부름 소년을 고용하고자 하는 유인, 즉 현금을 다른 생산자원으로 대체하고자 하는 유인은 증대한다. 이는 일정한 수준의 생산자원으로부터 만들어지는 용역의 실질 흐름이 감소한다는 것과(생산 활동마다 노동집약도나 토지집약도가 다르듯이 현금집약도가 다르기 때문에) 생산구조도 변화한다는 것을 의미한다.

헬리콥터의 단순한 예는 실제 사건 진행에서 극히 중요한 현상(사람에 따라서는 이를 역설이라고 말하겠지만)을 명쾌하게 부각시킨다. 개인 각자에게는 하늘에서 떨어지는 돈이 노다지, 즉 진실로 뜻밖의 이익처럼 보인다. 그러나 사회가 이에 조정된 때에는 모든 사람들의 입장이 다음 두 가지 측면에서 악화된다.

1)대표적 개인은 긴급한 상황에 대한 준비자산을 종전의 5.2주 대신 4.3주의 소득에 해당하는 수준에서 보유하므로 상대적으로 빈곤해졌으며, 2)생산자원의 가격에 비해 소비 용역의 가격을 인상했기 때문에 실질소득이 감소했다는 것이다. 개인에게 보이는 겉모습과 사회 전체에 대한 실재 사이의 현격한 차이야말로 화폐 해악의 근본 원인이다.

| 화폐 수량 방정식

이제까지의 논의는 하나의 간단한 방정식으로 요약 표현될 수 있다. 몇 세기 이전에 여러 학자들이 생각해낸 이 방정식은 19세기 후반에 세계적으로 유명한 미국의 천문학자이자 훌륭한 경제학자이기도 했던 사이먼 뉴콤Simon Newcomb에 의해 세심하고도 정확하게 표현되었다. 이 식은 그 후 미국이 배출한 가장 훌륭한 경제학자인 어빙 피셔Irving Fisher에 의해 발전되고 일반화되었다.

피셔에 따르면 방정식은 다음과 같다.

$$MV=PT$$

M은 명목화폐 수량이다. 이는 지금까지 살펴보았듯이, 현재 미국의 경우 연준에 의해 결정된다. V는 유통속도로 일정 기간 중에 1달러가 평균적으로 구매에 사용된 횟수를 나타낸다. 만일 우리가 구매하는 상품을 최종 재화와 용역으로 제한한다면, 그리고 만일 앞의 예에서와 같이 일반 국민이 5.2주의 소득을 현금으로 보유하려고 한다면, 연간소득(이는 1년간의 최종 재화와 용역의 구매, 저축을 합계한 것과 일치한다)이 화폐 수량의 10배이기 때문에 유통속도는 1년에 10회이다.[8] V는 일반 국민에게 현금잔고가 얼마나 유용한가 그리고 그 보유 비용이 얼마인가에 따라 결정된다. 이 방정식에서 M과 V의 곱은 총지출 혹은 총소득을 나타낸다.

우변에서 P는 구매되는 재화와 용역의 평균가격 또는 평균가격지수이다. T는 거래를 나타내는 것으로 구매되는 재화와 용역의 총량 지수로 풀이된다. 원래 피셔는 T를 (최종 소비자가 구매하는 빵과 같은) 최종적 재화와 서비스의 구매, (제과점에서 구입하는 밀가루와 같은) 중간거래, 그리고 (주택이나 주식의 구입과 같은) 자본거래를 포함하는 모든 거래를 나타내는 것으로 사용했다. 오늘날의 사용 관습에 따르면 이 항목은 오직 최종 재화와 용역만의 구입을 나타내는 것으로 풀이되며, 이에 따라 기호가 바뀌어 T는 실질소득을 나타내는 Y로 대체되었다.

위의 형태 그대로의 방정식은 하나의 항등식이며 자명한 진리이다. 여기서 모든 구매를 두 가지 방법으로 설명할 수 있다. 즉, 하나는 지출된 화폐금액으로, 다른 하나는 재화와 용역의 구매량에 지불가격을 곱한 것으로 설명하는 것이다. 좌변에 화폐 금액을 기입하고, 우변에 수량과 가격의 곱을 기입하고, 그리고 모든 거래에 대해 합을 구한다는 것은 복식부기의 표준적 사례이다. 복식부기가 일반적으로 그러하듯이 이 공리는 매우 유용하다.

처음 이야기의 실마리였던 "5달러짜리 지폐를 가지고 얼마만큼을 살 수 있나를 결정하는 것은 무엇인가"라는 원래의 질문을 다시 한 번 살펴보자. 방정식에서 다른 변수 한 가지 또는 그 이상을 변화시키지 않고서는 어느 것도 P에 영향을 줄 수 없다. 예컨대 주식시장의 붐이 5달러짜리 지폐의 구매력을 변화시킬까? 주식시장의 붐이 연준으로 하여금 돈을 더 많이 찍도록 하거나(M의 증가), 사람들이 다른 대체자산들이 더 매력적이라는 생각 때문에 현금잔고 보유를 감소하게 하거나(V의 증가), 또는 근로자들이 본연의 임무를 게을리하면서 증권 시세에 관심을 갖기 때문에 구매 가능한 재화와 용역의 공급을 감소(T의 감소)시킬 경우에만

5달러짜리 지폐의 구매력 감소(P의 상승)가 나타날 것이다. 주식시장의 붐은 반대의 효과를 가질 경우에만 지폐의 구매력 증가(P의 하락)가 나타날 수 있다. 분명히 온갖 조합이 가능하다.

이 같이 극히 단순화된 예가 보여주듯이, 위의 방정식은 여러 가지 상황 변화의 효과 분석을 조직화하는 유용한 방법이다. 간단히 말해서 피셔의 방정식은 물리학에서 아인슈타인의 $E=mc^2$과 마찬가지로 화폐이론에서 주춧돌 역할을 한다.

| 화폐 수량의 변화

현실 세계에서는 화폐가 헬리콥터에서 떨어지지 않는다. 화폐가 주로 금이나 은과 같은 실물상품으로 구성되어 있던 지난날에는 새로운 광산의 발견이나 기술진보가 화폐 수량 변화의 주된 원천이었다. 3장에서는 19세기 금광과 은광의 발견 영향을 다룬다. 그중 가장 극적인 것으로는 1849년의 캘리포니아 금 발견과 1850년대 호주의 금 발견, 금과 은이 풍부한 콤스톡 로드Comstock Lode의 발견(1859년), 그리고 19세기 말 알래스카와 남아프리카에서의 발견이 있다. 5장에서는 저질의 원석으로부터 금을 추출하는 청화법Cyanide Process(靑化法: 금·은의 습식제련법-옮긴이)의 완성이라는, 대단히 극적인 기술 변화가 윌리엄 제닝스 브라이언의 정치 생애에 미친 영향을 다룬다.

헬리콥터의 경우로 미루어 보아, 1850년대의 캘리포니아와 호주로부터의 금의 홍수 같은 유입 효과를 생각해보자. 헬리콥터 화폐를 가장 재빨리 주운 사람들처럼 금을 처음 채굴한 사람들은 분명히 부유해졌다. 지금은 관광지로 보존되고 있지만 당시에는 주요 금광촌이었던 곳을 방문한 경험에서, 나는 즐겨 사용하는 이야깃거리 하나를 얻었다. 그곳에 전시 중인 오래된 서류에는 월든 폰드Walden Pond에서 생산되는 얼음 광고가 있었다. 겨울에 미국 매사추세츠 주에 있는 월든 폰드에서 잘라낸 얼음을 톱밥으로 포장하여 선박의 밑바닥에 싣는다. 그 배는 남아메리카의 남단을 돌아 약 15,000마일이나 되는 넓은 태평양을 건너 호주 멜버른까지 항해한다. 그곳에서 이 얼음은 수레에 실리고, 수백 마일 이상 말에 이끌려 드디어 금광촌에 도달하고, 억세게 운이 좋아 부자가 된 광부들에게 냉음료로 제공되었다.

캘리포니아와 호주의 금이 발견된 곳에서 가격을 인상시킴으로써, 전 세계로부터 사람들과 상품들을 (방금 말한 얼음처럼) 끌어들였다. 이 같은 일이 일어남에 따라 금은 세계의 여타 국가들에게 분배되고 마침내는 모든 금본위제도 국가에서 물가를 상승시켰다. 헬리콥터 이야기에서의 경우처럼 금광 발견의 효과가 완전히 나타나기까지에는 오랜 시간이 걸렸다. 종국에는 당초의 현격했던 가격 차이가 감소되었다.

또한 헬리콥터 이야기의 경우처럼, 개인들에 대한 효과는 사회 전체에 대한 효과와 크게 달랐다. 금을 맨 처음에 캔 행운의 사나이는 분명히 부자가 되었다. 그러나 사회 전체는 어떻게 되었을까? 모든 조정 과정이 끝난 뒤에 사회의 후생은 악화되었다. 앞에서 말한 골드러시는 제비뽑기와 같은 것인데, 그 매력은 지하에서 금을 캐내고, 멀리 떨어진 나라로 운반하고, 주화로 만들고, 이를 은행의 금고 속에 저장하느라 지출되는 자원의 가치가 새로 캐낸 금의 가치보다 확실히 컸다는 뜻이다. 새로 캐낸 금의 일부는 의심할 나위 없이 보석, 도금 등의 용도로 사용되었다. 적어도 이 부분은 효용의 계속적인 원천이 되었다. 그러나 화폐로 사용된 나머지 금은 그것이 생산되지 않았을 경우보다 물가를 상승시키는 효과만을 가져왔다.

데이비드 흄이 1742년에 썼듯이 "화폐 수량의 증가는 노동가격과 상품가격을 상승시키는 것 이외에는 아무런 효과가 없다… 이 같은 변화가 진행되는 가운데 화폐 수량의 증가가 근면을 자극함으로써 약간의 영향은 미칠 수 있으나, 물가가 다시 안정된 뒤에는… 아무런 영향을 미치지 못한다"(1804a, p.314). '근면의 자극'이 다소 생산을 증가시켰을 수도 있으나 생산 증가가 화폐 증가에 따른 자원비용의 아주 작은 부분 이상을 상쇄시킬 수 있었을 것이라고 믿기는 어렵다.

비록 금의 발견에 의한 후생 효과가 거의 확실히 부정적이지만, 그렇다고 해서 금본위제도 또는 보다 일반적으로 상품본위제도가 오류이고 사회에 유해하다고는 할 수 없다. 이러한 화폐본위제도가 사실상 세계의 다른 한쪽 지하에 저장하기 위해 세계의 한쪽 지하에서 금을 캐내는 비용을 치르게 한다는 것은 사실이다. 그러나 우리는 널리 받아들여지는 교환의 매개수단을 가진다는 것이 정상적인 사회에서나 아주 중요하다는 것을 살펴보았다. 명목수량이 제한되지 않고서는 어떤 화폐도 그 기능을 수행하지 못한다. 수천 년 동안 화폐 수량의 제한 수단으로서 효과적이었던 유일한 수단은 상품과 화폐 사이의 연결고리를 두는 것이었다. 그 연결고리가 물가 수준에 닻을 제공했다. 이 연결고리에서 이탈하는 조치들은 일반적으로 어빙 피셔의 말처럼 "당해 국가에 대한 재앙"이 되었다. 위에서 언급했고 또 10장에서 좀더 상세히 다루겠지만, 세계는 지금 다른 형태의 닻, 즉 어떤 실물상품을 획득하는 비용 대신 정부에 의존하는 닻을 만들 수 있는지를 알아보기 위한 큰 실험에 착수하고 있는 셈이다. 내가 이 책을 쓰고 있는 시점에서 돌이켜보면, 실험이 시작된 지 20년도 채 되지 않았다. 이것은 역사적인 시간의 척도는 차치하고라도, 한 개인의 시간 척도에서도 짧은 기간이다. 불환지폐가 상품화폐보다 더 적은 비용을 치르게 할 것인지의 여부에 대한 판정이 아직 내려지지 않았다(Friedman, 1987, 1986).

이제 역사상 화폐 수량을 변화시킨 다른 주요 원인들과 1971년 이후에는 화폐 수량 변화의 유일한 원인인 정부 조치에 대해 살펴보자. 태고 이래 정부는 화폐제도에 있어서 주된 역할을 담당했다. 이 같은 역할의 한 가지 요소는 화폐주조를 독점하려는 시도였는데, 그 목적의 일부는 화폐의 표준화에 있기도 했다. 주조된 금속 조각에 군주의 인장을 새겨 넣은 것은 그 중량과 순도를 보증하여 거래에 있어서 주화를 중량이 아니라 액수, 즉 숫자로 사용될 수 있게 함으로써 거래 비용을 줄이기 위함이었다. 또 다른 목적은 금덩어리를 주화로 바꾸는 데 대한 조폐국의 부담금, 즉 화폐주조세를 거두어들이는 것이었다.

중량에 의하지 않고 액면이나 액수에 의한 지불방법은 상업을 크게 촉진했다.[9] 그러나 이는 깎아내기clipping(동전의 면이나 가장자리를 깎아 금속 조각을 얻는 짓)와 땀내기sweating(가죽가방 속에 여러 개의 동전을 집어넣고 흔들어 떨어지는 가루를 모으는 짓)와 같은 주화 훼손 행위를 조장하기도 해서 무게가 가벼운 주화가 액면가치로 유통될 수 있었다. 이에 따라 (두 화폐의 교환비율이 일정할 때 "악화가 양화를 구축한다"는) 그레샴의 법칙이 발동되었고, 가벼운 동전은 통용된 반면에 무거운 양화는 금속으로서의 가치 때문에 통용되지 않고 간직되었다. 주화들이 점점 더 가벼워지고 물가는 점점 더 높아졌다. 이때 큰 거래에는 중량에 의한 지불방법이 다시 사용되고, 주화의 개혁 압력이 나타나곤 했다.

깎아내기와 땀내기와 같은 주화 훼손 행위를 효과적으로 중단시킨 것은 주화의 밀링milling(지금은 우리가 당연한 것으로 받아들이고 있는 주화의 둘레에 깔쭉깔쭉한 톱니 모양을 새기는 공정)이었다. 이는 1663년에 처음 채택되었고 그 뒤 주화의 동질성을 크게 높인 영국의 대주조개혁Great Recoinage(1696~98)으로 이어졌다.

더욱 심각한 문제는 주조독점권에 의해서 이익을 보려는 주권자의 시도였다. 이런 점에서 그리스와 로마의 사례는 흥미로운 대조를 보여준다. BC 594년에 아테네에서 권좌에 오른 솔론Solon이 화폐의 부분적 가치절하를 제도화했지만, 그 뒤 4세기 동안(그리스가 로마제국으로 흡수될 때까지) 아테네의 드라크마drachma(그리스의 화폐 [은화] 단위 – 옮긴이)의 은 함유량은 거의 일정했다(알렉산드로스대왕 시대까지는 순은의 67그레인 grain(1그레인 = 0.0064g)이었으며, 그 뒤에는 65그레인이었다). 그리고 이는 유럽뿐만 아니라 그리스와 대부분의 아시아에서 교역에 사용되는 표준 주화가 되었으며, 로마에 정복당한 이후에도 드라크마는 계속 주조되었고 널리 사용되었다.

로마의 사례는 이와 매우 다르다. BC 269년 그리스의 드라크마를 본뜬 데나리우스denarius 은화가 도입된 지 얼마 되지 않아 이전의 동銅으로 주조된 화폐(아에스aes 또는 리브라libra)의 훼손이 시작되었다. 동전의 무게가 1파운드이던 것이 로마제국 초기에는 1/2온스로 감소되었다. 데나리우스 은화와 BC 87년경 도입된 아우레우스aureus 금화는 오직 약간의 가치훼손을 겪으면서 네로 시대(AD 54년)까지 내려왔는데, 이때부터 주화에 대한 훼손이 계속되었다. 금화와 은화의 귀금속 함유량은 계속 줄어들고, 그 대신 합금 비율은 주화 무게의 3/4 이상으로 증가했다. 3세기 동안의 가치훼손 끝에 한때는 순은이었던 데나리우스는 처음에는 동전에 얇게 은도금한 것, 나중에는 주석 도금한 것에 지나지 않을 정도로 훼손되었다.

다른 이야기지만, 미국의 10센트dime짜리, 25센트quarter짜리 그리고 50센트half-dollar짜리 주화들이 동일한 과정을 거치는 데에는 1세기도 걸리지 않았다. 이런 측면에서도 미국은 진보하는가 보다.

로마의 주화가치 훼손은 (그 이래 항상 그러했듯이) 국가가 명시적 조세를 통해 지출의 재원을 충당할 능력이 없거나 의사가 없다는 것을 반영하는 것이다. 그러나 이러한 화폐가치 훼손은 다시 로마의 경제 사정을 악화시켰으며, 결국 로마제국의 붕괴를 가져오는 데 일조했다.

주화가치 훼손은 필연적으로 점진적인 과정이었다. 이 과정에는 계속적으로 반복되는 주화의 변경이 있었고, 상대적으로 비속한 금속의 실질 비용에 의해 궁극적인 제한을 받기도 했다. 18세기 말~19세기 초에 지폐의 보급에 따라 이러한 화폐가치 훼손 과정이 가속화되었다. 사용되고 있는 화폐의 대부분은 실제의 금이나 은으로 구성되지 않고 신용지폐, 즉 일정한 양의 금이나 은을 지불한다는 약속으로 구성되게 되었다. 처음에 이 같은 약속들은 개인이나 민간회사가 발행하는 은행권 또는 (나중에 은행예금으로 불리게 된) 양도가능한 장부상의 항목의 형태였다. 그러나 점차 국가가 더 큰 역할을 맡게 되었다.

금과 은의 지불을 약속하는 신용지폐로부터 불환지폐(주권자의 포고에 의해 발행되고, 달러, 프랑, 엔 등으로 명시되며, 법화이지만 다른 어떤 것을 지불하겠다는 약속이 없는 각서)로 넘어가는 것은 간단한 일이다. 서구 국가 중에서 처음으로 불환지폐를 대규모로 발행한 나라는 18세기 초의 프랑스였다(그러나 중국에서는 천 년 전에 지폐가 있었다는 기록이 있다). 그 후 프랑스 혁명정부는 1789~1796년까지 아시냐assignats(가치폭락으로 유명한 프랑스혁명기의 불환지폐-옮긴이)의 형태로 지폐를 발행했다. 미국의 식민지의회와 그 후 대륙의회는 지불에 사용될 수 있는 신용증서를 발행했다. 이러한 초기의 실험들은 불환지폐에 대해 나쁜 인식을 주었는데, 그것은 당연했다. 지폐는 남발되고 물가는 치솟았다. 이에 따라 화폐는 가치를 잃게 되거나 당초 가치의 몇분의 1의 비율로 금속화폐(또는 금속화폐 지불 약속)로 상환되기도 했다.

그 뒤 19세기에 주요 국가들의 불환지폐 발행은 금속본위제에서의 단기적 이탈이었다. 예컨대 나폴레옹전쟁 기간(1797~1816) 동안 영국에서는 기왕에 발행된 은행권 총액에 대해 금의 지급이 중단되었다. 그 결과 금화와 금덩어리[地金]는 지폐로 환산될 때 더 비싸게 되었다. 이와 마찬가지로 미국에서는 남북전쟁 기간 동안 북군 정부의 화폐(그린백) 태환이 중단되어 1879년까지 태환은 재개되지 않았다. 전쟁의 절정기인 1864년에 20달러짜리 금화 가격이 그린백 지폐 50달러 이상이었다.

| 화폐 수요의 변화

앞에서 설명했듯이, 화폐수요의 변화는 화폐 수량의 변화와 동일한 효과를 가질 수 있다. 그러나 화폐수요를 언급할 때, 현금잔고의 유용성 변화에 따른 것(화폐화의 확대나 이용가능한 금융수단들의 범위 확대 등)과 현금잔고 보유비용의 변화에 따른 것(명목이자율 변화와 물가변화율 변화 등)은 엄격하게 구별하는 것이 중요하다. 경제학 전문용어로 말하면 "우리는 현금잔고에 대한 수요곡선의 이동과 수요곡선상의 움직임을 구별"해야 한다.

화폐 유용성의 변화는 완만하고 점진적으로 진행되기 때문에 이러한 구별이 중요하다. 비용조건의 많은 변화들도 흔히 완만히 일어난다. 그러나 특히 이자율과 가격변화율의 변화가 급격한 경우에는 이에 앞서 나타난 화폐공급의 변화가 초래한 일련의 연속 사건들의 결과인 것이다. 최근 미국의 예를 들어보면, 1970년대에는 인플레이션율과 이자율의 급격한 상승이 있었고, 1980년대에는 급속한 하락이 있었다. 결론적으로 말하면 물가나 명목소득의 큰 변화는 거의 항상 명목화폐공급 변화의 결과이자 화폐 수요 변화의 결과인 경우는 드물다(8장에서는 인플레이션의 핵심적 사례를 자세히 다룬다).

| 결론[10]

화폐 현상은 수세기 동안 철저한 연구의 대상이 되어왔다. 이러한 연구로부터 얻은 몇 가지 경험적 발견을 요약해보자.

1) 장기와 단기를 막론하고, 화폐 수량 증가율과 명목소득 증가율 사

이에는 정확하지는 않지만 일관된 관계가 존재한다. 만일 화폐 수량이 급속히 증가하면 명목소득도 급속히 증가되고 반대의 경우에도 마찬가지이다. 그리고 이 같은 관계는 단기보다는 장기에 더욱 밀접하다.

2) 단기에 있어서는 화폐 증가와 명목소득 증가 사이의 관계를 파악하기는 때때로 곤란하다. 그 부분적 이유는 장기보다는 단기에 있어서 이들의 관계가 덜 밀접하다는 점이고, 상당한 이유는 통화 증가의 변화가 소득에 영향을 미치는 것에는 시간이 소요된다는 점이다. 그리고 얼마나 오랜 시간이 걸릴 지 그 자체가 가변적이기도 하다. 오늘의 소득 증가는 오늘의 통화 증가와 밀접하게 연관되어 있지 않고, 이는 이제까지 화폐에 일어났던 변화에 달려 있다. 오늘 화폐에 일어나는 일은 미래의 소득에 일어나게 될 일에 영향을 미친다.

3) 대부분의 주요 서구 국가들에 있어서 화폐증가율의 변화는 약 6~9개월 후에 명목소득 증가율의 변화를 일으킨다. 그러나 이는 평균적인 것으로서 어느 경우에나 반드시 적용되는 것은 아니다. 때때로 지체 기간이 더 길게도, 짧게도 된다. 특히 화폐증가율과 인플레이션율이 높고 가변적인 상황에서는 지체 기간이 단축되는 경향이 있다.

4) 경기순환 경험 사례에 있어서 시간의 지체를 감안할 때에는 명목소

득의 반응은 통화 증가보다 진폭이 더 크다.

5) 명목소득 증가율 변화는 전형적으로 처음에는 산출량에 나타나고 물가에는 거의 나타나지 않는다. 만일 화폐증가율이 증가하거나 감소한다면, 명목소득 증가율과 아울러 실물생산의 증가율도 약 6~9개월 뒤에 증가하거나 감소한다. 그러나 물가상승률은 거의 영향을 받지 않는다.

6) 소득효과나 생산효과와 마찬가지로 물가효과는 시간에 걸쳐서 나타난다. 이는 약 12~18개월 뒤에 나타나기 때문에 화폐증가율의 변화와 인플레이션율의 변화 사이에 총 지체기간이 평균적으로 2년 정도가 된다. 바로 이 때문에 일단 인플레이션이 시작된 다음 그것을 중단시키는 것은 사래 긴 밭을 갈듯이 어려운 일이다. 인플레이션은 결코 당장 멈출 수 있는 것이 아니다.

7) 화폐증가율 효과의 지체를 감안하더라도 그 관계는 결코 완전하지 못하다. 화폐 변화와 소득 변화 사이에 하고 많은 단기적 문제들이 내재되어 있는 법이다.

8) 3~10년 정도까지 길어질 수도 있는 단기에는 화폐 변화가 주로 생산에 영향을 미친다. 반면에, 수십 년에 걸쳐서 화폐증가율은 주로 물가에 영향을 미친다. 생산효과는 사람들의 독창성 및 근면성, 절약의 정도, 기업의 상황, 산업구조 및 정부 조직 그리고 국제관계

등의 실물적인 요인들에 의존한다.

9) 한 가지 중요한 발견은, 극심한 불경기에 관한 것이다. 화폐 수량의 대폭적 감소를 포함하는 화폐 위기가 심한 불경기의 필요충분조건이라는 강력한 증거가 있다. 화폐 증가의 변동 역시 가벼운 경제변동과 구조적으로 관련되어 있으나, 다른 요소들만큼 지배적인 역할을 하는 것은 아니다. 애너슈워츠와 내가 설명했듯이, 화폐 수량의 변화는 화폐소득의 변화와 물가 변화의 독립적 원인일 뿐만 아니라 결과이기도 하다. 그러나 일단 화폐 수량 변화가 발생한 다음에는 소득과 물가에 다시 영향을 미친다. 즉 이들은 상호작용을 하지만 장기적 변동과 급격한 순환적 변동에 있어서 화폐는 화폐소득과 물가에 명백히 '주도적 동반자'이며, 단기적 변동과 완만한 순환적 변동에 있어서 화폐는 화폐소득과 물가에 '대등한 동반자'이다. 이것이 우리의 증거가 제시하는 일반적 결론이다(1963, p.695).

10) 아직도 끝나지 않은 주요 이슈 중의 한 가지는, 단기에 있어서 명목소득 변화가 생산과 물가 사이에 어떻게 나누어지느냐 하는 것이다. 이러한 분할은 공간과 시간에 따라 크게 차이를 보여왔으며, 그 가변성의 원인이 되는 요소들을 낱낱이 밝혀주는 만족스러운 이론이 아직까지 존재하지 않는다.

11) 이상의 명제들로부터 얻을 수 있는 당연한 귀결로서, 우리는 인플레이션이 생산의 증가보다 더 급속한 화폐 수량의 증가에 의해서

만 발생하며, 발생될 수 있다는 의미에서 "인플레이션은 언제 어디서나 화폐적 현상이다"라고 말할 수 있다. 많은 현상들이 인플레이션율의 일시적 변동을 발생시킬 수 있으나 오직 통화증가율에 영향을 미치는 한에서만 지속적인 효과를 가질 수 있다. 그러나 화폐팽창 요인으로서 가능한 것들이 많다. 여기에는 금의 발견, 정부지출 재원조달 그리고 민간지출 재원도달이 포함된다. 이상의 명제들은 인플레이션의 원인과 처방에 대한 해답의 시작에 불과하다. 보다 깊이 있는 질문은 왜 과도한 화폐팽창이 일어나는가를 묻는 것이다(8장 참조).

12) 화폐 증가의 변화가 이자율에 미치는 영향은 처음의 방향과 나중의 방향이 다르게 나타난다. 화폐 증가의 가속화는 처음에는 이자율을 인하하는 방향으로 나타난다. 그러나 그 후 이에 따라 지출이 가속되고, 다시 그 다음 인플레이션이 가속됨에 따라 대출수요가 증대되고, 이것은 이자율을 인상하는 경향을 나타낸다.

이에 더하여 인플레이션의 고도화는 실질이자율과 명목이자율의 차이를 확대한다. 대출자와 차용자 모두 인플레이션을 예상함에 따라, 예상 인플레이션을 상쇄하기 위해 대부자는 높은 명목이자율을 요구하고 차용자도 이를 기꺼이 받아들이려 할 것이다. 바로 이 때문에 브라질, 칠레, 이스라엘, 한국과 같이 화폐 수량과 물가의 급격한 상승을 경험한 나라에서 이자율이 높다. 반대 방향으로는, 화폐증가율의 둔화는 처음에는 이자율을 상승시키지만 그 후에는 지출과 인플레이션을 감속시킴에 따라 이자율을 하락하게 한다. 바로 그 때문에 스위스, 독일, 일본과 같이 가장 낮은 화폐 증가율을 경험한 나라에서 이자율이 낮다.

13) 주요 서구 국가들에서 금과 연결고리를 둔 화폐제도와 이러한 화폐제도에서의 물가의 장기예측 가능성은 2차대전 얼마 이후까지는 마치 물가안정이 예상되고 인플레이션도 디플레이션도 예상되지 않은 경우에서처럼 이자율 움직임이 나타났다. 명목자산에 대한 명목수익은 상대적으로 안정적인 반면에, 실질수익은 대단히 불안정적이어서 인플레이션과 디플레이션을 거의 완전하게 흡수했다([그림 2-1]을 보라).

14) 1960년대부터 특히, 1971년 브레튼우즈체제의 붕괴 이후에는 이자율과 인플레이션율은 평행하게 움직이기 시작했다. 명목자산에 대한 명목수익의 가변성은 커지고 명목자산에 대한 실질수익의 가변성은 작아졌다.

MONEY MISCHIEF

Chapter 3

1873년의 범죄[11]

나는 1873년의 법률은 이 시대나 다른 어떤 시대가 목격한 것 가운데 미국인과 유럽인들의 복지를 해치는 가장 큰 입법적 범죄이며 엄청난 음모라고, 역사는 기록할 것이라고 생각한다.

　－ 존 레이건(상원의원), 1890

은의 폐화는 19세기의 세기적 범죄였다.

　－ 윌리엄 스튜어트(상원의원), 1889

1873년의 법률은 1853년의 법률의 직접적인 결과였던 은의 폐화를 단순히 법적으로 인정한 것에 지나지 않는다.

　－ 제임스 로렌스 로린, 1886

당신들은 이 가시왕관으로 노동자들의 이마를 짓눌러서는 안 된다. 당신들은 황금의 십자가에 인류를 못 박아서는 안 된다.

　－ 윌리엄 제닝스 브라이언, 1896

1873년의 법률은 행운이었다. 이는 우리에게 금융상의 신용을 안겨주었고 국가의 명예를 지켜주었다. 그리고 지금도 우리가 아무리 감사해도 지나치지 않는 입법이다.

　－ 제임스 로렌스 로린, 1886

위의 인용구들이 언급하고 있는 1873년의 화폐주조법Coinage Act of 1873은 장황하지만 피상적인 분과위원회 청문회와 본회의 토론을 거쳐 하원에서는 찬성 100 : 반대 13, 그리고 상원에서는 찬성 36 : 반대 14라는 표결로 통과되었다.

이 법률은 당시에는 그다지 관심을 끌지 못했다. 처음에는 이 법안에 찬성했다가 나중에는 '중대한 오류', '부정한 거래에 의해 저질러진 음모', '범죄보다 더 나쁜 실책', '엄청난 입법 사기' 그리고 드디어는 '1873년의 범죄'라고 신랄하게 공격하고 나선 의원들(상원의원 스튜어트도 포함)조차 그 당시에는 별 관심을 보이지 않았다(Barnett, 1964, pp.178~181).[12]

언뜻 보아 무해하게 보이는 이 입법 조치가 어떻게 그처럼 오랜 기간 동안 학자들, 기업인들, 정치가들로부터 그처럼 강력하고도 상반된 반응을 불러일으켰는가? 어떻게 이 법률이 법안 통과 후 20년 이상 동안 대통령 선거에서 핵심 이슈의 하나가 되었는가? (5장에서 이 이야기가 다루어진다). 이 법률이 어떤 의미에서 범죄였는가? 법률의 실제 영향은 어떠했는가? 이 같은 질문에 대한 해답을 얻기 위해서는 화폐의 역사와 이론에 대한 약간의 배경 지식이 필요하다.

| 배경

미국 헌법은 화폐를 주조하고, 국내 화폐 및 외국 화폐의 가치를 조정할 수 있는 권한을 연방의회에 부여하고, 주정부들이 "금화와 은화 이외의 것을 부채의 결제에 있어서 법화로" 삼지 못하게 금하고 있다. 시초에 권한을 행사함에 있어서 의회는 알렉산더 해밀턴Alexander Hamilton(초대 재무부 장관)의 제의에 따라 1792년 4월 2일 화폐주조법을 통과시켰다. 이 법안에서는 미국의 기본 통화단위를 '달러'로 정하고 10진법에 의해 보조 주조화폐로서 센트, 하프-디즘half-disme(5센트, 이는 뒤에 니켈이 되었음), 디즘(10센트, 이는 뒤에 다임dime이 되었음), 쿼터(25센트) 등으로 정하였다. 또한 이 법은 달러를 순은 371.25그레인 또는 순금 24.75그레인에 상당한 것으로 규정하고, 15:1의 비율로 금과 은 두 가지 모두를 자유 주조로 인정했으며, 주조에 있어서 순수 금속의 순도를 명시했다.[13]

나는 '1873년의 범죄'를 이해하는 데 있어 아주 중요한 두 가지 용어를 사용했다. *자유 주조*가 중요하다. 그것은 개인들이 조폐국에 어떤 정화正貨를 가지고 오든지 그것을 명시된 금속 등가에 따라 달러(처음에는 오직 주화의 형태만이었으나 나중에는 지폐의 형태 포함)로 표시된 법화法貨로 전환하도록 규정함으로써 정화본위제도를 실질적으로 뒷받침했기 때문이다. *두 가지 모두*란 말도 중요하다. 그것은 미국의 복본위제도, 즉 금과 은 두 금속의 자유 주조, 따라서 화폐로서의 사용을 인정하는 화폐제도를 확립시켰기 때문이다. 이 두 가지 규정은 정부가 민간이 가져오는 모든 금과 은을 순은의 트로이온스troy ounce(약 31.1034g)당 1.2929달러의 가격으로 또 순금 트로이온스당 19.2929달러의 가격으로, 바꾸어

말하면 금 1온스가 은 1온스의 15배로, 따라서 15:1의 비율로 구입할 것이라는 말과 똑같다.[14]

비록 은이나 금이 합법적으로 화폐로 사용될 수 있었지만, 실제로는 1834년까지 은만이 화폐로 사용되었다. 그 이유는 간단하다. 금과 은은 주조용 이외에도 보석으로, 산업적 용도로, 또 다른 나라에서의 주조화폐 등으로 사용되므로 별도의 시장이 존재했고 현재에도 있다. 1792년 은의 시장가격에 대한 금의 시장가격은 알렉산더 해밀턴이 권장한 대로 15:1의 비율이었다. 그러나 그 후 곧 세계의 시장가격 비율은 15:1을 넘어섰고 그 수준이 유지되었다(Jastram, 1981, pp.63~69). 그 결과 금을 가지고 화폐로 바꾸려는 사람은 누구나 조폐국에 금을 직접 가지고 가는 것보다는 먼저 시장가격비율로 금을 은으로 교환한 다음 은을 조폐국에 가져감으로써 이득을 얻을 수 있었다.

바꾸어 말하자면 조폐국에서 15:1의 비율로 금과 은을 얼마든지 사기도 하고 팔기도 한다고 가정하자. 그러면 부자되는 방법이 분명히 보인다. 즉 15온스의 은을 조폐국에 가지고 가서 1온스의 금으로 바꾸어 시장에 내다팔면 그 대금으로 15온스 이상의 은을 살 수 있게 된다. 이익은 챙기고 같은 일을 반복하면 된다. 명백히 조폐국에서는 은이 넘치게 되고 금이 바닥날 것이다. 바로 이 때문에 복본위제도에서 조폐국이 임의로 금이나 은 둘 중의 하나 혹은 둘 다 모두 판매(회수)할 수 있음에도 불구하고 은과 금의 구입(즉 자유 주조)만을 의무로 삼고 있다. 이 결과 미국의 화폐제도는 1792~1834년까지 실제로 은본위제도였다. 화폐로서의 금 사용은 액면가로 이루어지지 않고 프리미엄이 붙여졌다. 화폐로 사용되기에는 금은 너무나 가치가 있었다. 따라서 값싼 화폐가 값진 화

폐를 구축하는 그레샴의 법칙이 충실하게 적용되고 있었다.[15]

1834년 당시 세계시장에서 약 15.625:1로 변한 금과 은의 가격비율을 인식하게 됨에 따라 새로운 화폐주조법안이 의회에 제출되었다. 1832년부터 1834년까지 하원의 주화 특별위원회가 이 비율을 "금을 위해 어떤 일을 하고자 하는 바람에서" 계속적으로 권장한 것이다. 아마도 금이 버지니아, 노스캐롤라이나, 사우스캐롤라이나, 조지아 주 등에서 새로 발견되어 "남부 네 개 주의 한 곳에서는 아주 중요하게 된" 때문일 것이다(O'Leary, 1937, p.83). 그러나 갑작스럽게 특별위원회는 권장 비율을 16:1로 바꾸었는데, 이는 금을 위해서 어떤 일을 하지 않으려고 해서가 아니라 −사실상 그렇게 할 의사였지만− 니콜라스 비들N. Biddle이 총재로 있는 미합중국은행Bank of the United States에 반대하는 어떤 일을 하기 위해서였다.[16] 이는 앤드류 잭슨Andrew Jackson 대통령과 비들 사이의 유명한 '은행전쟁'이 한창일 때의 일이었으며, 결과적으로 그 은행이 새로운 인가 −연방 인가시효 만료는 원래 1836년이었다− 를 의회로부터 얻는 데 실패했다.

폴 올리어리Paul O'Leary(1937, p.84)의 표현을 빌리면 16:1의 비율은 "잭슨 대통령과 그의 지지자들이 혐오하는 적, 즉 합중국은행을 괴롭히기 위해 사용한 황금 몽둥이였다." 그 당시 불만족스런 통화 상태'−미국 은주화, 외국 은주화, 그리고 주법州法 은행이 발행한 지폐(그중 일부는 신용도가 의심스럽기도 했다)의 혼합 상태− 는 합중국은행이 발행한 지폐를 사람들이 교환의 매개수단으로서 선호하게 만들었다. 1834년의 법은 금주화를 합중국은행권에 사실상 대체하도록 함으로써 합중국은행을 약화시킬 속셈이었다.

이 일화에 대해서는 두 가지 점이 주목된다. 첫째, 1834년에는 16:1의 비율이 황금의 몽둥이였으나, 1890년대에는 은 몽둥이였다. 둘째, 두 경우 모두 이 몽둥이가 거의 동일한 정치세력들이 거의 동일한 다른 정치세력에 대항해 휘두르게 되었다는 것이다. 즉 동부와 북동부의 은행가, 금융가, 대기업가, 도시 상류계층에 대항하여 1834년의 앤드류 잭슨과 1896년의 윌리엄 제닝스 브라이언을 지지하는 남부와 서부의 농민, 소기업인, 하층민들이 그 몽둥이를 이용했다.

여하튼 16:1 비율의 채택은 순금 1온스당 20.671835달러(=480/23.22)를 공식가격으로 정함으로써 은의 지배 시대를 마감했다. 이때부터 남북전쟁 때까지 은주화는 거의 전적으로 보조적인 동전으로 구실하는 데 그쳤다. 이 보조화폐마저 새 법정비율로 보면 과대평가되어 드디어 1853년에는 의회가 은 함유량을 줄이기로 표결했다. 그렇지만 그 차이는 아주 적고 이들 중 상당수가 중량 부족이어서(적어도 남북전쟁의 지폐 인플레이션 때까지) 금속으로 쓰기 위해 녹일 수고를 할 가치가 없었다 (Carothers, 1930, pp.98~101). 1834년부터 금화가 유통되어 사실상 금본위제도가 되었다. 화폐적 용도로서 금에 대한 수요의 증가에도 불구하고 금과 은의 시장가격비율은 1840~1850년대의 캘리포니아와 호주에서의 금 발견 이후에 떨어졌다. 값싼 화폐로서 금의 지위는 확고한 것처럼 보였다.

남북전쟁은 일시적으로 은의 지배를 종식시켰다. 전비를 조달해야 하는 위급한 상황은 지폐, 즉 그린백greenback의 도입을 가져왔다. 금이나 은의 지급준비가 없고 금이나 은으로 태환한다는 약속이 없는,[17] 말하자면 지폐가 값싼 화폐로 되었다. 그러나 특히 서해안 지역에서는 금이 계속 유용되었으나 물론 달러와 1:1의 비율로 통용되지는 않았다. 자유시장에서도 금의 그린백 가격이 공식 법정 가격 이상, 실제로는 공식가격의 두 배 이상으로 상승했다.

정부는 관세와 다른 부채를 금으로 지불하도록 요구했으며, 은행은 고객들에게 금과 그린백을 구분하여 별도의 예금계좌를 만들어주었다. 간단히 말해서, 비록 그린백이 대부분의 목적과 대부분의 지역에서 명백히 지배적인 화폐로 사용되었지만, 금과 그린백이 나란히 유통되는 가운데 둘 사이의 교환비율은 시장에서 결정되는 데 따라 가변적이었다.

1873년에 이르자 그린백 지폐를 끝내도 다시 정화본위제도를 시작하자는 움직임이 전개되었다. 의회가 화폐주조법을 정비해야 할 때가 된 것이다. 그 결과 입법화된 1873년의 화폐주조법은 주조할 주화를 열거하고 있다. 그 속에 금화와 보조은화는 포함되어 있으나 예전에 있던 순은의 371.25 트로이그레인의 은본위 달러는 포함되지 않았다. 추가적 정비는 1874년에 이루어졌다.[18] 그 이후 1875년에 (정화본위제도 하에서의 지불) 재개법Resumption Act이 입법되었고, 1879년 1월 1일에 금을 기준으로 한 정화본위제도가 성공적으로 다시 시작(즉 재개)되었다.[19]

1879년 정화본위제도에서 지불재개라는 결과를 가져온 사태의 전개과정은 60년 전 영국에서의 그것과 똑같다. 즉 영국은 1797년 이전에는 복본위제도를 시행했으나, 그 후 태환 불능 지폐본위제, 1816년의 은의 폐화, 1819년 금본위제도 재개가 있었다. 그런데 1816년의 법안이 없었더라면 본위제도는 은본위로 재개되었을 가능성이 있었다.[20] 그러나 이러한 유사성은 우연의 일치가 아니다. 태환성을 종식시키고 지폐본위제를 채택한 사건의 발단은 두 나라에서 모두 전쟁의 재정적 압박에 대한 반응이었다.[21] 미국에서와 마찬가지로 영국이 정화본위제로 복귀하려고 결정한 것은 건전한 화폐를 가지려는 갈망을 반영하였다. 이 같은 갈망은 또 정화본위제도로부터의 이탈로 야기된 인플레이션(비록 기껏해야 연간 5~6%의 인플레이션은 오늘날의 기준에 의하면 아주 완만한 것이지만)에 대한 금융계, 정부 채권 소지자, 일부 경제학자들의 분노로 드러났던 것이다. 영국이 은을 선택하는 대신 금을 선택한 것이 다소 우연한 일이지만, 이것이 바로 미국이 거의 60년 뒤에 동일한 선택을 하게 된 주요한 이유가 되었다.[22]

만일 미국에서 정화본위제도 재개가 남북전쟁 이전의 화폐주조법에서 이루어졌다면, 1875년의 경우처럼 금과 은의 비율이 16:1을 상당히 초과하여 상승할 때마다 은이 값싼 화폐가 되었을 것이다. 만일 그랬더라면 은 생산업자들은 은을 시장에서 파는 경우보다 주조소에 가져가는 것이 더 유리하다는 것을 알았을 것이며, 금화 소지자들은 금화를 명목 액면가치 그대로 화폐로 사용하는 경우보다 금화를 녹여 금으로 시장에 파는 것이 더 유리하다는 것을 알게 되었을 것이다.[23]

실제로 조폐국에서 금이나 은을 주화로 만들거나 금화나 은화를 용해하는 데 비용이 들지 않는 것은 아니다. 통상적으로 조폐국의 비용을 충당하기 위해 소액의 주조세가 부과되고, 용해하는 데에도 약간의 비용이 들어가게 된다. 이에 더하여 주조하는 데 지체되는 시간 때문에 손실된 이자비용과 아울러 금과 은을 팔거나 사는 거래에 따른 비용을 고려해야 한다. 그 결과 일정한 시점에서 한 가지의 금속만이 유통될 만큼 법정비율을 정확한 숫자로 간주하는 경향은 오류이다. '금현송점gold points'(두 나라 사이의 외환시세 변동의 한계점 — 옮긴이)은 금본위제를 채택하고 있는 두 나라 화폐의 교환비율이 금의 수송을 일으키지 않고 일정한 범위 내에서 변동하는 것을 허용한다. 이와 마찬가지로 복본위제도에서는 "금과 은의 가격비율 포인트는 금, 은 중 어느 한 금속에 대한 프리미엄 또는 다른 금속에 의한 완전한 대체를 일으키지 않고 그 가격비율이 일정한 범위 내에서 변동하는 것을 허용한다."[24]

1873년의 화폐주조법에서 은본위 달러에 대한 언급을 생략한 것이 미국의 복본위제도의 법적 지위를 종식시키는 결과를 초래했다. 만일 그 운명적 구절이 1873년의 법안에서 생략되지 않았더라면, 1879년 본위제도의 재개는 금이 아닌 은을 기준으로 되었을 것이 거의 틀림없다. 따라서 은을 지지하는 사람들의 눈에는 그것은 '1873년의 범죄'로 보였다.

이러한 사태들은 두 가지 의문을 제기한다. 그중 중요성이 덜하면서 상대적으로 대답하기가 용이한 질문은 "어떤 의미에 있어서 범죄가 일어났었는가?"이다. 그리고 중요하면서 대답하기가 어려운 질문은 "만일 그 운명적 구절이 삽입되었더라면, 그 결과는 어떠했겠는가?"이다.

| 무슨 일이 일어났었는가?

1877년 〈더 네이션*The Nation*〉의 사설은 다음과 같은 구절을 담고 있다. "지금주의地金主義 음모자이며 외국 채권 소지자들의 첩보원인 어네스트 세이드Ernest Seyd는 1873년 런던에서 미국으로 건너와 의회 지도자들을 포함한 정부 관리들과의 부정한 거래를 통해 은의 화폐 사용을 중지시켰다. 들리는 이야기로는, 그는 일부 의회 의원들과 통화 감독관들을 매수하기 위해 50만 달러를 가져왔다고 한다"(Barnett, 1964, p.178).

만일 이것이 사실이라면 명백히 범죄행위이다. 그러나 사실이라고 입증할 만한 증빙 자료는 아직 제시되지 못했다. 실제로 세이드는 결코 '지금주의 음모자'가 아니었다. 그는 영국의 복본위주의자로서 미국의 은 폐화를 강력히 반대했다(Nugent, 1968, pp.153, 166). 1873년의 화폐주조법 통과와 관련하여 의회 의원이나 정부 관리 어느 한 사람이라도 뇌물수수 혐의에 대한 기록은 물론 고발도 없었다. 그 법안은 분과위원회는 물론 본회의에서도 장황한 토론을 거쳤으며, 공개투표에서 다수결로 통과되었다.

그러나 사후적으로 비판자들은 그들이 반대하는 핵심 조항이 본회의에서 간단히 언급되는 데 그치고 그 이상 자세히 토론되지 않았다고 주장했다.[25] 사전에 나오는 범죄라는 말의 뜻, 즉 "법적으로 금지되었거나 공익에 해가 되는 것으로 법에 의해 처벌받을 수 있는 행동"이라는 의미로서는 범죄행위가 없었다.

반면에 사전에서 말하는 보다 일반적인 의미, 즉 사악하거나 해로운 행위, 위반행위, 도덕적 죄악[26]이라는 의미로 범죄가 있었는지 여부에 대해서는 견해의 차이가 있을 수 있다. 그러나 의문의 여지가 없는 것은 주조화폐 목록에서 은본위 달러를 제외시킨 것은 가능한 결과를 충분히 알고 그 결과가 바람직하다고 믿고 의도적으로 한 일이라는 점이다. 이는 이 법안이 통과될 당시 조폐국장이었던 린더맨H.R. Linderman이 곧이어 출간한 책에서 명백히 밝혔다(1877, 9장). 화폐주조법안이 의회에 계류 중이던 1872년 11월 재무장관에게 제출한 보고서에서 린더맨은 이렇게 썼다. "지난 100여 년 동안 금과 은의 상대가치의 변동은 극심한 정도가 아니었으나, 현재 작용하고 있는 몇 가지 요인들은 모두 은의 수요에 대한 공급초과에 따라서 가치하락을 유발할 경향이 있는 것으로 보인다"(1877, p.48).

이 법안의 결과에 대해 린더맨은 이렇게 말했다. "1873년 화폐주조법에서 앞으로 금 달러가 가치의 단위로 된다고 선언한 것과 이 법의 규정 하에서 주조될 화폐에서 은 달러가 제외된 것은 미국을 단일 금본위제도 하에 두었다. 유럽과 미국에서 여론은 대체로 어떤 기준을 선택하든지 이중본위제도를 유지하는 실천 가능성에 반대하고 단일금본위제도를 찬성하는 쪽으로 기울어져 있다"(p.44).

책의 뒷장에서 그는 이렇게 썼다. "과거의 은 달러의 부활을 주장하는 사람들은 은화의 주조를 중단한 것이 불법이 아닐지라도 실책이었다고 생각하는 듯하다. 그들은 1879년의 정화본위제도 재개 이후 금과 은의 동시 유통을 지탱하는 것이 가능할 것이라는 질문에 대한 아무런 언급도 없이 은 달러 주조 중지의 실책을 시정할 것을 바라고 있다"(pp.100~101).

더구나 월터 누전트Walter Nugent가 상세히 기록했듯이, 상원 재무위원회 위원장인 존 셔먼John Sherman은 적어도 1867년부터 은을 폐화시키기로 결심하고, 그 목적으로 1869년 말에 법안을 기초하도록 주선했다. 이때부터 상원의원 셔먼, 린더맨, 존 제이 녹스John Jay Knox(통화 부감독관이었다가 후에 통화 감독관이 되었음), 재무장관 조지 보트웰George Boutwell은 은의 폐화 조항을 포함한 화폐주조법안을 추진하는 데 협력했다(1968, pp.80, 88, 99, 103, 105). "녹스, 린더맨, 보트웰, 셔먼 등은 은 달러를 폐기하기로 계획을 세웠을 때 자기네가 하고 있는 일이 무엇인지 알고 있었을까"라고 누전트는 묻고, 이어 말하기를 "그들이 자신들이 하는 일을 몰랐다는 것은 상상할 수 없다. 그러나 그들은 은의 가격 하락을 우려하여 그것을 주장했을까? 아무도 그렇다고 명백하게 진술한 바 없으나 의심할 나위 없이 이는 사실이었다"(p.137).

이에 더하여 프랜시스 워커Francis Walker가 20년 후에 회고했듯이 "이 법안은 거의 아무런 주목도 받지 않고 통과되었기 때문에 은의 폐화 사실이 일반 국민에게 1~2년 동안 알려지지 않았다." 그리고 부언하기를 "저자는 1873년에 예일대학의 정치경제학 교수였으며, 실제로 화폐문제를 강의하고 있었다. 뿐만 아니라 그는 제법 충실한 신문 독자며 직업상 혹은 개인적 친분으로 뉴욕의 사업가 및 은행가들과 교분이 두터웠다. 그러나 은 달러의 폐화에 대해 그가 처음 알게 된 것은 1873년 법안이 통과된 한참이 지나서였다"(1893, pp.170~171).

폴 올리어리는 다음과 같이 증거를 요약했다. "1873년 화폐주조법에서 은 달러에 대한 조항을 포함시키지 않은 것은 당시의 경제적 현실을 인식하였기 때문이라기보다는, 오히려 본위제도의 일부로서의 은에 대한 계산된 적개심 때문이었다고 결론짓는 것이 합당하다. 이 법은 장래를 예상했다. 이 법안을 만들고 통과시키는 일을 주도한 사람(누전트에 따르면 '사람들')의 마음속에서 이 법은 계획적이고 의도적이었다. 이러한 의미에서 은을 주장하는 사람들이 이 법안이 계획적 악의의 결과라고 지적한 것은 타당하다. 이 법은 미국의 주조법들과 규정들을 단순히 정비하는 것을 훨씬 넘어서는 결과를 달성하리라고 예상되었고 실제로도 그러했다."

올리어리는 계속 말한다. "그 뒤 27년 동안 은의 문제는 미국의 정치와 금융을 괴롭혔다. 만일 1873년의 법안이 은본위 달러 조항을 제외하지 않았더라면 은이 누렸을 지위를 다시는 회복하지 못했다. 은 달러의 자유롭고 무제한적인 주조를 삭제하지 않았다면 그 결과는 그 이후의 미국 금융, 경제 및 정치적 생활에 지대한 영향을 미쳤을 것이다. 하지만 그것은 전혀 다른 이야기이다"(1960, p.392).[27] 이제 다음의 이야기로 넘어가자.

▌1873년의 화폐주조법의 결과

은 화폐의 자유 주조 금지는 린더맨이 지적한 하나의 중요 사실, 즉 금에 대해 상대적인 은의 세계가격 하락 가능성 때문에 여러 가지 중요한 결과를 가져왔다. 만일 금·은 가격비율이 하락하지 않았더라면 -혹은 보다 일반적인 표현으로- 만일 금·은 가격비율이 상승하지 않았더라면, 1873년의 법에 그 운명적인 글귀가 포함되든 생략되든 그것은 별로 중요치 않았을 것이다. 포함되든 생략되든 미국이 정화지불을 다시 시작했더라면 남북전쟁 이전의 실질적인 금본위제도의 상황이 계속되었을 것이다.

　그러나 사실은 금·은의 가격비율은 1873년 의회가 법을 통과시키기 훨씬 이전부터 상승하기 시작했으며 1879년 정화지불을 재개했을 때는 한창 상승 중이었다. 미국의 금본위제도 재개는 은의 화폐로서의 구실을 끝장내고 말았다. [그림 3-1]에 그려진 것처럼 금·은 가격비율은 1848년 캘리포니아에서, 1851년 호주에서 금의 발견이 있기 전 수십 년

그림 3-1 연도별 금·은 가격비율(1800~1914)

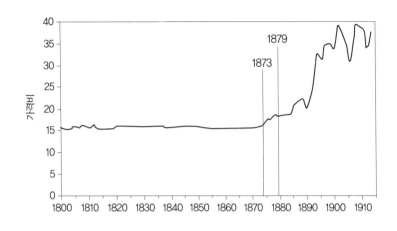

동안 (프랑스의 주조비율인) 15.5를 중심으로 오르내렸다. 그러다가 1859년까지는 낮아져 거의 15의 최저 수준에 이르렀다가 1859년부터 불규칙적이지만 꾸준한 상승세를 시작했다.[28]

유럽 국가들이 잇달아 복본위제도 혹은 은본위제도에서 단일 금본위제도로 전환함에 따라 1870년 이후에는 상승세가 빨라졌다. 이는 유럽국가들이 영국을 막강 경제력을 가진 지도적 국가로 인정한 결과였다. 독일은 프랑스와의 전쟁에서 승리를 거두고 막대한 전쟁배상금을 금으로 태환 가능한 자금으로 지불하도록 요구하면서, 1871~73년에 금본위제도로 전환하였다. 그리고 1803년 이후 처음에는 대규모의 은광 발견, 다음에는 대규모의 금광 발견에도 불구하고 계속 복본위제도를 유지시켜온 프랑스는 라틴통화동맹의 다른 회원국(이탈리아, 벨기에, 스위스)과 함께 1873~74년에 은을 폐화시켰다.

그리고 스칸디나비아동맹(덴마크, 노르웨이, 스웨덴)과 네덜란드, 프러시아 등은 1875~76년에, 오스트리아는 1879년에 뒤따랐다. 1870년대 후반까지에는 인도와 중국만이 사실상 은본위제도를 유지하는 주요 국가였다. 그 결과 금에 대한 수요 증가와 비화폐적인 목적으로서의 은의 공급 증가는 금·은 가격비율을 극적으로 상승시켰다. 1870년의 15.4에서 시작돼 1873년에는 16.4, 1879년에는 18.4, 1896년까지는 30으로까지 급등했는데, 그러나 당시에 브라이언 일파는 16:1을 시위 슬로건으로 삼고 있었다.

미국이 금본위제도로 전환하는 움직임에 동참함으로써, 만일 미국의 금본위제도 채택이 없었더라면 다른 나라들에서 화폐적 용도로 사용하였을 금을 수요하고 은을 수요하지 않음으로써 금·은 가격비율의 상승 압력을 더하였다. 이의 결과는 결코 하찮은 것이 아니었다. 정화 지불재개를 준비하면서 미 재무성은 금의 축적을 시작했는데 1879년까지 재무성과 민간이 보유하고 있는 화폐적 용도로서의 금 보유량은 이미 전세계 금 총보유량의 거의 7%에 달하였다. 그리고 1889년까지는 거의 20%까지 상승했다. 그리고 좀더 극적으로, 1879~83년까지 화폐적 용도로서의 금 보유량 증가는 전세계 보유량의 증가를 초과했다. 다른 나라들의 금보유량은 1879~83년까지 감소했다가 다시 증가하지만, 1890년까지 종전의 수준을 능가하지는 못했다.

은으로 말하자면 자유로운 주조를 통한 수요가 없어진 것은 은 생산자들의 이익을 위한 특별입법이 반복됨에 따라 어느 정도 효과가 상쇄되었다. 이 특별법의 취지는 연방정부로 하여금 시장가격으로 은을 구입하도록 한 것인데, 첫 번째 법안은 정화지불 재개보다 앞서 입법화된

1878년의 블랜드-앨리슨법안Bland-Alison Act이었다. 이 법안은 재무성이 시장가격에서 매달 200만 달러 내지 400만 달러의 은을 구입할 수 있는 권한을 주었으며, 1878~90년까지 정기적인 구매를 할 수 있게끔 했다. 그 이후 1893년에 은구매 조항이 폐기될 때까지 셔먼은구매법안Sherman Silver Purchase Act에 따라 은의 구매는 더욱 급격하게 강화되었다.

흥미로운 사실은 이 법들에 의해 구매된 은의 양이 미국이 화폐적 용도로 가지고 있는 금 보유량의 증가분에 대해 거의 16배에 이른다는 것이다. 얼핏 보면, 정치적 목적으로 제정된 법률들이 계획적으로 은의 자유주조 시대에서와 같은 양의 은을 수요하도록 만든 것처럼 보인다. 그러나 이는 사실이 아니다. 뒤에서 설명하겠지만, 미국이 은본위제도를 유지했더라면 화폐량은 실제보다 훨씬 더 빠르게 증가했을 것이고, 조폐국에서 구입했을 은의 양은 실제로 구입한 금의 양에 비해 16배보다 훨씬 초과했을 것이다.[29]

미국이 복본위제도가 아닌 금본위제도로 복귀한 결과 중 가장 중요한 것은 아니지만 아주 명백한 것은 금·은의 가격비율이 엄청나게 상승한 것이다. 그리고 훨씬 더 중요한 결과는 상품 및 서비스 전반의 명목가격에 미친 효과였다. 화폐적 목적으로서의 금에 대한 전세계의 수요 증가는 전세계 금 총보유량의 증가율 둔화와 상품 및 서비스의 생산 증가와 동시에 발생했다. 이러한 요인들이 일반 물가가 하락하도록 압력을 가했다. 달리 말하면, 전반적 생산에 비해 상대적으로 금이 희소하게 됨에 따라 상품을 기준으로 한 금의 가격은 상승했고, 명목가격 수준(금본위제도 하에서는 금을 기준으로 한 가격 수준)은 하락했다.

이러한 물가하락 압력은 금 1온스를 준비자산으로 삼아 발행할 수 있는 화폐량을 증가시킨 은행제도의 확산으로 다소 완화되었다. 반면 실질소득의 증가, 경제적 활동 증대로 인한 화폐화의 확대, 물가 수준 그 자체의 하락 등의 요인들이 결합하여 사람들로 하여금 소득에 비해 상대적으로 많은 현금잔고를 보유하게 함으로써(즉, 화폐 유통속도의 감소), 물가하락 압력을 증대시켰다.

그 결과 1875~96년까지 미국에서는 거의 연 1.7%, 그리고 영국에서는 연 0.8%의 디플레이션이 발생했다(이들은 금본위제도 국가였다). 미국에서는 1875~96년 사이의 디플레이션은 남북전쟁 직후보다 더 극심했던 디플레이션에 뒤이어 발생한 것이다. 남북전쟁 직후의 심각한 디플레이션이야말로 미국의 달러와 영국의 파운드 사이의 전전戰前의 비가比價로 금본위제를 성공적으로 재개할 수 있게 한 필수조건이었다. 이는 특히 시골 지역에 광범한 불만을 일으켰다.

이 같은 불안 상태는 1876년 그린백당Greenback Party의 창당을 유발했으며, 이에 따라 디플레이션을 인플레이션으로 바꾸기 위한 한 방법으로 그린백을 더 많이 발행하여야 한다는 소요 사태를 계속시켰다. 이 같은 정치적 소요 사태는 남북전쟁 직후에 발행이 개시된 그린백 화폐의 회수를 중지시켰고, 재무성으로 하여금 시장가격으로 제한된 일정량의 은을 구매하도록 권한을 부여한 블랜드-앨리슨법안이 1878년에 채택되도록 했다.

비록 1878년 법에 의한 은의 구매가 시장가격으로 이루어졌지만 화폐용인 경우에는 은이 더 높은 법정가격으로 평가되었으며, 그 차액은 조폐국의 주조 이익으로 되었다. 은은 대부분 은본위 달러로 주조되었다. 그러나 동전의 대부분은 은 증서로 불리다가 1890년 이후에는 재무성

어음이라 불린 지폐에 대한 지불준비로서 재무성에 비축되었다. 이들은 명목상으로는 은으로 태환 가능하도록 되어 있었지만, 실제로는 금으로 태환되는 법화法貨였다. 따라서 가공적인 법정가격으로 지폐를 은으로 태환하는 것보다 시장에서 지폐를 사용해 은을 사는 것이 더 싸게 사는 방법이었다. 사실상 은 증서는 불환지폐였으며, 그린백과의 차이는 다만 화폐로서 은의 역사적 역할 때문에 정부가 공개적으로 불환지폐를 발행하기보다 은 구매를 통해 화폐를 증발하는 것을 사람들이 보다 쉽게 받아들이게 했다. 이러한 방법으로 화폐공급을 증가시키는 것은 인플레이션이라는 대중적으로 인기 있는 명분에 은 생산업자들의 이권을 결합시키는 정치적 효과도 가지고 있었다. 당시 재무성이 가지고 있던 은의 보유는 오늘날 밀의 가격을 유지하기 위해 미국 정부가 가지고 있는 밀의 보유에 상당한 것이었다.

연 1.7%의 물가하락은 미국을 금본위제도 재개 이후 19세기 말까지 20년 동안 미국을 괴롭혔던 소요 사태를 초래하기에는 너무나 완만한 것으로 보일지도 모른다. 그러나 몇 가지 사실을 고려해보면 그렇지 않다는 것을 알 수 있다. 첫째, 1.7%는 모든 재화와 용역을 포함하는 물가지수(암묵적인 가격 디플레이터)를 기준으로 한 것이다. 그리고 농산물과 기타 기초상품들의 도매가격은 크게(어떤 지수에 의하면 연간 3.0%) 하락했다. 적어도 그만큼 중요한 사실은, 우리는 자신이 가진 판매상품의 가격이 떨어지는 것보다는 오르는 것을 원한다는 것이다. 즉, 재화와 용역의 판매자들은 거의 한결같이 인플레이션을 원한다. 또 반면에 우리는 구매상품의 가격은 떨어지기를 바라는 것도 사실이다.

그러나 우리는 소비자로서 많은 상품들을 구입하게 되는데, 그 개별

가격들은 서로 다른 방향으로 움직이고 있다. 이 때문에 우리는 판매상품의 개별적 가격 변화보다 전체 물가 수준의 변화를 확실하게 파악하지 못하게 된다. 이러한 사정은 경제 전반에 대한 자료가 희소했던 19세기에는 현재보다 더욱더 절실했다. 더욱이 어느 시대에나 판매자들은 상대적으로 숫자가 적으며 조직화되어 있어서 가격이 하락할 때 이익을 보는 소비자들보다 강한 정치적인 영향력을 갖는 경향이 있다. 이 같은 상황은 은본위제도의 채택으로 분명히 이득을 크게 볼 입장에 있었던 은 생산업자들의 경우에는 특히 적합하였다. 은이 생산되는 주들은 인구 밀도는 낮지만 인구 조밀한 주들과 똑같은 상원의석 수를 가지고 있었기 때문에 은 생산업자들은 비록 그 숫자는 적지만 정치적인 영향력이 상당했었다(오랜 시간이 경과한 이후 이들의 정치적 영향력 행사의 예를 보기 위해서는 7장을 참조할 것).

그 밖의 요인을 하나 더 든다면 일반적으로 농부들이 금전적으로 순채무자라는 점이다. 이들은 채무자이므로 물가 하락은 그들이 안고 있는 채무의 실질가치를 증가시키기 때문에 손해를 입게 되고, 물가 상승은 그들이 안고 있는 채무의 실질가치를 하락시키므로 이득을 보게 된다. 채무자로서 농부들은 '1873년의 범죄'를 동부와 외국의 자본주의자들의 사악한 조작, 즉 금융계Wall Street 대 실업계Main Street의 대결이라고 표현하는 선전문구에 특히 현혹되기 쉬웠다.[30]

은을 통해 인플레이션을 유발하자는 선동 행위의 한 가지 역설적인 결과는 이것이 다른 금본위제도 국가에서보다 미국에서 디플레이션이 더 심각했던 이유(1.7% : 0.8%)를 제공한다는 것이다. 애너 슈워츠와 내가 결론을 내렸듯이(1963, pp. 133~134), "이러한 은에 관한 모든 일화는 사람들의 화폐에 대한 생각이 때때로 얼마나 중요한지를 나타내주는 흥미 있는 예이다. 미국은 금본위제도에서 벗어날 만큼의 인플레이션을 은이 유발할지도 모른다는 우려 때문에 금본위제도를 유지하기 위해 극심한 디플레이션을 감수하게 만들었다. 돌이켜 보건대, 초기 단계에서 은본위제도를 받아들였거나 일찍이 금본위제도를 채택하겠다고 선언했더라면, 실제로 나타났던 불안한 타협, 궁극적으로 결과가 어떻게 될까 하는 불확실성, 그리고 이에 따른 화폐의 급격한 변동보다 훨씬 나았을 것이다."

▍금·은 둘 중에서 어느 것이 더 좋았을까?

두 가지 극단적인 경우 모두가 불안정한 타협보다 나았다고 한다면 어떤 극단의 경우가 더 좋았을까? 온스당 1.29달러라는 화폐적 가치로 단일 은본위제도의 조기 채택이었을까? 또는 단일 금본위제도의 조기 실시였을까? 아니면 표면적으로는 두 가지 극단적인 경우 사이의 제3의 선택으로서, 명목상의 복본위제도를 계속 유지하는 것이었을까? 이에 대한 대답은 이 세 가지 선택에 대한 정량적인 결과를 철저히 검증함으로써 밝혀진다.

이에 따르면(이에 대한 검증은 4장에서 다룬다) 복본위제도의 지속 하에서 지불재개는 금본위가 아니라 은본위로 이루어졌을 것이며, 그것도 지불재개법안의 통과 후 1년 뒤인 1876년에 일어났을 것이다. 그 결과 금·은 가격비는 실제로는 매우 다르게 변화했을 것이다. [그림 3-2]에

그림 3-2 법정 · 실제 · 가상의 금 · 은 가격비(1865~1914)

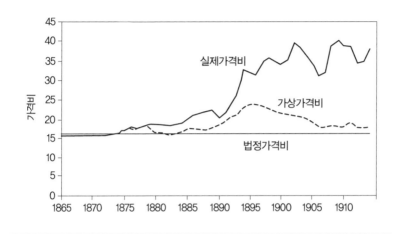

는 공식적인 금 · 은 가격비(16:1), 실제 시장가격비 그리고 법적 복본위

제도가 지속되었더라면 통용되었을 가상적인 가격비의 추정치가 나타

나 있다. 특히 1890년 이후에는 실제 시장가격비가 30 이상으로 급등하

여 그 수준에서 계속 머물렀다. 이와는 대조적으로 추정된 가상 가격비

는 1891~1904년까지는 법정가격비로부터 큰 폭으로 이탈하고, 1891년

이전에는 16:1의 법정가격비를 중심으로 작은 폭으로 변동하고, 1906년

부터 1913년까지는 17~18 사이에 머무른다.

　가상적 가격비가 16:1로부터 큰 폭의 이탈을 보이는 기간은 결코 우

연의 결과가 아니다. 이 가격비가 16:1을 넘어서는 수준까지 상승한 것

은, 1896년 브라이언의 은의 자유주조운동을 둘러싼 은의 자유화에 관

한 정치적 소요가 절정을 이루었다가 그 후 그 효과가 사라진 기간에 일

어났다. 만일 1873년의 화폐주조법에 그 결정적인 은 관련 구절이 포함

되었더라면, 미국은 은본위제도 하에 있었으므로 그러한 소요는 일어나지 않았을 것이다. 세계 금 생산이 1897년에 급속히 증가하기 시작하여 절정에 이르러 금의 실질가격을 하락시키는 경향을 보였던 기간에는 가상적 가격비가 상대적으로 낮은 수준으로 하락했다.

이 추정치들은 복본위제도가 지속되었을 경우 일어났을 경제적 상황의 변화를, 즉 세계 물가 수준의 상승과 금의 실질가격 하락, 비화폐적 용도로 사용할 수 있는 은의 양적 감소 등을 (가급적 최대한으로) 고려한 것이다. 그러나 나는 예상할 수 있는 결과 중 몇 가지, 특히 정치적 분위기의 변화는 차치하고라도 실질소득의 변화와 금·은 생산의 변화들은 고려할 수 없었다. 의심할 나위 없이 은의 자유화 이슈가 사라짐으로써 야기되었을 정치적 공백은 아마도 미국을 금본위제도로 전환하자는 압력을 포함하는 다른 이슈들에 의해 메워졌을 것이다. 그러나 이 이슈들이 금·은 가격비에 미쳤을 영향에 대해서는 추정할 수 있는 방법이 없다. 이것을 추정해보려는 시도는 역사적 사실에 기초한 검증연구를 공상의 세계 속으로 이끌어갈 것이다.

나의 결론에 따르면, 은본위제도가 채택되었더라면 그 결과로 나타났을 금·은 가격비는 검증기간 내내 16:1로부터 크게 이탈하지 않았을 것이며, 1891년 이전과 1904년 이후에는 [그림 3-2]에 그려져 있는 가상적인 추정치보다 소폭의 변화를 보였을 것이다. 간단히 말해서, 나는 1873년 이전에 프랑스의 역할처럼 1873년 이후에 미국이 금·은 가격비를 안정화시키는 역할을 담당할 수 있었을 것이라고 생각한다.[31] 만일 내 판단이 옳다면 복본위제도에서는 은과 금 사이의 계속적인 전환이 일어날 것이라는 복본위제 반대자들의 우려는 잘못된 것으로 드러났을 것이다. 미국이 사실상 은본위제도를 유지하고 영국과 다른 주요 국가들이 금본위제도를 유지했더라면, 금·은 가격비의 변화는 달러와 다른 화폐 사이의 환율에 직접적으로 영향을 미쳤을 것이다. 이 비율의 상승은 달러의 평가절하를 가져왔을 것이고, 이 가격비율의 하락은 달러의 평가절상을 가져왔을 것이다. 따라서 금·은 가격비가 상대적으로 안정적이었다면 환율도 상대적으로 안정적이었을 것이고, 실재의 수준이었던 영국 파운드당 4.86달러에서 크게 벗어나지 않았을 것이다(이 문제에 대해서는 6장에서 보다 상세히 다룬다).

금·은 가격비는 금·은 거래업자들을 제외하고는 그 자체로는 중요하지 않다. 그러나 이 비율은 은본위 국가들(가상적으로 미국을 포함)과 금본위 국가들에서 유지되었을 물가 수준에 대해서 매우 중요하다. [그림 3-3]은 미국의 실제 물가 수준과 [그림 3-2]의 금·은 가격비에 상응하

그림 3-3 미국의 실제 물가 수준과 은본위제 하의 가상 물가 수준(1865~1914)

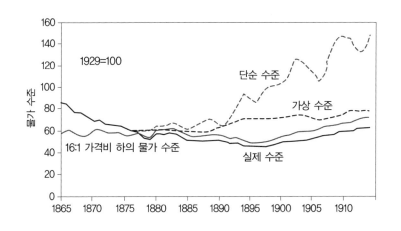

는 몇 가지 가상적 물가 수준을 보이고 있다. 단순 추정치는 금·은 가격비와 은의 실질가격이 은본위제도 하에서도 실제로 같았을 것이라고 가정하고 있다. 이러한 가정 하의 물가 수준의 추정은 쉽다. 즉, 실제 물가 수준에 은의 시장가격에 대한 법정가격(1.2929달러)의 비를 곱하기만 하면 된다. 그러나 이 단순 추정치는 실제로 일어났을 물가상승을 크게 과대 추정한다는 것이 분명하다. 16:1 추정치는 반대 방향의 극단이 된다. 즉 16:1 추정치는 실제의 금·은 가격비가 줄곧 16:1이었다고 가정함으로써 은본위제도 채택이 물가 수준에 미친 영향의 효과를 과소 추정한다. 가상 추정치는 단순 추정치와 16:1 추정치의 사이에 있으나, 대부분의 기간 동안 단순 추정치보다 16:1 추정치에 상당히 근접하고 있다.

그러나 16:1 추정치는 단순 추정치가 가상적 추정치보다 연간변동추세를 좀더 정확하게 보여준다. 단순 추정치와 가상적인 추정치 모두는 순전히 통계적인 교란에 영향을 받는다. 게다가 미국이 복본위제도를 채택했더라면 은에 대한 투기를 전세계적으로 안정시키는 요인을 제공했을 것이고, 이는 불규칙한 변동을 제거했을 것이다.

미국의 실제 물가 수준은 1876~96년까지 연율 1.5%로 하락하였다가, 1914년까지는 연율 2.0%로 상승한다. 16:1 가격비 하의 물가 수준은 1896년까지 처음으로 연율 0.7%로 하락하다가, 1914년까지는 연율 2.3%로 상승한다. 가상적인 경우의 물가 수준은 1876~87년까지 연율 2%로 하락하다가 1914년까지 연율 1.5%로 상승한다. 16:1 추정과 가상적 추정 중 어느 경우에나 초기의 물가하락을 반감시켰을 것이다.

초기 이후의 물가동향에 대해서는 16:1 추정 대안이 약간 급격한 상승을 나타내며, 가상적 추정 대안은 훨씬 완만한 상승을 나타낸다. 만일 나의 추정치가 어느 정도 옳다면, 복본위제도, 사실상 은본위제도는 실제로 채택된 금본위제도보다 분명히 매우 안정적인 가격수준을 가져다 주었을 것이다.

게다가 만일 은본위제도가 채택되었더라면 애너 슈워츠와 나의 공저인 『화폐의 역사Monetary History』(1963, p.104)에서 "1891~94년까지 격동 기간이라고 부른 사태, 즉 1892~94년까지의 급격한 경기수축, 1894~95년까지의 단기적 완만한 회복, 또 다시 1895~96년까지의 경기수축", [32] 광범한 은행 실패와 1893년의 은행 공황, 그리고 은 자유화 선동 때문에 미국이 금본위제도를 포기할 것을 우려한 외국인들에 의해 야기된 미국의 금 보유에 대한 인출 요구 쇄도 등을 포함한 시련의 기간을 회피했을 것이 거의 틀림없다.

재무성과의 계약 하에서 모건J.P. Morgan과 어거스트 벨몬트August Belmont가 주도하는 민간 신디케이트에 의해 자신감이 회복되었고 금에서의 이탈이 저지되었다. "인민당Populist Party의 문헌에서 오래전부터 신원이 밝혀진 대리인들을 통해 '국제적인 은행가들의 음모'로서 비밀스럽게 협의된 이른바 부담스런 계약조건들이 1896년의 선거유세에서 이슈가 되었다"(Friedman & Schwartz, 1963, p.112).

그 결과는 물론 미국에서만 국한되지 않았을 것이다. 나는 미국에 대해서와 달리 세계 다른 나라들에 대해서 철저한 실증연구를 수행할 수 없었다. 그러나 미국의 경우 여러 가지 추정치를 계산하는 과정에서 영국을 대리변수로 이용하여 금본위제도 세계에서의 물가 수준에 대한 영향을 추정할 필요가 있었다. [그림 3-4]는 영국에서의 실제 물가 수준과 가상적 물가 수준을 나타내고 있다. 추정된 물가 영향은 비록 미국에서

그림 3-4 영국의 실제 물가 수준과 미국의 은본위제 하의 가상 물가 수준(1865~1914)

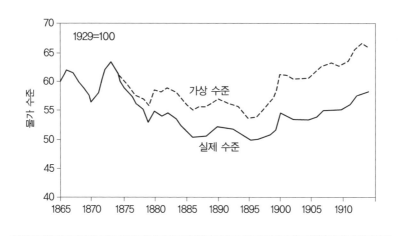

보다는 작지만 분명히 상당히 크다. 영국의 물가 수준은 줄곧 더 높았을 것이다. 1875~95년까지의 물가 수준의 하락은 연율 0.8%에서 0.5%로 축소되었을 것이고, 그 이후의 물가상승은 연율 0.09%에서 1.1%로 높아졌을 것이다.

그러나 여기에도 우리의 단순한 계산에 포함되지 않은 다른 요인들의 영향이 분명히 작용했다. 미국에서의 변화는 의심할 나위 없이 다른 국가들에 영향을 미쳤을 것이다. 미국 경제의 건전화는 역시 세계 경제의 건전화를 의미한다. 게다가 금의 실질가격의 지속적 약세는 금의 생산 유인을 감소시켰을 것이다. 그랬더라면 이는 1896년 이후의 전세계적인 인플레이션을 야기시킨 금의 홍수를 가져온 원인이었던 저질 원석에서 금을 추출하는 청화법靑化法의 도입을 지연시켰을지도 모른다. 나는 이러한 효과들을 고려하지 않았다.

'1873년의 범죄'를 다루는 재판이 열렸다면, 유죄 판결이 적절하였을지 아닐지의 문제와는 별도로 역사라는 법정에서의 유죄 판결은 적절한 것이다. 그 운명의 글귀를 생략한 것이 그 이후 미국은 물론 어느 정도까지는 세계의 화폐 역사에 중대한 결과를 가져다주었다. 표현이 다소 과장되었지만 이 문제의 중요성은 결코 과장되지 않았다. 문제의 핵심은 화폐본위제도, 즉 미국에서는 실제로 금본위제도와 은본위제도 사이에 오락가락 교체함을 의미했던 금·은 복본위제도에 있었다. 1873년의 법은 금본위제도에 주사위를 던졌기 때문에 중요성을 갖게 된다. 더구나 비록 종래의 지배적 견해는 "1873년의 법안은 타당한 일이었다"는 로린의 말을 따르지만(〈1886〉, 1895, p.93), 나의 견해는 그 반대로 이 법안이 매우 불행한 결과를 가져다준 실책이었다는 것이다.

나는 이것이 1896년이 아닌 1873년에 대한 판단이라고 덧붙이고자 한다. 1896년에는 그 폐해를 구제하기에는 너무 늦은 때였다(그 이유에 대해서는 5장에서 다룬다). 브라이언은 말을 도둑 맞은 이후에 마구간을 고치려고 했던 것이다.[33]

나는 또한 나의 판단이, 그 오래 지속되는 논쟁 중 여러 당사자들의 성격이나 의도를 비난하거나 칭찬하려는 목적이 아니라는 것을 부언하고 싶다. 은 지지세력에는 특수 이익을 추구하는 은 생산업자들, 목적을 위해 수단 방법을 가리지 않을 인플레이션주의자들, 그리고 인플레이션도 디플레이션도 바라지 않으면서 복본위제도가 단본위제도보다 물가 안정에 이바지한다고 생각하는 진정한 복본위제주의자들이 포함되었다. 이와 마찬가지로 금 지지세력들에는 금 생산업자들, (은자유화 세력들로부터 '월스트리트 은행가들'이라고 조롱을 받는) 디플레이션주의자들, 그리고 금본위제도만이 금융적으로 안정된 사회를 이룰 수 있는 만족스러운 기둥이라고 진지하게 믿는 신봉자들이 포함되었다.

동기와 의도보다는 결과가 훨씬 더 중요하다. 그리고 다른 많은 경우에 있어서와 마찬가지로, 이 경우에서도 1873년 법을 선의로 주창한 사람들이 의도했던 것과 그 결과는 전혀 달랐다.

MONEY MISCHIEF

Chapter 4

반사실적 실험

1873년 이후 복본위제도의 효과 추정[34]

이 장에서는 1873년 이후 복본위제도가 지속되었을 경우에 있을 법한 효과에 관한 3장 마지막 절의 결론을 뒷받침하는 분석을 제시한다. 이는 내가 3장에서 주장했듯이, 미국뿐만 아니라 전세계에서 중대하고도 광범위한 영향을 끼쳤을 가상적인 사태 진전이 있었더라면 어찌 되었을까를 검토하는 것이다. 나의 연구 결과는 별로 대단한 것은 아니며, 상당한 불확실성과 큰 오차한계의 제약을 받는다(이 점은 3장의 결론에서 내가 고려하려고 노력한 바 있다). 이 장의 내용은 매우 전문적이며 상세하다. 전문적 경제학자에게만 흥밋거리가 되므로 일반 독자들은 이 장을 생략하고 다음 장으로 넘어가도 된다.

| 목적

만일 1873년의 화폐주조법이 순은 371.25 트로이그레인troy grains을 함유하는 은본위 달러의 자유주조를 허용하는 규정을 포함해서 은의 법정 가격과 시장가격이 1.2929달러로 유지되었을 경우에 성립되었을 물가 수준과 금·은 가격비를 추정하기 위함이다.

| 단순한 추정치

은의 실질가격은 명목가격을 물가 수준으로 단순히 나눈 것(PS/P)이다. 이 가격이 불변이라는 단순한 가정 하에서 은의 실질가격은 1.2929/PHN이었을 것이다. 여기서 PHN은 은본위제도 하의 가상적 물가 수준의 단순 추정치이다. 이 두 가지를 등식으로 놓고 단순한 가상적 물가 수준에 대해서 풀면 다음과 같이 된다.

$$PHN = 1.2929\ldots \cdot \frac{P}{PS} \qquad\qquad 식\ 1)$$

여기서 P는 실제의 물가 수준, PS는 은의 실제 명목가격이다.[35] (이 뒤에 계속되는 기호의 정의를 보기 위해서는 이 장의 끝에 있는 기호의 설명을 참조할 것). 단순 추정치는 1865~76년까지 실제의 물가 수준보다 낮았다. 1876년에는 이 두 가지가 일치했다. 따라서 만일 그 운명의 글귀가 1873년의 화폐주조법에서 생략되지 않았더라면, 은본위제도를 근간으로 한 지불재개가 지불재개법안이 통과된 후 1년 뒤인 1876년에 시행되었을 것이다. [그림 3-3]은 그 이후 기간의 물가 수준 단순 추정치 그림을, [표 4-1]은 그 수치를 보여준다.

표 4-1 미국의 은본위제가 지속되었을 경우에 미국과 영국의 물가에 대한 효과 추정 (1865~1914)

| 연도 | 미국 물가 수준 | | | | 영국 물가 수준 | | 금·은 | |
| | 실제 | 가상 | | | 1929=100 | | 가격비 | |
		단순	16:1	정교	실제	가상	실제	가상
1865	86.5		57.3		59.8		15.4	
1866	82.6		60.8		62.0		15.5	
1867	77.6		58.2		61.6		15.6	
1868	76.2		54.6		59.8		15.6	
1869	72.7		54.7		58.7		15.6	
1870	68.7		59.8		56.3		15.6	
1871	69.8		62.5		57.8		15.6	
1872	66.3		59.0		61.4		15.6	
1873	65.5		57.6		63.5		15.9	
1874	64.8		58.3		61.5		16.2	
1875	63.3		55.1		59.2		16.6	
1876	60.4	60.2	55.4	60.4	57.8	59.0	17.8	17.2
1877	58.2	59.8	56.8	60.8	56.2	57.5	17.2	17.1
1878	53.9	60.1	55.4	61.4	55.2	57.2	17.9	17.7
1879	52.0	60.0	54.7	61.4	52.8	55.6	18.4	18.0
1880	57.4	64.5	61.3	61.0	55.0	58.7	18.0	15.9
1881	56.3	64.4	60.8	61.5	53.8	58.1	18.3	16.2
1882	58.1	66.0	62.8	61.1	54.6	59.0	18.2	15.5
1883	57.4	66.8	62.3	61.3	54.0	58.6	18.7	15.7
1884	54.4	63.2	59.1	59.7	52.5	57.0	18.7	16.2
1885	50.8	61.6	55.4	59.6	51.1	55.7	19.4	17.2
1886	50.1	65.1	54.8	59.2	50.3	55.0	20.9	17.3
1887	50.6	66.8	55.8	59.2	50.5	55.7	21.1	17.0
1888	51.5	70.9	56.7	59.7	50.5	55.6	22.0	16.8
1889	51.8	71.5	56.8	61.3	51.2	56.1	22.0	17.3
1890	50.8	62.8	55.8	63.4	52.1	57.1	19.7	18.2
1891	50.3	65.8	55.0	64.4	51.9	56.7	20.9	18.7
1892	48.3	71.3	52.5	66.7	51.8	56.2	23.8	20.3
1893	49.5	81.8	53.8	69.4	51.5	55.9	26.6	20.6
1894	46.4	95.2	50.2	70.9	50.6	54.6	32.9	22.7
1895	45.7	90.5	49.0	71.9	49.9	53.5	31.9	23.4

연도	미국 물가 수준				영국 물가 수준 1929=100		금·은 가격비	
	실제	가상			실제	가상	실제	가상
		단순	16:1	정교				
1896	44.4	85.5	48.1	71.3	49.7	53.9	30.5	23.7
1897	44.6	96.5	48.6	71.1	50.2	54.6	34.5	23.4
1898	45.9	101.8	51.0	71.3	50.5	56.1	35.5	22.4
1899	47.1	102.3	52.6	72.0	51.2	57.1	34.8	21.9
1900	49.6	104.5	55.8	72.6	54.6	61.4	33.8	20.8
1901	49.3	108.1	55.7	72.8	54.2	61.2	35.1	20.9
1902	51.0	126.5	57.9	74.0	53.3	60.4	39.7	20.5
1903	51.5	124.4	58.6	74.9	53.2	60.4	38.6	20.5
1904	52.3	118.2	59.4	73.8	53.3	60.5	36.2	19.9
1905	53.4	114.4	60.8	72.4	53.6	61.0	34.3	19.0
1906	54.5	105.4	62.7	70.1	54.0	62.2	31.0	17.9
1907	56.8	112.4	65.2	71.3	54.9	63.0	31.8	17.5
1908	56.7	138.6	65.0	73.1	55.1	63.2	39.1	18.0
1909	58.7	147.5	67.0	74.7	54.9	62.5	40.2	17.8
1910	60.2	145.6	68.7	76.4	55.2	63.0	38.7	17.8
1911	59.7	144.9	68.3	79.6	55.9	63.9	38.9	18.6
1912	62.3	132.4	71.4	78.2	57.5	65.9	34.1	17.5
1913	62.6	135.3	71.9	79.7	57.9	66.5	34.6	17.7
1914	63.5	149.7	71.8	78.6	58.2	65.8	37.8	17.5

단순 추정치는 아래의 사항을 감안하지 못하는 단점이 있다.

1) 미국은 아마도 금본위제도에서 은의 이익집단에 대해 반응을 보였던 경우보다 은본위제도에서 은의 보유량을 더 많이 증가시켰을 것이라는 점.
2) 미국은 금을 축적하기보다 오히려 수출했을 것이며, 이는 세계 여타 국가들의 화폐용 및 비화폐용 금의 보유량을 증가시키고 금본위제도 국가들에서의 명목물가를 상승시켰을 것이며, 금의 실질가격

을 하락시켰을 것이라는 점.

3) 위의 두 가지를 근거로 하여 금·은 가격비는 실제보다 더 낮았을
   것이라는 점.

▌16:1의 추정치

미국의 은본위제의 채택은 16:1을 실제 금·은 가격비로 확정하는 데 효
력이 있었을 것이며, 미국이 엄격한 은본위제도를 유지하였다(즉, 가격비
율이 16:1을 약간 상회하였다)고 가정하자. 앞으로 살펴보겠지만 이는 언
뜻 생각되는 것처럼 엉뚱한 것이 아니다.

이러한 가정에서 미국의 가상적인 물가 수준을 추정하기 위해서 우선
가상적인 금의 실질가격을 추정할 필요가 있다. 그리고 미국이 은본위
제도를 채택하면서 화폐용 금보유량 전부를 처분했다고 가정하자. 이렇
게 처분된 금은 (미국과 다른 국가들에 의해) 비화폐적 용도와 다른 국가들
의 화폐용 금보유량으로 나누어지는데, 세계 총 금보유량 중 두 용도의
실제 비율에 따라 나누어졌다고 가정하자.[36] 한걸음 더 나아가 세계의
물가 수준이 금보유량 증가에 비례하여 상승했다고 가정하자.

그러면 우리는 다음과 같은 식을 얻을 수 있다.

$$RPGH = RPG \cdot \frac{EWMG + WNMG}{WMG + WNMG} \qquad \text{식 2)}$$

은의 실질가격이 금의 실질가격의 1/16이라고 가정하고, 물가 수준으

로 나눈 명목가격(법정가격)과 일치하는 것으로 정의하기 때문에 다음과
같이 쓸 수 있다.

$$PH16=1.2929\dots \cdot \frac{16}{RPGH} \qquad \text{식 3)}$$

미국의 화폐용 금의 실제 보유량은 1879년부터 줄곧 전세계의 화폐용
금보유량에서 차지하는 비율이 꾸준히 증가해 왔으므로 이 기간 동안에
다소 편차가 커지긴 했지만, 16:1의 가격은 실제의 가격과 거의 비슷하
였다([그림 3-3] 참조). 은본위제도에 기초를 둔 지불재개가 일어났던
1876년에는 식 3)으로부터 추정되는 물가 수준이 실제 물가 수준을 약
간 밑돌았으며, 1877년에는 약간 웃돌았다. 미국이 그 기간 내내 은본위
제도를 유지하였을 경우, 금본위제 세계의 물가 수준에 미칠 영향을 추
정하기 위해서도 금의 가상적 실질가격만 구하면 된다. 만일 영국의 물
가 수준을 금본위제 세계의 물가 수준을 대표하는 것으로 받아들인다
면, 우리는 다음의 식을 얻을 수 있다([그림 3-4] 참조).

$$UKPH=UKP \cdot \frac{WMG+WNMG}{EWMG+WNMG} \qquad \text{식 4)}$$

그 효과는 분명히 알 수 있다.[37]

| 정교한 추정치

위의 단순 추정치를 넘어서기 위해서는 은의 실질가격을 추정하는 방법을 알아야 한다. 이는 우리가 이러한 추정치를 가상적인 물가 수준의 추정치로 전환시키기 위해 식 3)에 대응되는 식을 이용할 수 있기 때문이다.

은의 실질가격은 i)전세계에서 비화폐적 용도로 쓰이는 은의 공급, ii)수요에 의해 결정된다. 아마도 미국이 복본위제나 은본위제를 채택했더라도 전세계의 비화폐용 은의 수요에 큰 영향을 미치지는 않았을 것이다. 이러한 수요함수를 추정하기 위해서는(120쪽의 나절) 은의 실제 비화폐적 용도에 대한 자료(가-1)가 필요하다. 반면에, 미국이 복본위제나 은본위제를 채택했더라면 은의 화폐용 수요를 증가시켰을 것이기 때문에 비화폐용 은의 공급(가-2)을 크게 변화시켰을 것이 분명하다. 연구대상 기간(1875~1914년) 동안에 납득할 수 있는 추정치를 구하는 것은 단연코 가장 어려운 과제였다.

가-1. 은의 실제 비화폐적 용도

미국의 비화폐용 은의 공급은 1)은의 생산량에서 2)세계 여타 국가들의 화폐적 용도에 대한 은의 수요를 빼고, 3)미국의 화폐용 은의 수요를 뺀 것과 같다.

$$SNM = SPROD - EWMDS - UMDS \qquad 식 5)$$

여기서 은의 연간생산량 SPROD와 다른 나라의 화폐용 은보유량의 증가 EWMDS의 추정치는 쉽게 구할 수 있다. 미국의 화폐용 은보유량 증가 UMDS에 대한 추정치는 회계년도 1873~74년 기간의 것은 몇 차례 계속된 은 구매법에 따른 정부의 은 구매를 기록한 재무성 보고서를 이용하고, 그 이후 기간의 것은 화폐용 은보유량의 총 달러 가치 평가자료를 이용하여 산출했다.

가-2. 비화폐용 은의 가상적인 공급

식 5)는 실제의 비화폐용 은의 추정치를 나타낸다. 이 식의 각 기호에 H자를 덧붙이면, 이 식은 은본위제도에서의 가상적인 비화폐적 용도를 나타낸다. 이 식에서의 (1)항, 즉 은생산량은 원칙적으로 은의 실질가격에 따라 결정된다. 그러나 연구대상 기간 동안 은의 실제 생산량은 큰 폭으로 증가해 1880~1914년까지 거의 3배로 되었다. 반면에 같은 기간에 은의 실질가격은 초기 수준의 반 이하로 떨어졌다. 은의 공급이 외생적인 발견과 기술혁신에 의해서 증가되고 있었음이 분명하다. 게다가 다른 금속을 채굴하는 과정에서 상당량의 은이 부산물로 생산되기 때문에 그 공급은 상대적으로 비탄력적이다. 따라서 나는 은 생산량이 실제 생산량과 같을 것이라고 가정했다. 이러한 가정은 은의 추정 실질가격이 상향적 편차를 갖게 하는 오류를 개입시킨다.

(2)항에 대해 말한다면, 미국이 은본위제도를 채택했더라도 다른 국가들이 금본위제도보다 은본위제도를 선택하거나 화폐용 은의 보유량을 증가시킴으로써 별 영향을 받지 않았을 것이라고 가정했다. 이러한 가정은 명백하게 정당한 것처럼 보인다. 독일, 프랑스, 그 밖의 다른 국가들은 미국의 가상적 은본위제 전환에 앞서 실제로 은본위제도에서 금

본위제도로 전환하는 큰 움직임이 일어났으며 이는 실제로 미국이 금본위제도로 전환한 이유 중의 하나가 되었다. 따라서 나는 다른 국가들의 화폐용 은의 실질 수요를 가상적인 것으로 사용했을 따름이다.

(3)항은 미국의 화폐용 은보유량의 가상적인 증가를 나타내는 것인데, 이것이 가장 어려운 대목이다. 우리는 동어반복식으로 미국의 가상적 화폐용 은보유량(단위: 온스)을 정화正貨와 화폐 사이에 유지되었던 비율(SPR)에 화폐량을 은의 법정가격으로 나눈 값을 곱한 것으로 나타낼 수 있다. 유통속도에 대한 명목소득의 비율로 화폐량을 나타내고, 실질소득과 물가 수준을 곱한 값으로 명목소득을 나타낼 수 있다. 즉 다음과 같다.

$$\text{UMSH} = \frac{\text{UMG\$}}{\text{UM}} \cdot \frac{y}{V} \cdot \frac{P}{LP} = \text{SPR} \cdot \frac{y}{V} \cdot \frac{1}{\text{RPSH}} = k_1 \cdot \frac{1}{\text{RPSH}} \qquad \text{식 6)}$$

여기서 y/V는 실질 화폐량인데, 여기에 P를 곱하면 명목화폐량이 된다. 위 식에서 SPR과 y/V의 곱을 k_1이라 표기했는데, 이는 정화준비금의 실질가치와 일치한다. 이 k만이 앞으로의 분석에 등장한다(원칙적으로는 모든 기호들의 끝에 H자를 붙여야 하나, 은의 실질가격 경우 외에는 혼동을 주지 않기 때문에 H자를 생략했다).

화폐량을 실질 화폐량과 물가 수준의 곱으로 표현하는 이유는 우리가 추정하려고 하는 것이 바로 물가 수준이기 때문이다. 식 6)의 우변의 두 번째 표현 형태는 명목 물가 수준 대신에 가상적 은의 실질가격 수준을 도입한다. 이로부터 우리는 식 1)의 대응식을 사용하여 가상적 명목 물가 수준을 쉽게 추정할 수 있다.

식 5)에서의 실제 수치를 계산함에 있어서 재무성이 보유하거나 민간에 유통되는 은을 화폐용 은으로 간주했다. 그러나 금본위제 기간 동안 정화준비율이나 정화준비금의 가상적인 수치를 추정함에 있어서 화폐용 은을 정화준비금의 일부로 간주할 수 없다. 물론 복본위제나 은본위제에서였더라면 그것이 당연히 정화준비금으로 간주되었겠지만, 당시 금본위제 하에서의 화폐용 은은 (현재 정부의 밀 보유와 마찬가지로) 은의 가격을 지지하기 위한 노력의 일부로 축적된 일종의 정부 자산에 지나지 않았다.

따라서 여기서의 목적을 위해서 화폐용 금보유량만을 사용했다. [그림 4-1]은 금준비율(화폐량에 대한 화폐용 금의 달러가치의 비율), 화폐량의 실질가치, 금준비금의 실질가치(실제의 금, k_1)를 보여준다. 지불재개법안 통과 후 처음 5년(1875~79년) 동안의 준비율의 급격한 상승은 지불재개

그림 4-1 금준비율, 실질 M2 및 금준비금(1875~1914)

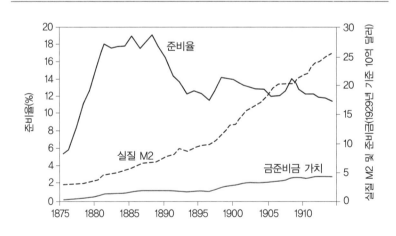

를 대비하기 위한 것으로 예상할 수 있다. 추측컨대, 만일 지불재개가 금이 아니고 은으로 이루어졌더라도 이와 비슷한 상승이 일어났었을 것이며, 다만 한 가지 차이점은 축적된 것이 금이 아니라 은이었다는 것뿐이다. 어느 경우에 있어서나 준비금의 축적을 위해서는 국제수지의 경상계정에서의 흑자나 자본유입이 일어나야 된다. 실제로 1876~81년까지 대규모의 경상수지 흑자가 있었고, 뒤이어 상당한 규모의 자본 유입이 나타났다. 나는 은본위제 하에서는 준비금의 초기 증가가 금본위제 하에서는 실제로 다르게 나타났을 것으로 생각할 근거가 없다고 본다.

1879년의 정화준비율은 1880년대와 1890년대의 화폐적 교란에 의해 야기된 불확실성의 시대가 종식된 다음인 1900년대 초기의 수준과 거의 같은 수준에 이르렀다. 1879년 이후 정화준비율이 그 이상 높아진 것은 금본위제도가 정착되었다는 사실을 국내는 물론 외국인들에게도 설득하려는 노력에 자극받은 때문이었다. 그러나 팽창적인 금융정책을 요구하는 소요가 시끄러워짐에 따라 그러한 노력은 실패로 돌아갔으며, 특히 은 지지운동이 활발해진 후에 금 준비에 대한 압력이 가중됨에 따라 지불준비율의 대폭 삭감과 실질 준비금 수준의 소폭적인 감소가 일어났다. 1896년 브라이언의 패배 이후 준비율이 일시적으로 급상승하고 실질 준비금이 더한층 급격하게 증가했는데, 이는 준비율 인상이 실질 화폐량의 급속한 증가로 강화되었기 때문이고, 이것은 다시 이 두 가지가 모두 유통속도를 낮추고 실질소득 증대를 촉진한다는 자신감이 회복된 결과인 측면도 있다. 어느 정도 안정된 상황은 이 기간이 끝날 때까지 이루어지지 못했다.

별다른 문제 없이 완전히 수용되는 은본위제도에서 있을 수 있었을 정화준비를 추정하기 위한 방법으로 여러 가지 대안을 시도해본 끝에 나는 최종적으로 순전히 실증분석의 편법, 즉 1875~1914년의 처음 5년의 금 준비금 평균치와 마지막 5년을 직선으로 이어주는 추세선을 그리기로 결정했다. [그림 4-2]가 보여주듯이, 이 같은 추세는 내가 화폐적 교란과 그 여파의 탓으로 돌렸던 초기의 팽창과 그 뒤의 감소를 모두 제거시킨다. 1875년~79년과 1901~14년의 두 기간에 걸쳐서 추세선은 실제치의 움직임에 근접한다.

미국에서의 화폐용 은의 가상적인 연간 수요는 단순히 미국의 가상적 은보유량의 증가이다.

$$UMDSH(t) = \triangle UMSH = UMSH(t) - UMSH(t-1) \qquad 식 7)$$

이 같은 접근 방법은 많은 오류를 갖고 있다. 이 중 몇 가지는 k_i에 대해 추세를 이용한 결과로 연간 움직임에 영향을 미칠 따름이다. 체계적 편차가 있다면 그것은 주로 금본위제에서 유지되었던 것과 동일한 수준의 정화 준비가 은본위제도에서도 그 기간 동안의 초기와 말기에 유지되었을 것으로 가정한 데서 비롯된다. 오류가 발생할 수 있는 근원은 정화준비율과 실질화폐량의 경우에 각각 다르다. 바람직한 준비율은 물가 움직임의 차이에 따라 영향을 받았을 것이다. 금본위제도(은본위제도)의 물가상승은 금(은)의 실질가치 하락을 의미하고, 물가하락은 금의 실질가치 상승을 의미한다. 실질가치의 하락은 정화보유의 비용은 감소시키고 실질가치의 상승은 그 비용을 증가시킨다.

그러나 이러한 가격효과가 바람직한 정화준비 수준을 정하는 통화당

그림 4-2 실제 및 가상 금준비금(k_i)(1875~1914)

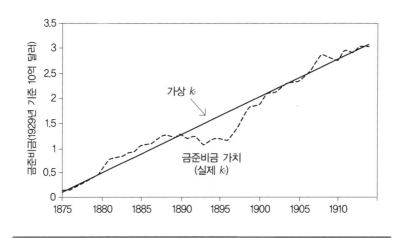

국의 결정에 중대한 영향을 미친다고 믿기 어렵다. 그리고 금융적 이익이나 손실은 미묘한 것이며, 정보 전반에 발생하는 것이지 금융 당국에 한정해서 발생되는 것이 아니다. 중요한 요인은 은본위제도가 확립되었더라면 대부분 발생하지 않았을 정화 유출의 위협이다.

실질 화폐량은 확실한 은본위제도의 정착에 따른 불확실성의 감소에 영향을 받았을 것이다. 불확실성의 감소는 유통속도를 감소시키고 실질소득을 증가시키는 경향이 있는데, 이 두 가지 변화는 모두 1896년에 일어났던 것처럼 실질 화폐량을 증가시키는 작용을 했을 것이다.

이러한 효과를 무시하면 가상적인 은의 보유량을 과소 추정하게 된다. 이러한 과소 추정은 은의 실질가격을 추정하는 데 있어서 하향적 편차를 주거나, (1)항, 즉 은 생산량을 추정하는 데 있어서 개입될 수 있는 편차와 반대 방향의 편차이다.

나. 은의 수요

비화폐용 은의 수요량은 주로 세계의 실질소득, 은의 실질가격 그리고 금의 실질가격에 의존한다. 나는 이러한 변수들을 가지고 두 가지 다른 방정식 형태, 즉 선형방정식과 대수방정식으로 수요곡선을 추정하였다. 대체로 대수적인 형태가 더 우수했지만, 여기서의 특정한 경우에는 그렇지 않다고 생각한다. 대수 형태는 비화폐용 은 수요가 양수임을 요구한다. 그러나 (가장 가깝게는 1930년대 프랭클린 루스벨트의 은 구매계획에서 실제로 일어났던 것처럼) 화폐용 은보유량의 증가가 세계의 은 생산량을 초과하는 것은 얼마든지 있을 수 있는 일이다. 이런 경우 만일 은의 경상(매년) 생산으로부터 은의 비화폐적 사용이 아니라 은의 비화폐용 공급을 구하는 식 5)에 따라 비화폐용으로 이용가능한 은의 양을 추정한다면, 그것은 음수로 나타난다.

세계의 실질소득의 추정치로서 나는 워렌과 피어슨Warren and Pearson (1933)의 세계 생산량의 실물규모 지수를 사용했다.[38]

1880~1914년의 두 가지 방정식은 다음과 같다.

$$\log SNM = -6.96 + 1.27 \log WI - 1.28 \log RPS + 1.87 \log PRG \quad \text{식 8)}$$
$$(3.7) \quad (4.0) \qquad\quad (4.0) \qquad\qquad (5.6)$$

$$SNM = 58.28 + 2.13 WI - 66.21 RPA + 0.88 RPG \qquad\qquad \text{식 9)}$$
$$(0.8) \quad (4.0) \qquad (4.0) \qquad\quad (1.1)$$

여기서 WI는 세계의 소득을 나타낸다. 관례에 따라 괄호 안의 수치는

t값의 절대치를 나타낸다. 대수방정식의 계수들은 모두 통계적으로 매우 유의하나, 선형방정식에서는 세계소득의 계수와 은의 실질가격의 계수만이 통계적으로 유의한 값들을 가지고 있다. 그러나 대수방정식에서는 0.949, 선형방정식에서는 0.950인 조정 R2의 값으로 보거나, [그림 4-3]의 그래프로 볼 수 있듯이 적합도의 우수성goodness of fit에 두 방정식 간에는 선택의 여지가 없다. 대수방정식에서 추정치의 표준오차는 0.180인데, 이는 선형방정식에서의 변이 계수의 추정치와 비교될 만하다. 변이계수 추정치는 변이계수의 분모가 종속변수의 산술평균이라면 0.138, 변이계수의 분모가 종속변수의 기하평균이라면 0.177이다. 선형방정식에서의 두 개의 추정치가 대수방정식에서의 추정치보다 낮다.

선형방정식을 이용해 가상적 물가지수를 추정하는 것은 대수방정식

그림 4-3 비화폐용 은 수요: 실제 및 예측(선형 및 대수 회귀분석)(1880~1914)

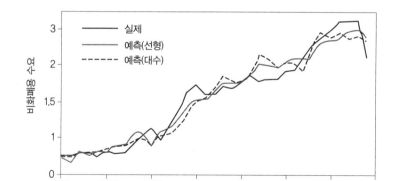

• 종속변수: 비화폐용 은 수요(100만 온스)
• 독립변수: 세계 소득, 은과 금의 실질가격

을 이용하는 것보다 수학적으로 훨씬 다루기 용이하다. 이것은 (은의 경상생산에서 구한 비화폐용 은의 공급량이 음수일 수 있다는) 선형방정식을 선호하는 이론적 고려를 강화시킨다. 따라서 이제부터는 선형방정식만을 사용하기로 한다.

다. 공급과 수요의 일치

식 5)와 식 9)를 일치시키고 항을 정리하면 다음과 같다.

$$UMDSH=SPROD-EWMDS-58.28-2.13WI$$
$$-0.88RPGH+66.21RPSH \qquad \text{식 10)}$$

단순화를 위해 식 10)의 우변에서 마지막 항을 제외한 모든 항을 k_2라 하고, 우리의 목적인 은의 가상적인 실질가격을 x라고 하자. 그리고 이 변수들은 모두 시간의 함수이기도 하다. 그러나 이제까지의 가정에 따라 1874~1914년까지의 매년마다 k_1과 k_2 값에 대한 추정치를 구한다.

식 6)을 이용하여 식 7)을 다시 쓰면서 이 기호들로 표현하면 다음과 같다.

$$UMDSH(t)=\frac{k_1(t)}{x(t)}-\frac{k_1(t-1)}{x(t-1)} \qquad \text{식 11)}$$

식 10)과 식 11)을 등식으로 놓고 단순화하면 다음과 같이 된다.

$$66.21x^2(t)+\left[k_2(t)+\frac{k_1(t-1)}{x(t-1)}\right]x(t)-k_1(t)=0 \qquad \text{식 12)}$$

식 12)는 분모에 $x(t-1)$을 포함하는 번거로운 항이 있다는 것을 제외한다면 간단한 2차방정식의 형태가 된다. 제1차 연도의 추정 방법으로서 은의 실질가격이 매년 변화하는 것이 아니라고, 즉 $x(t)$와 $x(t-1)$이 같다고 가정하자. 이 같은 가정은 식 12)를 단순화된 식 13)으로 변형한다. 식 13)은 비록 $k_1(t)-k_1(t-1)$을 $\triangle k_1$로 대체함으로써 k_1의 전년도 값을 내포하기는 하지만 미지수 x의 현년도 값만을 포함한다.

$$66.21x^2+k_2x-\triangle k_1=0 \qquad \text{식 13)}$$

이 방정식 13)의 풀이가 x에 대한 1차 연도의 추정치가 된다.

2차 연도, 3차 연도, 그리고 후속 연도의 추정 방법으로는 다시 식 12)로 돌아가서 $x(t-1)$ 대신 전년도의 추정치를 사용할 수 있다. 후속 연도의 추정치들은 좀 완만하게나마 확실히 수렴된다. 큰 변화들은 수준이나 일반적 경향에 나타나지 않고 매년 매년의 움직임에서 나타난다. 그러나 각 수정 작업은 시계열時系列의 1차 연도에서 하나의 값을 잃게 된다. 나는 11차 연도 추정에서 중단했는데, 그 시점에서는 1884년이 추정치가 존재하는 1차 연도이다. 그 이전의 연도에 대해서는 은본위제도가 채택되었을 것으로 가정하는 1876년에 대한 3차 추정을 시작하여 이전의 추정치들을 사용했다.[39] 이와 같이 은의 실질가격 추정치가 주어질 때, 은본위제도에서의 가상적 물가 수준을 추정하기 위해서는 법정가격을 실질가격으로 나누어주기만 하면 된다. 그 결과로 구한 미국의 가상

물가 수준의 추정치가 3장의 [그림 3-3]이다.

라. 금·은 가격비

우리는 이미 앞에서 금의 가상적 가격 추정치를 구했기 때문에 가상적 금·은 가격비를 구하는 일은 아주 간단하다. 그 결과는 금·은 실제 가격비와 법정가격비와 함께 [그림 3-2]에 그려져 있다. 우리의 추정치에 영향을 미치는 임의의 가정과 불가피한 측정 오차를 감안하고 당시의 화폐적 불확실성을 고려한다면, 미국이 은본위제를 채택했을 경우의 실제 금·은 가격비는 우리의 가상적 금·은 가격비 추정치보다 변동폭이 작았을 것이라는 추정은 거의 확실하다.

이 추정치들이 의미하는 것은, 만일 미국이 1879년의 복본위제도로 복귀하여 이에 계속 머물렀다면, 약 100년 가까운 기간 동안 프랑스에서 시장가격비가 법정가격비와 거의 같았던 것처럼, 미국의 금·은 가격비가 법정가격비와 거의 같았거나 조금 상회했을 것이라는 것이다(표 [4-1]에서는 [그림 3-2], [그림 3-3], [그림 3-4]에 그려져 있는 곡선에 대한 수치가 나타나 있다).

┃ 더욱 정교한 추정치

원칙적으로 말하면 은의 경우와 같은 방법을 금의 경우에 채택함으로써 은과 금의 실질가격에 대한 완전한 연립방정식적 풀이를 구할 수 있다. 즉 1)비화폐용 금의 수요방정식을 추정하고, 2)미국의 은본위제도를 채택했을 경우 가상적 금의 수요량을 추정하는 방법으로 말이다. 그러나 이러한 방법에 따른 연구결과는 실망스러운 것이었다. 첫째, 가상적 비화폐용 수요를 추정하는 것은 금의 경우가 은의 경우보다 훨씬 더 어렵다.[40] 둘째, 금의 수요 추정 방정식에서, 은이 금의 대체재이므로 은의 실질가격 계수가 양수로 기대되는데(통계적으로 유의하진 않지만), 음수로 나타났다. 금에 대한 대체재로서 예상될 수 있는 정正의 계수값 대신에 은의 실질가격가에 대한 부負의 계수값을 가져다주었다.[41]

이 결과는 은의 수요방정식에서 금의 실질가격 계수가 양수인 것과 모순되는데, 이는 슬러츠키 교차방정식 조건Slutsky cross-equation condition에 위배된다. 이 모순을 제거하기 위해서는 적절한 교차방정식 제약조건에서 은의 수요방정식과 금의 수요방정식을 연립적으로 추정해야 한다. 두 개의 별도의 방정식 사이에 큰 차이가 존재한다면, 나는 그 결과가 크게 믿을 만하다고 생각하지 않는다. 마지막으로 이 문제들을 해결했다고 하더라도 연립방정식적 해를 구하기 위해서는 미국 물가 수준에 있어서 4차방정식을 풀어야 한다.

따라서 나는 진퇴양난에 빠지게 되었다. 나는 내 작업에 불만이지만, 가장 명백한 대안인 단순한 일반균형 분석에는 더욱 불만이다. 포괄적인 일반균형 분석을 택한다면 금과 은 생산의 결정요인들(이는 내 분석에서는 완전히 무시되었다)뿐만 아니라 금생산과 은생산 가운데 화폐용과 비화폐용으로 구분되는 비율을 결정짓는 요인들도 포함해야 한다. 그러나 이 같이 확장된 일반균형모델의 설정은 대단히 힘겨운 것이며 신뢰성은 높지 않다. 사정이 이러하므로 내 작업 결과를 손질하지 않고 그대로 두고 싶다. 다만 추정치들의 오차한계가 크다는 것, 특히 연간 움직임의 경우에 더욱 그러하다는 사실은 인정한다.

자료 출처

P	1869~1914 : Friedman and Schwartz, 1982, 표 4-8. 1865~1868 : Hoover, 1960, p.142.
PS	미국 국세조사국, 1975, p.606, 시리즈 270. 1865~78년까지 원래의 자료 출처에서는 금 달러의 가격으로 나타나 있음. 화폐의 금 가치의 역수를 곱함으로써 달러가격으로 조정(Warren and Pearson, 1933, 표 69, p.351).
WMG, WNMG	미국의 금역할위원회(US Commission on the Role of Gold), 1982, 표 SC7, p.198.
UMG	미국의 금역할위원회, 1982. 표 SC9, p.203. 1865~78년의 6월 30일 자료의 2년간의 이동평균을 이용하여 1865~77년의 6월 30일을 12월 31로 변환시켰다.
EWMG =	WMG-UMG
RPG	1865~78 : 화폐의 금 가치의 역수(Warren and Pearson, 1933, 표 69, p.351)와 P로 나눈 금의 법정가격(20.67183달러)의 곱. 1978~1914 : P로 나눈 금의 법정가격.
UKP	1868~1914 : Friedman and Schwartz(1982, 표 4-9). 1865~67 : 딘(Deane, 1982)의 암묵적인 가격지수에 의해 1868년으로부터 소급하여 외삽外揷함.
SPROD	Warren and Pearson(1933, 표 24, p.139). 1865~75 : 표에서 5년 평균의 중심 사이를 선형線形으로 내삽內揷함. 이후로는 표의 매년의 수치를 이용.

EWMDS	드레이크Drake(1985, 표 A, pp.208~209)에는 조폐국의 연차보고서에 기초한 연속 5개년 기간의 추정치가 나타나 있다. 나는 연속 5년 동안 매년 동일한 양이 축적된다고 단순한 가정을 택함. 이 수치들은 적은 수치이며, 기간이 바뀜에 따라 큰 폭으로 변하지 않기 때문에 이 가정에 의해 오차는 크지 않음. 그러나 나는 시초의 추정치들이 오차의 폭이 크다고 생각한다.
UMDS	1873년 2월 12일, 1875년 1월 14일, 1878년 2월 28일, 그리고 1890년 7월 14일의 은구매법들에 의한 구매량은 미국 재무성, 1899, 207에 나와 있음. 처음 두 구매법들에 의한 구매량은 총계만 나와 있음. 각 법들이 유효했던 기간 동안 월별 구매량은 동일하다고 가정하였음. 그리고 최종 두 구매법들에 의한 구매량은 1878~94년까지의 회계년도 동안의 수치가 나와 있음. 이후의 기간에는 미국 재무성, 1928, pp.552~553에 기록된 은 달러와 보조은화의 달러 표시보유량으로부터 법정가격으로 나누고, 보조은화의 적은 은 함유량을 대략적으로 감안함으로써 은의 실물 보유량을 추정하고, 연간 구매량을 구하기 위해 그 시계열 자료를 참조했다. 재무성은 은을 구매할 때에는 시장가격을 지불하였으나 화폐용 은은 법정가격으로 평가했다. 바로 이것 때문에 화폐용 은의 보유량을 법정가격으로 나누어 은의 실물 보유량을 추정할 수 있다. 보조은화를 다르게 취급하는 방법은 개략적인 것이지만 관련되는 은의 양이 아주 적어서 큰 오차가 개입되지 않는다. 마지막 수년 동안 정부의 은구매량 추정치들은 6월 30일에 끝나는 회계년도의 것인데, 반면에 SPROD와 EWMDS는 역년歷年 자료이다. 따라서 나는 회계년도의 자료를 2년의 이동평균을 이용해서 역년 자료로 바꾸었다.

UMG$	1879~1914 : Friedman and Schwartz, 1963, vt 6, pp.130~131.
	1866~78 : 동일한 자료에 입각한 애너 슈워츠의 추정치.
UM	Friedman and Schwartz, 1982, 표 4-8.
y	Friedman and Schwartz, 1982, 표 4-8.
V =	Friedman and Schwartz, 1982, 표 4-8에서의 명목소득을 UM으로 나눈 것.
WI =	Warren and Pearson, 1933, pp. 85~86, 표 12에서 얻은 세계 실물생산의 지수(1880~1914=100)를 2로 나눈 것.

기호의 설명

EWMDS	세계 여타 국가들에서의 화폐용 은의 실제 수요
EWMG	세계 여타 국가들에서의 화폐용 금의 실제 보유량
$k_1 =$	$SPR \cdot y/V$
$k_2 =$	$SPROD-EWMDS-58.28-2.13WI-0.88RPGH$
LP	은의 법정가격
P	미국의 물가 수준
PHN	물가 수준의 단순 추정치
PH16	금·은 가격비가 16:1이라는 가정에 입각한 물가 수준의 추정치
PS	은의 명목가격
PRG	1929년의 달러로 평가한 금의 실질가격
PRGH	1929년의 달러로 평가한 금의 가상적인 실질가격

RPS	1929년의 달러로 평가한 은의 실질가격
RPSH	1929년의 달러로 평가한 은의 가상적인 실질가격
RPSH16	16:1이라는 가정에 입각한 은의 가상적인 실질가격
SNM	비화폐용 은의 공급
SPR	정화 지불준비율
SPROD	은의 총생산
UKP	영국의 물가 수준
UKPH	영국의 가상적인 물가 수준
UN	미국의 실제 화폐량
UMDS	미국의 화폐용 은의 실제 연간 수요
UMDSH	미국의 화폐용 은의 가상적 연간 수요
UMG	온스로 표시한 미국의 화폐용 금의 보유량
UMG$	달러로 표시한 미국의 화폐용 금의 보유량
UMGR$	1929년의 달러로 평가한 미국의 화폐용 금의 보유량
UMS	미국의 화폐용 금의 실제 보유량
UMSH	미국의 화폐용 금의 가상적 보유량
V	미국의 화폐 유통속도
WI	(미국을 포함한) 세계의 실질소득
WMG	세계의 화폐용 금
WNMG	(미국을 포함한) 세계의 비화폐용 금의 수요
x	RPSH
y	미국의 실질소득

Chapter 5

윌리엄 제닝스
브라이언과 청화법

1896년에 윌리엄 제닝스 브라이언은 민주당, 인민당 그리고 국민은화당National Silver Party에 의해 대통령 후보로 추대되었다. 그는 16:1 비율의 '은의 자유화'(즉, 은의 16온스가 금의 1온스와 동등한 가치를 가질 수 있도록 하는 조폐국의 법정가격 조건으로 금·은 복본위제도의 채택)를 공약으로 삼아 선거운동을 벌였다. 경쟁자인 공화당 후보 윌리엄 맥킨리William Mckinley는 단본위인 금본위제의 유지를 공약으로 삼았다. 맥킨리는 (일반투표에서) 10% 이하의 표차로 브라이언을 눌렀다. 이것이 은의 자유화운동의 절정이었다. 비록 브라이언이 두 번이나 다시 민주당의 대통령 후보로 지명되었지만, 그는 점차 더 많은 표차로 패배했다.

1887년에 세 명의 스코틀랜드 화학자들 —존 S. 맥아더John S. MacArthur, 로버트 포레스트Robert W. Forrest와 윌리엄 포레스트William Forrest— 은 낮은 등급의 원광으로부터 금을 추출해내기 위해 상업성이 있는 청화법을 발명했다. 청화법은 거의 같은 시기에 남아프리카에서 발견된 거대한 금광에 특히 적용하기 알맞은 것으로 판명되었다. 아프리카에서 금의 산출량은 1886년 세계산출량의 0%에서부터 1896년에 23%로, 20세기의 처음 4반세기 동안에는 40% 이상으로 증가했다.[42]

이상하게 들릴지 모르나 지구의 거의 정반대편에서 일어난 이 두 가지 사건들은 밀접하게 연결되었다. 남북전쟁 이후 오래지 않아 미국은 금과 은 또는 금·으로 태환할 수 있는 은행권을 화폐로 사용하는 복본위제를 버리고 불태환지폐를 법화로 지정한 그린백본위제를 채택했다. 그 결과로 야기된 전쟁 중의 인플레이션은 종래의 두 배 이상으로 물가 상승을 초래했다. 전쟁이 끝났을 때 상품본위제로 되돌아가자는 광범한 요구가 있었다. 그러나 미국 달러와 영국 파운드 사이에 전쟁 전의 환율을 의미했던 전쟁 전의 금·은 법정가격 기준으로 상품본위제로 이행하기 위해서는 물가 수준을 절반 이상 인하할 필요가 있었다. 이렇게 하는 데 14년이 걸렸다.

3장에서 설명한 것처럼, 1873년의 화폐주조법은 비록 그것의 실제 기능이 남북전쟁 전의 복본위제를 단본위인 금본위제로 대체시키는 것이었지만, 정화본위제도의 재개를 준비하기 위해 통과되었다. 1875년의 재개법再開法(Resumption Act)은 주요한 다음 단계의 조치였다. 그것은 정화지불의 회복, 즉 지폐의 금으로의 완전한 태환과 반대로 금의 지폐로의 완전한 태환의 회복이 1879년 1월에 실시될 것을 명시했다.

금을 기초로 한 정화지불의 재개는 계획대로 1879년에 시행되었다. 대부분의 유럽 국가들이 거의 동시에 금본위제를 채택함에 따라 결과적으로 1880년대와 1890년대에 세계적인 디플레이션이 발생했다. 특히 미국에서 심각했던 디플레이션은 은의 비화폐화 이후로 나타났던 은의 자유화운동에 활력을 불어넣었으며, 결국 은의 자유화를 정강으로 삼은 브라이언이 후보로 지명되었다.

물가 디플레이션은 다른 재화로 평가한 금의 가치를 높임으로써 청화법의 발명에 활력을 주기도 했다. 그리고 다시 남아프리카에서 청화법의 성공적인 이용이 은 자유화운동의 주된 목적인 인플레이션을 다른 수단에 의해 성취하게 만든 금의 홍수를 초래함으로써 브라이언과 은의 자유화운동에 패배와 정치적 쇠퇴를 안겨주었다.

▌브라이언의 후보 지명과 그 이후의 정치적 경력

1896년의 민주당 전국총회가 시카고의 63번가와 코티지 그로브Cottage Grove에 있는 들판에 세워진 텐트에서 개최되었다(그곳은 최근에 건설된 고가철도의 종착역 근처에 위치하고 있어서 대의원들은 도심지 루프Loop 지역 호텔에서 신속히 텐트촌에 도달할 수 있었다. 그 지역은 후에 개발이 되었지만 불미스러운 평판을 얻었다. 내가 근처 시카고대학의 학생이었던 때인 1930년대에 63번가와 코티지 그로브는 '악의 소굴Sin Corner'로 알려졌었다).

이것이 대의원이며 유명한 연설가였던 브라이언이 "여러분은 이러한 가시면류관을 노동자의 이마 아래로 짓누르지 말아야 합니다. 여러분은 인류를 황금십자가에 못 박아서는 안 됩니다"라는 구절을 포함하는 유명한 연설로 청중들을 감동시켰던 바로 그 집회였다.

집회 이전에 브라이언이 금 1온스에 은 16온스의 비율로 은의 자유주조를 위해 활동해온 경력 덕분에 그는 민주당 대통령 후보지명 경쟁에서 선두주자였다. 집회 전에 서부와 남부의 은본위제를 추구하는 민주당원들Silver이 동부의 금본위제를 추구하는 민주당원들Gold로부터 오랫동안 장악하고 있던 당기구의 주도권을 쟁취했다. 그러나 브라이언은 가능한 후보로 고려되었던 수많은 은본위 민주당원들 중의 한 명에 지나지 않았다. 역사가 리처드 홉스테터Richard Hofstadter(1966, 2:573)가 "미국 정당정치의 역사에 있어서 아마도 가장 효과적인 연설"이라고 말한 바 있는 그의 감동적인 연설은 후보 선출 문제를 해결한 셈이었으며, 그는 36세에 민주당 대통령 후보로 지명되었다. 그는 그후 인민당과 국민 은화당에서도 후보로 지명되었다.

힘든 선거운동을 치른 다음 브라이언은 선거인단투표에서 176표를 얻는 데 그쳐 271표를 얻은 공화당 후보 윌리엄 맥킨리에게 패배했다. 비록 선거인단투표가 승패의 차이를 과장한다 할지라도 맥킨리의 승리는 결정적이었다. 그의 일반투표의 득표차는 거의 10%였는데, 이는 당시 상황에서 상당한 성과였다. 1896년은 수년간의 많은 어려운 시기에 이어진 깊은 불황의 해였다. 실업률이 높았고 증가하고 있었다. 즉, 산업의 산출량은 낮았고 떨어지고 있었으며, 농산물의 가격도 낮았고 떨어지는 상태였다. 다소 덜 극단적이긴 하지만 당시 경제 상황은 1932년과 유사했다.

그러나 정치적 상황은 매우 달랐다. 재직 대통령은 민주당의 그로버 클리블랜드Grover Cleveland였는데, 그는 셔먼 은구매법의 폐지를 지휘한 금본위제 민주당원이었다(Timberlake, 1978). 당은 은 문제로 분열되었다. 금본위제 민주당원들은 국민민주당을 조직하여 후보자를 내세웠으나 분열 신당은 많은 표를 얻지 못했다. 오히려 제임스 반스James Barnes는 브라이언의 선거운동에 대한 권위있는 논평에서 이렇게 쓰고 있다.

"브라이언은 미지의 것에 대한 두려움에 의해 패배했는데, 그 이유는 금본위 옹호자들이 은의 자유화가 실제보다 더 엄청난 폐단을 초래할 것으로 과장하여 헐뜯었기 때문이다. 금본위 주장자들이 싸움터로 끌어들여 단칼에 쓰러뜨리도록 허용함으로써 패배의 부분적 책임이 브라이언 자신에게도 있다. 7월에 '우리는 그들에게 도전한다'라는 외침으로 시작했던 멋진 공격전이 11월에는 좁은 화폐문제에 대한 방어전으로 변모했다. '그는 항상 은 문제를 말해왔는데, 바로 여기서 우리가 그를 굴복시켰다'는 마크 하나Mark Hanna(맥킨리 선거운동의 매니저)의 논평에는 일리가 있다. 왜냐하면 한여름에 진을 친 군대를 가치기준이라는 단 하나의 문제를 중심으로 결속을 유지할 수 없었기 때문이었다"(1947, pp.339, 302). 추가된 각주에서 반스는 이렇게 덧붙였다. "처음에 그들은 특권, 독점, 높은 물가, 대금업자들의 착취, 정부의 부패, 국민대중을 무시하는 사회·경제질서 등을 자신 있게 공격 대상으로 삼고 있었다. 11월에는 금화달러 대 은화달러의 이슈를 유일한 쟁점으로 싸우고 있어서 많은 사람들은 겁나기도 하고 당황해 하기도 했다"(pp. 399~400).[43]

브라이언은 1900년과 1908년에 거듭 대통령 후보로 지명되었다. 두 번 모두 그는 일반투표와 선거인단투표에서 1896년보다 더 큰 득표차로 패배했다. 이후 1913~15년까지 우드로 윌슨의 국무장관으로 봉직하면서 민주당에 영향력을 유지했다. 1915년, 평화론자인 그는 윌슨이 절대적 중립주의로부터 이탈했다고 주장하며 사퇴했는데, 이는 원칙의 문제로 정부 각료가 사임한 너무나 드문 사례였다. 그 후의 정치적 경력은 모두 내리막길이었으며 1925년에 마지막 큰 싸움이었던 유명한 스코프스 공판Scopes Trial(일명 '원숭이 재판' – 옮긴이) 이후 수일 만에 사망했다. 스코프스 공판은 진화론의 가르침을 금지하는 테네시 법령을 옹호하는 정통주의자 브라이언과 언론자유의 침해라고 그 법령을 반대하는 현대주의자 클라렌스 대로우Clarence Darrow의 대결이었다. 브라이언은 작은 싸움에서 이겼으나(피고 존 스코프스는 법률 위반으로 유죄판결을 받아 벌금형이 부과되었다), 그는 큰 전쟁에서는 패배했다(판결은 그 후 뒤집어졌다). 그리고 법률적 판결 문제를 떠나 일반 여론의 법정에서 명백한 영웅은 브라이언이 아니라 대로우였다.

전통적인 견해는 브라이언과 1896년의 선거운동을 은 문제와 동일시하지만 반스(1947)가 지적한 것처럼 은의 자유화가 민주당 정강의 프로그램에 있어서 유일한 것이 아니었으며 다른 정강들은 결국 은의 자유화보다 결과가 좋았다. 헨리 콤머저Henry Commager는 1942년에 이렇게 썼다. "역사에 의해 브라이언보다 더 완전하게 정당함을 입증받은 정치가는 일찍이 없었다. 1890년대초부터 신세기(즉 20세기)에 이르기까지 브라이언이 시종일관 주장했던 계획들은 하나씩 하나씩 항목마다 모두 법령집에 올랐다. 그의 계획을 비난하고 조롱했던 사람들에 의해서 입법화된 것이다. 개정법령의 목록을 살펴보자. 화폐와 은행업에 대한 정부의 통제, 철도 · 전신 · 전화에 대한 정부 규제, 트러스트 규제, 1일 8시간 근무, 노동관련 혁신들, 노동쟁의에 있어 강제명령의 금지, 소득세, 관세개혁, 반제국주의, 국민발의권, 국민투표, 여성투표권, 금주, 국제적 중재"(p.99). 개인적으로 말하자면 나는 전통적인 견해에 대해 브라이언의 복본위제 지지에 대해서는 공감이 훨씬 더 크지만 그가 주장했던 다른 개혁안의 다수에 대해서는 훨씬 더 적다.

맥킨리의 경력은 매우 다르다. 정치적으로는 성공적이었지만(1900년에는 1896년보다 훨씬 더 큰 표차로 재당선되었다. 그리고 미국 경제가 실로 호황에 가까울 정도로 급속하게 회복되는 것을 지켜보았다) 개인적으로는 비극적이었다. 그는 스페인-미국전쟁(1895년)을 일으켰고 1901년에 무정부주의자에 의해 암살되었다.

| 금본위제의 승리

은의 자유화운동 그리고 금을 채굴하기 위한 청화법의 개발 및 응용을 촉진시킨 유인, 이 두 가지는 모두 1870년대 화폐제도 발전에 근원을 가지고 있으며 좀더 거슬러 올라가 나폴레옹전쟁 이후 1816년에 영국의 금본위제 채택과 1821년에 금에 기초한 정화지불의 복귀에 근원을 가지고 있다. 그 이후 영국이 강대해져 세계 경제지배력을 갖게 되었다는 사실은 금본위제가 우월하다는 인식을 들게 하고, 다른 나라들이 영국의 예를 따르도록 유도하는 데 큰 역할을 했다.

프랑스는 1803년부터 계속하여 15.5:1의 비율로 복본위제를 성공적으로 유지해왔었다. 그러나 프랑스는 프러시아와의 전쟁에서 패함으로써 1873년에 복본위제를 포기하지 않을 수 없었다. 독일은 거대한 배상금을 강요하고 이를 금본위제의 채택을 위한 재원으로 사용했다. 그러한 과정에서 독일은 은의 거대한 양을 처분했는데, 이것은 동시적으로 금의 가격상승 압력과 은의 가격하락 압력으로 작용했다. 이 결합작용 때문에 프랑스는 15.5:1의 가격비를 유지하기가 불가능하게 되었다. 이에 따라 프랑스와 대부분의 다른 유럽 국가들은 복본위제 또는 은본위제를 금본위제로 바꾸었다.

그 당시 미국은 아직도 남북전쟁 발발 이후 오래지 않아 채택한 지폐본위paper standard, 즉 그린백본위를 채택하고 있었다. 3장에서 미국이 1879년에 금에 기초한 정화지불을 재개하기까지의 사태 진전을 자세하게 설명했다. 서구세계가 금본위제로 전환함에 있어서 미국의 결정은 중대 조치였다.

그 결과로 나타난 화폐용 금 수요의 급격한 증가는 1840년대와 1850년대 캘리포니아와 호주의 금 발견으로 홍수를 이루었던 금의 유입이 감소하기 시작함에 따른 공급 증가의 둔화와 겹쳐졌다. 불가피하게 나타난 결과는 세계적인 디플레이션이었다([그림 5-1]은 1865~1914년의 영국과 미국의 물가 수준을 보여준다).

그림 5-1 미국과 영국의 물가 수준(1865~1914)

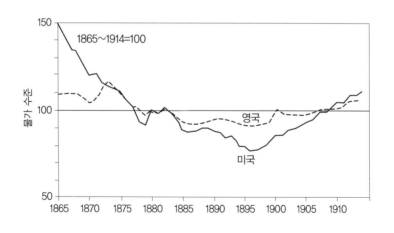

주: 1869년 이후 미국 자료와 1868년 이후 영국 자료는 Friedman and Schwartz, 1982, [표 4-8, 4-9] 참조. 그 이전의 자료는 각종 지수를 이용해서 외삽한 것임.

물가의 하락은 남북전쟁의 그린백 지폐 인플레이션의 영향 때문에 특히 미국에서 심각했다. 미국이 정화지불을 회복한 1879년에 물가는 이미 남북전쟁 종료 시의 물가 수준의 절반 이하였다. 그러한 급격한 물가하락은 미국의 달러와 영국의 파운드 사이에 남북전쟁 이전의 평가기준으로 지불재개를 가능하게 했다. 지불재개는 또 물가하락으로부터 일시적 휴식을 가져왔다. 그러나 수년 이내에 디플레이션이 다시 시작되었으며, 은의 자유화를 위한 정치적 소요가 미국이 금본위제를 지속할 것인가에 대한 의심을 확산시킴에 따라 1889년 이후에는 가속화되었다.

| 디플레이션과 청화법

디플레이션은 금 기준에 의한 물가의 하락을 의미했다. 그것은 금의 실질가격 인상, 즉 금 1온스가 시장에서 구매할 수 있는 재화량의 증가와 같은 뜻이다. 달리 표현하면 가격이 하락하는 품목에는 금을 생산하는 비용에 들어가는 것들도 포함되어 있었다. 따라서 금 채광의 수익성은 높아졌다. 영국의 물가지수로 따져보면 금 기준에 의한 세계 물가는 1873~96년까지 20% 이상 떨어졌는데, 이는 금의 채굴에 있어서 비슷한 비율의 비용 감소를 의미했다.

이러한 비용 감소는 종전의 생산수준에서도 이윤 마진을 몇 배나 증대시켰을 것임에 틀림없다. 다시 말해서 그것은 금의 채굴량 증대를 위해 비용 지출을 20% 이상 더 늘리는 것을 정당화시켰다. 어떤 경우에나 남아프리카에서의 금의 발견, 청화법의 개발과 상업적 이용은 발생했을 일들이다. 그러나 이 같은 사건들은 물가 디플레이션으로부터 추가적인 유인이 있었기 때문에 아마도 상당히 가속되었을 것이다.

┃ 디플레이션과 은 운동

디플레이션은 미국 경제의 빠른 성장을 저지하지 못했다. 반대로 빠른 경제성장은 남북전쟁 이후 디플레이션을 일으킨 적극적 요인이었다. 정화본위로 돌아가려는 욕구는 화폐 증가 억제를 자극했다. 그러나 이러한 억제는 화폐량을 (우리가 만족스런 자료를 가지고 있는 첫 연도인) 1867년보다 1879년에 증가하지 못하도록 할 만큼 강력하지 못했다. 단지 산출량이 화폐량보다 훨씬 더 급격히 증가했다는 이유 때문에 물가는 실제로 나타난 만큼 급격하게 하락했다. 이와 같이 증거 자료는 (1879~1914년까지의) 전기간에 걸쳐 성장률에 중대한 변화를 거의 제시하지 않으나 1892~96년까지의 기간에는 급격한 둔화를, 그리고 1896~1961년까지의 기간에는 그간의 지체를 거의 보상하는 급속한 가속화를 보인다. 만약 이러한 분석이 옳다면 일반적으로 감소하거나 일반적으로 증가하는 물가는 성장률에 거의 영향을 주지 못했다. 그러나 1890년대 초기의 통화 불안이 고조되었던 기간은 장기적인 추세로부터 급격한 편차를 나타냈다(Friedman and Schwartz, 1963, p.93).

그럼에도 불구하고 물가하락은 (3장에서 설명한 것처럼) 미국과 금본위제 세계의 다른 지역에서 모두 커다란 불만을 야기시켰다. 그 이유는 부분적으로 경제학자들이 '화폐 환상money illusion'이라 부르는 것, 다시 말해서 사람들이 소득을 물가로 나눈 비율, 즉 실질가격보다는 명목가격에 관심을 쏟는 성향에 있다. 대부분의 사람들은 상대적으로 몇 안 되는 품목의 재화와 용역을 판매함으로써 소득을 벌어들이므로, 이들 품목의 가격 정보에는 특히 밝다. 그들은 가격상승을 자기네 노력에 대한 정당한 대가로 보고, 가격하락을 불가항력적 요인에 의한 불행으로 간주한다. 반면에 소비자로서 구매하는 수많은 품목의 재화와 용역에 대해서는 가격 정보가 훨씬 무디고, 가격 동향에 훨씬 둔감하다. 따라서 만일 인플레이션이 매우 완만하다면 일반 국민이 살기 좋다는 기분을 갖게되는 데 반해, 디플레이션은 설사 완만하더라도 살기 어렵다는 기분을 갖게 되는 경향이 나타난다.

불만의 또 다른 원인은 인플레이션과 마찬가지로 디플레이션의 영향은 사람마다 다르게 미친다는 것이다. 특히 미국에서 그린백, 인민당주의, 은의 자유화운동에 특별히 관련된 사실은 채권자와 채무자들에 대한 디플레이션의 영향이 크게 다르다는 것이다. 당시 대부분의 농부들은 채무자였고 대부분의 소규모 사업가들도 그러했는데, 그들의 부채는 대부분 일정한 명목이자율 기준으로 산출한 금액의 달러로 고정되어 있었다. 가격하락은 동일한 금액의 달러와 일치하는 재화의 양을 증대시킨다. 그러므로 채무자들은 디플레이션으로부터 손실을 입게 되는 반면 채권자들은 이득을 보게 된다.[44]

반스가 서술한 바처럼(1947, p.371) "1896년 브라이언의 선거운동에서 절정에 이르렀던 은화운동은 1875년의 정화지불재개법에… 주로 근거를 두고 있다. 사람들의 기본 욕구는 더 많은 돈을 요구하였다. 즉, 지폐를 폐기시킨 그 법률은 사람들의 관심을 은에 몰리게 하였다. 남북전쟁 이후 물가하락의 초기 수년 동안 사람들의 그러한 압력은 그린백을 폐기하는 대신 더 많이 발행하라는 것이었는데, 바로 이 때문에 그린백당 (1875년에 창당, 1885년에 해체)이란 이름이 붙여졌다. 그러나 일단 정화지불재개법의 통과로 지폐에 대한 폭넓은 반대와 정화본위를 자연질서로 받아들이는 폭넓은 신뢰가 확고하게 굳어지자, 반스의 말처럼 인민당주의자들은 인플레이션을 야기시키는 수단으로서 은에 관심을 돌렸다. 이렇게 함으로써 그들은 강력한 동맹자(즉, 인구가 희박한 서부의 많은 주에 거주하면서 사람 숫자에 전혀 걸맞지 않게 강력한 정치력을 장악하고 있던 은광업자들)와 편리한 악마(즉, 그들이 '1873년의 범죄'를 저질렀다고 비난했던 월스트리트와 동부의 은행가들)를 함께 얻었다. 그들은 남북전쟁 전의 16:1의 비율에서 금과 은을 함께 사용하는 제도 – '헌법상의 법화'라고 주장하는 제도– 로 복귀할 것을 요구했다.

[그림 5-1]에 기록된 1870년대 물가하락은 다른 상품뿐만 아니라 은에도 영향을 미쳤다. 1876년까지 은의 달러가격이 공식적 법정가격보다 더 낮았다. 3장의 설명처럼 은의 자유주조 관련 조항이 1873년 화폐주조법에서 삭제되지 않았더라면 미국은 1876년에 금이 아닌 은을 기초로 정화지불을 재개했을 것이다. 또한 달러 물가는 하락이 멈추었거나 하락률이 낮았을 것이고, 그 이후 수십 년 동안의 화폐 소요는 대부분 발생하지 않았을 것이다.[45] 그러나 실제는 그렇지 않았으므로 물가하락은 계속되었고 화폐소요는 고조되었다. 그 결과 1870년대 후반에 많은 법안이 마련되었는데, 1878년의 블랜드-앨리슨법Bland-Allison Act이 절정이었다. 블랜드-앨리슨법은 은의 이익집단에 대한 특혜로 정부가 매월 일정한 양의 은을 구매하도록 규정하는 내용이었다.

지불재개법의 제정 이후 나타난 일시적 물가상승은 잠시 화폐소요를 잠재웠으나, 물가하락이 다시 시작되자 화폐소요는 다시 고개를 들었다. 그 결과 셔먼 은구매법이 제정되었는데, 이 법안은 공화당 주도하의 의회가 공업 중심의 동부 지역이 원하는 보호무역주의적 맥킨리 관세법 Mckinley Tariff Act(1890)에 대한 지지를 얻기 위해 서부 지역에 의도적으로 양보한 조치로 1890년 6월에 통과되었다(Friedman and Schwartz, 1963, p.106).

블랜드-앨리슨법에 비하면 셔먼법은 정부가 구매해야 할 은의 양을 거의 두 배로 늘렸다. "또한 1890년에는 주 선거운동에서 자유로운 화폐주조의 정강이 많이 나타났다··· 1890년 이후 은화운동은 홍수를 이루어 넘쳐흐르기 시작했다"(Barnes, 1947, p.372). 이러한 소요의 상승은 미국의 물가가 1888년 이후 영국의 물가보다 훨씬 급격하게 떨어진 이유를 설명한다. "1893년의 비참한 공황은··· 참담함 국민 사이에 널리 은의 자유화 요구를 불러일으키는 데 효과적이었다"(Barnes, 1947, p.372). 1896년에 이르러서는 민주당이 은의 자유화를 받아들이고 금본위를 주장하며 반발하는 동부의 민주당원들과 결별하리라는 것은 기정사실로 되었다.

┃16:1은 어처구니없는 생각이었나?

은의 가격은 1870년대, 80년대, 90년대 동안 줄곧 하락했고, 금본위제에서 금의 가격은 20.67달러로 고정되어 있었다. 따라서 금·은의 가격비는 그 운명의 글귀가 화폐주조법에서 제외되었던 때인 1873년의 약 16:1로부터 브라이언이 후보로 지명되었을 때에는 30:1까지 상승하였다. 그러나 16:1이라는 것이 1873년에는 법정비율로 얼마나 그럴싸하게 보였을지 몰라도 1896년에 이르러서는 금융업계가 보기에는 그 비율이 재난을 가져올 처방처럼 보였다. 금융업계는 16:1을 채택하면 엄청난 인플레이션을 일으킬 것으로 보았다. 브라이언과 그의 추종자들의 제안은 은의 명목가격을 거의 두 배로 인상하자는 것, 즉 온스당 68센트의 시장가격 수준에서 아직도 장부상 1.29달러로 평가되고 있던 법정가격 수준으로 인상하자는 것이었다. 금융업계가 보기에는 그렇게 되면 다른 물가, 특히 금의 가격도 같은 비례로 상승되어야 할 것이 분명해보였다. 그러나 그렇게 되면 미국의 달러와 다른 나라 금본위 화폐들 사이에 화폐적 연결고리를 깨버릴 것이고, 미국의 달러와 다른 금본위 화폐들 사이에 환율의 대대적 평가절하를 일으킬 것이고, 그리고 국제무역의 경로를 파괴시킬 것으로 생각되었다. 얼마나 어처구니없는 생각인가?

이러한 결론은 비록 반드시 정확한 추론은 아닐지라도 경제사학자나 기타 사학자들 사이에 통설이 되었다. 이것은 마치 1873년의 화폐주조법에 의해 은의 자유주조가 중단된 것을 제임스 로렌스 로린James Lawrence Laughlin이 1886년에 "금융 신용을 구하고 국가의 명예를 보호한 하나의 행운이었다. 그것은 이제 우리가 아무리 감사해도 지나침이 없는 입법이다"(1895, p.93)라고 기술했듯이, 그와 연관된 견해도 통설이 된 것과 마찬가지이다.

3장에서 나는 로린의 판단이 잘못되었다고 결론내렸다. 즉, 화폐주조법이 '하나의 행운'이기는커녕 미국뿐만 아니라 세계에 대해 "정반대,

대단히 불리한 결과를 초래한 실책이었다"는 것이 나의 결론이었다. 또 16:1 비율로 복본위화폐제도를 법적으로 유지했더라면 그 이후 미국의 디플레이션을 크게 진정시켰을 것이며, 디플레이션 때문에 야기된 화폐 및 정치 소요와 불확실성을 피할 수 있었다는 것이 내 결론이다.

그 효과는 적었겠지만, 미국의 본본위제 유지는 세계 여타 지역에서도 디플레이션을 진정시킬 수 있었을 것이다. 이렇게 달라진 상황에서도 연설가로서나 정치가로서 브라이언의 천재성은 명성이 높아졌을 것이다. 비록 전혀 다른 깃발 아래의 명성이었겠지만.

그러나 이것은 화폐주조법이 통과된 1873년이나 금에 기초한 지불재개가 나타난 1879년에 대한 판단이다. 1896년에 이르러서는 피해를 원상태로 돌려놓기에는 이미 너무 늦지 않았던가? 브라이언의 제안은 소 잃고 외양간 고치는 격이 아니었던가? 내가 앞에서 금융업계의 생각이었다고 말한 추론이 비록 미숙한 것이지만, 그 근본적 결론은 정확했다고 생각된다. 1873년에 채택되었더라면 미국은 물론 세계 여타 국가에 큰 도움이 되었을 조치도 1896년 이후에는 모두에게 손실을 주었을 것이다. 바로 그 조치가 1873년에 채택되지 않았다는 것이 이유의 일부이다. 6장에서 다소 길게 설명하는 논거를 근거로 나는 복본위제가 단본위인 금본위제보다 더 놓은 화폐제도라고 믿는다. 이것은 1879년에도 1896년에도 타당한 판단이었다. 그러나 상황은 사례의 판단을 변화시킨다. 1896년의 상황 변화에서 복본위제가 재난이라기보다는 오히려 축복이 될 수 있었던 금·은 가격비는 당시 시장가격비에 비해 같거나 더 높은 것이었으며 더 낮은 것은 아니었다.

16:1의 비율로 복본위제가 1879년에 축복이 될 수 있었을 것이다. 그

것은 왜냐하면 금으로의 대폭적 이동 때문에 야기된 디플레이션을 예방하거나 또는 완화시켰을 것이기 때문이다. 더구나 그것은 어떤 불연속적인 변동을 수반하지 않고서도 디플레이션 예방 효과를 가져왔을 것이다. 시장의 금·은 가격비는 1873년에 16:1보다 약간 낮은 수준에 있었다가 1875년이나 1876년에는 그 수준에 이르렀고, 1879년에는 약간 웃돌았다. 따라서 가격비의 변동은 순탄하고 신속했다.

1896년의 위협은 디플레이션이 아니라 인플레이션이었다. 남아프리카로부터 금의 대폭적 유입은 금본위제도 국가에서 화폐량을 증가시키고 있었는데, 당시 이를 상쇄하는 힘은 오직 일반상품 생산의 계속적인 증가뿐이었다. 1914년에는 물가 수준이 1896년보다 영국에서는 17%, 미국에서는 44%나 더 높았다. 영국에서보다 미국에서 물가상승 폭이 컸던 이유는 1890년대 초반에 상대적으로 물가하락이 컸던 것을 반영한 탓이었다.

1896년에 미국에서 16:1로 복본위제를 채택했더라면 모든 재화의 수요에 상대적으로 은의 수요를 급격히 증가시켰을 것이고, 미국으로부터 금의 유출을 야기시켰을 것이다. 시장의 금·은 가격비가 30:1 수준에서 유지될 수 없었을 것이다. 또 그 비율이 16:1까지 떨어지지 않았을지도 모른다. 그러나 그 가능성을 전적으로 배제할 수는 없다. 4장에서 미국이 법적으로 복본위제를 계속 유지했더라면 성립될 수 있었을 가상적인 금·은 가격비를 추정한 바에 따르면 1873~1914년까지의 기간에 줄곧 16:1을 중심으로 변동하는 추세를 보여왔을 것이다. 이러한 추정치에 따르면 가장 높은 비율은 1896년에 나타났을 24:1의 값이다. 그러나 나는 24:1의 비율은 가상적 상황에서 나타났을 추정 수준과 만약 브라이언의

화폐계획이 입법화되었더라면 하락하였을 수준, 두 가지 모두를 과대평가한 결과일 가능성이 크다.[46]

금·은 가격비의 값이 어찌되었든 복본위제의 유지 효과는 은을 축적했을 미국과 미국으로부터 금의 유출을 받아들였을 세계 여타 국가에서 모두 화폐증가율을 높였다. 인플레이션은 실제보다도 높았다. 그리고 이러한 변동은 미국에 대해서 결코 점진적이 아니었다. 그 직접적인 결과로 달러와 금본위제 국가의 화폐 사이에 환율의 급격한 평가절하가 나타났으며, 이러한 급격한 평가절하는 미국의 국제무역 및 국제 금융 활동에 대해 엄청난 과도기적 어려움을 야기시켰을 것이라는 금융업계의 판단은 타당했다.

반면에 예컨대 35:1의 비율로 1896년에 복본위제가 채택되었다고 가정하자. 그 직접적 효과는 미미했을 것이고 미국은 실질적으로 금본위제에 머물러 있었을 것이다. 은에 대한 추가적 수요나 금의 추가적 공급도 즉각적으로 나타나지 않았을 것이다. 은이나 금의 가격에 대한 유일한 영향은 미래의 가능한 사태 발전에 관한 예상뿐이었을 것이다. 미국의 1890년대 경기침체와 세계 여타 국가의 인플레이션에 대한 반응은 실제로 진행되었던 것처럼 당분간 진행되었을 것이다. 35:1 비율로 복본위제를 채택했더라도 1901~2년까지는 별 차이가 없었을 것이다. 1901~2년에는 금·은의 시장가격비가 35:1 이상 그리고 상당 기간 웃돌기 시작했다. 그 가격비는 1905년까지 35:1 이상에 머물렀다가 그 다음 수년 동안 하락했고, 1914년까지 기간의 대부분 동안 다시 상승했다.

미국이 복본위제를 채택했더라면 1902년부터 줄곧 그 가격비를 35:1로 유지했을 것이 틀림없다. 그러나 가격비의 실제 변동과정을 미루어

복본위제는 미국의 대규모 은 구매를 필요로 하거나 대규모의 금 유출을 유발하지 않았을 것이며 금본위 국가들의 화폐로 평가한 달러 환율의 변화가 없었을 것이며, 소수의 은본위 국가들(주로 중국)의 화폐를 기준으로 한 환율 안정에 기여했을 것이다. 돌이켜보면 미국과 금본위 세계에서 일어날 수도 있었을 인플레이션의 경미한 증가는 상대적으로 우수한 화폐제도를 채택하는 대가치고는 값싼 대가였을 것이다.

불행하게도 은의 문제를 둘러싼 고조된 정치 분위기는 16:1 이외에 다른 비율을 대안으로 신중히 고려할 수 없도록 만들었다. 당시 가장 유명한 경제학자이자 화폐이론가이며 국제적으로 유명한 수학자이자 천문학자인 사이먼 뉴콤Simon Newcomb은 1893년 한 논문에서 이렇게 썼다. "만약 적절하고 올바르게 시행된다면 복본위제의 원칙에 나는 반대하지 않는다. 화폐적 상황의 불행 중 하나는 논리적이고 일관된 복본위제주의자는 싸움터에서 사라져버리고, 오직 은의 단본위제주의자와 금의 단본위제주의자만 남았다는 것이다. 모든 사람들은 현재의 토대 위에서 은의 자유로운 화폐주조는 은의 단본위제를 의미한다는 것을 알아야 한다…16:1의 현행 비율에서 자유로운 화폐주조를 채택한다면 그것은 현재로서는 전적인 대개혁이 될 것이고, 20:1의 비율을 택하더라도 그 효과가 크게 나을 것 같지 않다"(p.511).

논리적이고 일관된 복본위제주의자의 한 사람으로서 프랜시스 워커 Francis Walker 장군이 있는데, 그는 〈뉴팔그라브 사전New Palgrave Dictionary〉에 "당대 인물 중 국제적으로 가장 저명한 미국의 경제학자"이며 예일대학의 정치경제학 및 역사학 교수였으며 후에는 MIT대학 총장을 역임한 것으로 기술되어 있다. 그는 국제 복본위제, 즉 동일한 금·은의 가격비율로 복본위제를 채택하기 위한 다수 국가들의 협정을 지지했으나, 한 국가에서만 복본위제를 채택하는 데는 반대했다. 따라서 그는 브라이언의 은의 자유화 정강을 좋아하지 않았다. 나는 그가 1896년의 선거운동에서 브라이언에 반대해 활동했는지는 알지 못한다. 그러나 1896년 선거 며칠 후에 행한 '국제 복본위제 연설'에서 브라이언의 패배를 "거대한 폭풍의 통과"라고 말했다(1896a, 1899, 1:251).

내가 알고 있는 한 그는 결코 16:1이 아닌 다른 비율로 일방적인 복본위제의 채택을 제안하지 않았고, 실제로 프랑스가 유지해왔던 15.5:1의 비율도 받아들일 용의를 보이면서 국제적 복본위제의 채택을 계속 지지했다(1896b, pp.212~213).

만약 미국이 1896년에 그 비율이 16:1 이건 35:1 이건 복본위제를 채택했더라면 다른 나라들도 가담하여 그 비율을 채택했을 가능성을 무시할 수 없다. 1896년에는 미국이 세계의 여타 국가들에 대해 19세기의 초반 수십 년간의 프랑스보다 더 강대한 국가였다. 그런데도 프랑스는 처음에는 대규모 은광 발견과 나중에는 대규모 금광 발견이 있었음에도 불구하고 1803~73년까지 15.5:1의 비율을 유지할 수 있었다. 많은 유럽 국가에는 복본위제를 지지하는 여론이 조성되어 있었다. 인도는 최근에 자유로운 은의 화폐주조를 폐지했으며, 프랭클린 루스벨트가 1930년대에 은구매사업(이것은 흥미롭게도 19세기 미국의 은운동 배후세력이었던 동일한 이익집단에 대한 정치적 특혜였다. 이에 대해서는 7장에서 설명한다)을 폐지시킬 때까지 중국은 은본위제를 유지하려고 했다. 우리는 금을 자연적인 화폐금속으로 간주하는 데 너무나 익숙해져서 은이 수세기 동안 금보다 훨씬 더 중요한 화폐금속이었다가 1870년대 이후에야 첫째자리를 내놓게 되었다는 사실을 잊게 되었다.

만일 다른 나라들이 16:1의 비율로 미국과 함께 했더라면 그 피해는 더욱 클 수도 있었을 것이다. 반면에 35:1 비율로 미국과 함께 했더라면 장기적인 결과는 좋았을 것이다. 시장비율과 법정비율이 같아질 수 있었을 시점에서 단지 짧은 기간이 지난 후인 1914년에 1차대전의 발발은 전쟁 후에까지 효과가 경미했을 것이라는 사실을 의미한다. 1915년 이후 시장비율이 급격히 하락해 1920년에는 16:1 이하로 되었고 1927년에는 35:1 이상의 수준까지 급격히 상승했다. 그러나 만약 복본위제가 미국을 포함하여 많은 나라에서 법정본위제로 되었더라면 전쟁 후의 추세는 당연히 달랐을 것이다.

▎ 청화법과 브라이언의 정치적 쇠퇴

우리 이야기는 마지막으로 청화법의 이용이 브라이언의 정치 생애에 미친 영향을 다룬다. 그 이야기는 간단하다. 우리가 보아왔던 것처럼 남아프리카로부터 금의 홍수 같은 유입은 브라이언과 추종자들이 은을 가지고 발생시키려고 했던 인플레이션을 야기시켰다. "그러나 사회학자 로스E. A. Ross를 비롯한 추종자들이 브라이언에게 새로운 금의 공급이 화폐 부족을 완화하고 은의 자유화 주장을 붕괴시켰다고 지적했을 때, 하원의원은 덤덤했다"(Hofstadter, 1948, p.194). 그 결과는 필연적이었다. 브라이언의 정치적 생애의 절정은 지나가버렸다.

┃ 결론

브라이언은 1896년 선거운동에 대한 자신의 기록을 '최초의 전투The First Battle'라고 이름 붙였다. 처음부터 그는 분명히 자신을 신성한 대의 명분을 위한 전쟁 또는 십자군전쟁에 나선 군대를 지휘하는 장군으로 보았다. 그는 1896년 민주당 총회에서 다음과 같은 말로 위대한 연설을 시작했다. "이것은 사람들 간의 싸움이 아닙니다. 온 나라에서 가장 비천한 일개 시민일지라도 정의로운 대의명분의 갑옷을 입었을 때 오류에 빠진 모든 무리들보다 더 강합니다. 나는 자유의 명분만큼이나 신성한 명분, 인류의 명분을 방어하기 위해 여러분에게 말씀드리고자 왔습니다." "수행자 베드로를 따르는 십자군 전사에게 영감을 주었던 열정", "우리의 전쟁은 정복의 전쟁이 아니다", "가시왕관", "십자가에 못 박다", "황금십자가" 등 수사학적 표현이 계속되었다.

　브라이언을 따르는 십자군 전사들은 모두 광범한 정치운동에 참여하는 자들이 그러하듯이 혼합집단이었다. 은채광업자들은 제한된 집단적 이권에 신경을 썼다. 토지개혁주의자들은 시골과 도시 사이의 해묵은 싸움 때문에 움직였고, 인민당주의자들은 대중과 상류층 사이 또는 실업계Main Street와 금융계Wall Street 사이의 역시 오랜 싸움에 자극받고 있었다. 의심할 바 없이 브라이언의 추종자들 가운데에는 그 이전 10년 동안 미국이 경험한 명백한 경제적 난국 때문에 고통을 받고, 화폐의 팽창을 하나의 가능한 혹은 유일한 치료로 생각한 사람들이 많이 포함되었다. 불행히도 그들 중에는 "논리적이고 일관된 복본위제주의자들"이 거의 포함되지 않았다.

그의 반대자들도 똑같이 혼합집단이었다. 즉 금광에 이권을 가진 사람들, 은의 자유화 세력들이 '금융계'라고 불러 마땅한 디플레이션 주장자들, 영국의 경제적 우위를 금본위제 장점의 증거로 보고 많은 유럽 국가들이 1870년대에 복본위제로부터 금본위제로 바꾼 조치를 복본위제의 취약성의 증거로 해석하는 단본위제 확신자들, 그리고 은이 주요 문제가 아니라 인민당의 다른 정강에 반대하는 사람들이 포함되었다. 의심할 나위 없이 그의 추종자들과 마찬가지로 반대자들 중에도 지난 10년 동안 미국이 경험한 경제적 난국 때문에 고통받았으나 16:1 처방안이 문제를 더욱 악화시킬 가능성이 있다는 견해(내 생각으로는 타당한 견해)를 가진 사람들이 많이 포함되었다.

어쨌든 최종의 결과는 뜨거운 정치적 경쟁의 쌍방 어느 쪽에서 제기했던 이슈나 제시된 논의 중 그 어느 것에 의해서도 결정된 것이 아니었다. 그것은 미국의 국내 논쟁에서 거론되지 않았던 멀리 떨어진 스코틀랜드와 남아프리카에서 일어난 사건들에 의해 결정되었다. 이는 일견 미미하게 보여주는 화폐적 사건 진행이 미치는 영향들이 광범하고 거의 예측 불가능할 수 있다는 것을 보여주는 하나의 흥미진진한 사례였다.

MONEY MISCHIEF

Chapter 6

복본위주의의 재고[47]

유사 이래 줄곧 화폐제도들은 일반적으로 실물 상품에 기초를 두어왔다. 상품 가운데 금속들, 그중에서도 무엇보다 귀금속인 금과 은이 가장 널리 사용되었다. 금과 은을 비교하면 적어도 19세기 후반까지는 "은이 유럽에서 유통되는 금속화폐의 거의 전부를 구성했으며"(Martin, 1977, p.642), 인도와 다른 아시아 지역에서도 그러하였다. 금은 훨씬 드물게, 주로 고액의 거래에 사용되었다.

금과 은 사이의 교환비율이 때로는 당국에 의해 정해지기도 하고, 때로는 시장에 맡겨지기도 했다. 법정비율이 지정된 경우에 그 결과는 (3장에서 설명한 것처럼) 복본위제도였는데, 이 제도에서는 공인된 조폐국이 어느 누가 요청하든지 금 또는 은을 일정한 무게와 순도를 가진 지정된 액면가치의 주화로 바꿔줄 준비가 되어 있었다(즉, 주조가 자유로웠다). 영국과 미국에서처럼 무료인 경우가 있기도 했지만 전형적으로는 화폐의 주조 비용을 충당하기 위한 소액의 주조부담금이 부과되었다. 법정가격비는 은화와 금화의 규정 함량에 의해 결정되었다. 예컨대 1837년부터 남북전쟁까지 미국의 금화 달러는 순금 23.22그레인과 동등하게 규정되었고, 은화 달러는 순은 371.25그레인과 동등하게 규정되었다. 즉, 은의 함량 그레인은 금의 그것보다 15.988배, 통상적으로는 사사오 입해서 16:1의 비율이라 일컬어졌다.

복본위제를 정의하는 엄격히 동일한 방법은 금과 은 중 어느 것이나 고정된 가격으로 쳐서 법화로 지정된 화폐를 주고 구입하겠다는 정부의 공약이라고 정의하는 것이다. 미국의 예에서 그 고정가격은 순금 온스 당 20.67달러, 순은 온스당 1.29달러였다.[48] 이것은 1933년까지 금의 법 정가격으로 유지되었는데, 1933년에는 루스벨트 대통령이 단계적으로 법정가격을 올린 다음, 1934년 초반에는 온스당 35달러로 정했다. 이 법 정가격은 1973년 초반에 42.22달러로 인상될 때까지 그대로 유지되었 다. 금의 시장가격이 현재(1991년) 공식 가격의 약 9배나 되지만, 미국 정 부의 금 보유는 아직도 장부상에서 42.22달러로 평가되고 있다.

금과 은 어느 것이나 법정화폐로 사용될 수 있지만, 실제로는 오직 하 나의 금속만이 화폐로 사용될 수 있다. 금과 은은 화폐 용도 이외에도 보 석과 산업적 목적을 위한 중요한 비화폐적 용도 또는 시장용도를 가진 다. 시장가격비가 법정비율과 크게 차이가 있을 경우에는 사람들이 법 정가격에서보다 시장가격이 싼 금속만을 화폐주조를 위해 조폐국으로 가져올 것이다. 예컨대 법정비율이 16:1일 때 금 1온스가 은의 15.5온스 와 동일한 시장가격으로 판매된다면, 은의 보유자는 조폐국에 직접 은 을 가져가기보다 우선 시장가격 비율로 은을 금으로 바꾼 다음 금을 조 폐국에 가져가는 편이 유리한 것이다.

1837년부터 남북전쟁까지 미국의 상황은 대략 방금 설명한 바와 같았다. 즉 법정비율은 16:1이었고 시장비율은 15.5:1이었다. 그 결과 미국은 사실상 금본위제를 채택하고 있는 셈이었다. 그래도 은은 함량 부족한 소액 주화(즉, 법정가격으로 주화의 표면가치와 일치할 수 있는 것보다 소량의 은을 함유하는 주화)에 사용될 수도 있고, 국제금융거래에서 평가기준이 아니라 프리미엄을 붙여 사용될 수도 있었다.

대부분의 선진국들은 1870년대 초반부터(미국은 1879년에) 단일 금본위제, 즉 금의 가격만이 법적으로 고정되어 있는 본위제로 이행했다. 이로써 인도와 중국만이 주로 은에 의존하는 두 개의 인구대국으로 남게 되었다. 은은 여전히 어떤 다른 곳에서 사용되기는 했으나 단지 소액의 주화용으로서였다. 1차대전 이후 화폐와 금 사이의 연결고리가 점차 느슨해지면서, 엄격한 금본위제 대신 금환본위제金換本位制, 즉 정부가 화폐를 금이나 금태환이 가능한 외국 화폐로 태환하겠다고 약속하는 제도가 보편화되었다. 2차대전 이후 국제통화기금IMF을 설립한 브레튼우즈협정은 금의 역할을 더욱 축소하여, 미국에 대해서만 그리고 대외 목적으로만 금의 태환을 의무화하였다. 1971년 8월 15일 닉슨 대통령이 IMF협정에 따라 미국이 온스당 35달러로 외국의 중앙은행에 대해 금을 판매해야 한다는 공약을 이행하기를 거부함으로써, 금융 전문용어를 빌려 말하자면 '금의 창문gold window을 닫는' 조치에 의해 이 마지막 연결고리마저 단절되었다. 그 후로 모든 주요 국가는 일시적인 비상조치로서가 아니라 영속적인 제도로서 태환불능지폐본위 또는 법정불환지폐본위를 채택하게 되었다. 이러한 세계적인 불환지폐제도는 역사적인 선례가 없다.

현재까지 주요국들이 해도海圖 없는 바다에서 항해법을 터득하려고 노력하며 물가 수준을 안정시키는 닻으로서 일정한 상품으로의 태환 이외에 다른 수단을 강구하려고 노력함에 따라 불환지폐제도에서 물가 수준, 이자율과 환율이 큰 폭의 변동을 보이는 특징이 나타났다. 불환지폐제도가 받아들일 수 있는 결과에 이를 것인지, 또 그렇다면 그 시기가 언제일지는 아무도 말할 수 없는 문제로 남아 있다(이 문제는 10장에서 다룬다). 그러므로 아마도 가장 널리 보급되었던 지난날의 세계 화폐제도, 즉 복본위제에 대한 논의는 역사적 흥밋거리 이상의 가치를 가진다고 볼 수도 있다.

〈복본위주의의 재고Bimetallism Reconsidered〉라는 제목의 1936년 논문에서 루이스 프로만Lewis Froman은 "경제학자들은 일반적으로 복본위주의가 만족스러운 화폐제도를 제공하지 않는다는 데 거의 만장일치로 동의한다"(p.55)고 주장했다. 최근까지 나도 그 견해에 동감했다. 내 생각으로는 아직도 금융경제학자들 사이에 통설로 되고 있는 견해는 다음과 같다. 복본위주의는 선택적인 두 개의 단본위제 사이를 빈번하게 이동하는 것을 내포하는 불안하고 불만족스러운 화폐제도라는 것, 그리고 금의 단본위주의가 은의 단본위주의보다 더 우수하기 때문에 단본위주의가 우수하다는 것이다.[49]

3장, 4장 그리고 5장에서 소개된 19세기 미국의 화폐 역사를 연구하는 과정에서 나는 놀랍게도 복본위제에 대한 단본위제의 우월성과 은의 단본위제에 대한 금의 단본위제의 우월성, 이 두 가지에 관해서 통설이 −비록 전적으로 잘못되지는 않았다고 하더라도− 상당히 의심스럽다는 것을 발견했다.

| 역사적 경험

알렉산더 해밀턴은 복본위제의 채택을 추천하는 〈1791년의 조폐국 설립에 관한 재무성 보고〉에서 이렇게 썼다(《1791》 1969, p.167~168). "금은 아마도 어떤 의미에서 은보다 더 큰 안정성을 가지는 것으로 말할 수 있다. 즉, 금은 월등히 높은 가치를 가졌기 때문에 다른 국가들의 규정을 보더라도 다른 금속에 비해 함부로 다루어지지 않았다. 금본위제는 보다 일률적이었으며 다른 측면에서도 변동이 적었다. 또한 금은 화폐이지 상품이 아니기 때문에… 상업적 수요의 상황에 의한 영향도 적게 받는 경향이 있다."

그럼에도 불구하고 해밀턴은 은이 통상적으로 이용되는 금속이었고, 외국 주화의 형태이지만 초기 13개 주에서 사용된 정화도 대부분 은이었고, 금은 희귀했다는 순전히 실용적인 근거에서 복본위제를 선택했다. 그는 당시의 시장비율이었기 때문에 15:1의 비율을 선택하면서도 이 비율이 가변적이라는 것을 인정하고 "금과 은의 평균적 상업가치를 감안하여 '금속들' 사이의 비율을 규정하는 데 주의를 기울여야 한다"(《1791》 1969, p.168)고 강조했다. 그러나 그 이후 곧 시장비율이 상승하여 프랑스의 법정비율 15.5:1과 일치하게 되었다. 의회는 해밀턴의 충고에 주의를 기울이지 않고 1834년까지 법정비율을 15:1로 내버려두었다. 그 결과 의회가 법정비율을 16:1로 바꾼 1834년까지는 은본위제였으며 그때부터 남북전쟁까지 사실상 금본위제였다. 1862년에 현금화폐의 정화 보상이 중지되고 일반적으로 그린백으로 알려진 순수한 불환지폐가 남북전쟁의 재원조달을 위해 발행되었다.

1873년 화폐주조법이 은의 자유로운 화폐주조를 폐지하고, 은의 법화로서의 지위를 제한하였다. 이에 따라 1879년에 이루어진 지불재개(법화를 정화로 다시 태환하기 시작)는 금에 기초한 본위제도였다. 뒤를 이어 이 조치는 1880년대와 1890년대의 은 자유화운동을 크게 자극했으며, 이 운동은 16:1의 기치 아래 브라이언의 1896년 선거운동에서 절정을 이루었다.

예컨대, 루드비히 폰 미제스Ludwig von Mises(1953, p.75)가 말했듯이, 의심할 바 없이 미국의 경험은 "복본위제는…입법자들이 의도해왔던 것처럼 이중본위제가 아니라 양자택일적인 본위제로 변화되었다"는 통설을 형성하는 데 도움이 되었다.

남북전쟁 전 미국의 경우와 나폴레옹전쟁 전 수세기 동안 영국의 경우에서처럼, 이러한 양자택일적 본위제가 가능하고 또 가끔 그것이 사실로 나타나기도 했지만 결코 필연적인 것은 아니다. 어빙 피셔(1911, p.32)의 지적처럼 "1785년부터 특히 1803~73년까지 프랑스와 라틴동맹의 역사는 교훈적이다. 그것은 유리한 상황에서는 금과 은의 결속이 복본위주의에 의해 상당 기간 유지될 수 있다는 이론의 실례를 제공한다. 이 기간 동안에 일반 국민들은 통상적으로 금과 은 사이에 어떤 가치 차이를 의식하지 않았으며, 화폐 구성에 있어서의 상대적 우위가 금에서 은으로, 은에서 금으로 바뀌는 데서 오는 가치 변화를 주목하게 되었을 뿐이었다."

프랑스가 그렇게 오랜 기간 함량이 충실한 금화와 은화를 지속적으로 유통시키는 데 성공한 것은 여러 요인의 탓이었다. 첫째 요인은 당시 프랑스가 세계 경제에서 차지한 중요성은 현재보다 훨씬 컸었다는 점이다. 둘째 요인은 프랑스 국민들이 직접적으로는 주화의 형태로, 간접적으로는 지폐와 예금에 대한 준비자산의 형태로, 정화를 화폐로 사용하는 성향이 예외적으로 높다는 점이었다.[50] 이 두 가지 요인 때문에 프랑스는 은과 금의 상대적 생산의 큰 변화에도 불구하고 가격비를 고정시킬 수 있을 만큼 중요한 거래자가 되었다.[51]

피셔의 말(1911, pp. 133~134)을 빌리면 다음과 같다.

> 1803년부터 대략 1850년까지의 경향은 은이 금을 대신하는 것이었다…1850년에는…만일 다행스럽게도 금이 캘리포니아에서 방금 발견된 사실이 없었다면 복본위제는 무너지고 은의 단본위제로 되었을 것이다. 새로이 금 생산이 증가된 결과로 반대 방향의 움직임, 즉 프랑스 화폐에서 금의 유입과 은의 유출이 나타났다…프랑스 화폐에서 은화가 완전히 유출되어 금본위제가 정착될 가능성이 엿보였다…그러나 새로운 금광은 점진적으로 고갈되는 반면 은의 생산이 증가되어 그 결과 반대 방향의 움직임이 다시 나타났다.

프랑스는 1850~70년까지 세계 총 금생산의 절반 이상을 자국 화폐로 흡수한 반면, 은의 보유량은 거의 일정하게 유지했다.[52] 이에 따라 1850년에 15.7이었던 시장가격비는 1859년에 15.2 이하로 결코 떨어지지 않았고 1870년에 들어서 15.6으로 다시 올랐다(Warren and Pearson, 1933, p.144).

통설의 암묵적 가정은 법정 금·은 가격비가 칼날 같아서 법정가격비로부터 시장가격비가 조금이라도 이탈하면 시장가치가 오른 금속으로 만든 주화를 전부 급히 용해하여 금속으로 시장에 내다 팔려고 한다는 것이다. 프랑스에서 그것이 사실이 아닌 것으로 판명되었다. 이 상황은 엄격한 금본위제 하에서 화폐들 사이의 환율 상황과 비교될 수 있다. 국가별 화폐의 법으로 정한 정화함유량이 평가환율(예컨대 1879~1914년까지 영국의 1파운드에 대해 4.86649달러)을 규정한다.[53] 만약 시장환율이 평가환율로부터 이탈하면 값싼 화폐를 금으로 교환하고, 금을 타국으로 수송하여 타국의 화폐로 교환하고 그 화폐를 시장에서 값싼 화폐로 교환함으로써 재정거래裁定去來의 기회가 발생한다. 재정거래가 이윤을 얻기 위해서는 시장환율과 평가환율의 차이가 보험료, 금의 수송비 및 기타 경비를 상쇄할 정도로 충분히 커야 한다. 평가환율에 이러한 비용 항목들을 더하거나 뺀 것이 소위 '금의 현송점gold points'을 규정하는데, 이 현송점들 사이에서 시장환율이 금의 유출이나 유입없이 변동될 수 있다.

이와 마찬가지로 복본위제에서 저가치 주화를 정화로 바꾸어 시장에서 정화를 판매하는 데에는 비용이 발생된다. 한 금속이 다른 금속으로 완전 대체를 일으킴 없이 시장가격비가 변동할 수 있는 금·은 가격비의 상한점과 하한점을 정하는 것은 이러한 내용들 때문이다. 그 범위의 폭은 주조 부담, 화폐 용해 비용, 보험료, 지체와 관련된 이자손실 등에 달려 있다.[54]

프랑스의 복본위제는 1870~71년의 프랑스–프러시아전쟁 때문에 중단되었을 때 막을 내렸다. 프랑스는 패전으로 황폐화되었으며, 금으로 태환 가능한 자금으로 거대한 전쟁배상금을 독일에 지불하도록 강요받았다. 독일은 이 자금을 가지고 은본위제로부터 금본위제로의 이행을 뒷받침하는 재원으로 삼았다. 독일의 금본위제 채택은 독일 지도자들이 경제력에 있어서 필사적으로 앞지르기를 원했던 나라이며, 1821년 이래 금본위제를 채택해온 영국을 뒤따른 것이었다. 그 과정에서 독일 역시 유통과정에서 회수한 은을 대량으로 시장에 내놓았다. 프랑스는 금의 유출과 은의 거대한 유입의 결합작용으로 발생하는 인플레이션을 선뜻 받아들이려 하지 않았다. 따라서 프랑스는 은의 자유로운 주조를 폐지하고 결국 금본위제를 채택했다.[55]

프랑스의 복본위제 경험에서 두드러진 특징 하나는 "20년의 전쟁을 통해 때로는 유럽의 절반을 적으로 삼아 싸우면서도 나폴레옹이 한번도 불환지폐라는 기만적 수단에 의하지 않았다는 것이다"(Walker, 1896b, p.87). 이는 단본위제를 능가하는 복본위제의 어떤 특수한 장점 때문이라기보다는 나폴레옹을 권좌에 오르게 하는 데 이바지한 아시냐assignats 화폐의 초인플레이션(White, 1986)이 보여준 전례를 고려한 때문이다. 아시냐의 경험 이후에도 나폴레옹이 전쟁 후 다시 정화지불을 회복하겠노라 약속하고 불환지폐의 발행을 시도했더라면 신뢰받지 못했을 것이고 그 화폐로부터 대규모의 이탈이 있었을 것이다.

내가 아는 한, 나폴레옹전쟁 이외의 어떤 다른 대전쟁도 화폐의 가치 절하(초기에는 화폐 훼손, 주화의 명목가치 변경, 기타 유사한 편법들, 최근 수세기 동안에는 정화지불 정지와 불환지폐 발행) 없이 수행된 적이 없었다. 프랑스의 태도는 영국의 태도와 좋은 대조를 이룬다. 법적으로는 복본위제였으나 사실상 금본위제였던 영국은 1797년에 정화지불을 중지했고 1821년에야 비로소 정화지불을 회복했다. 그러나 정화지불을 회복한다는 영국의 약속은 신뢰를 받았다. 이는 그 이전에 오랜 기간 동안 정화본위제가 보급되었던 경험 덕분이었다.

1870년대에 독일과 프랑스뿐만 아니라 많은 다른 국가들도 복본위제에서 금본위제로 이행했는데, 그 절정이 1879년 금에 기초를 둔 미국의 정화지불 회복이었다. 그 결과 금에 대한 은의 상대적인 시장가격이 급락하고 큰 폭으로 변동하여, 브라이언이 그의 유명한 '황금십자가' 연설을 하고 16:1을 전쟁 구호로 삼았던 1896년에는 시장의 금·은 가격비가 거의 두 배로 되었다.

4장에서 나는 가설적인 미국의 물가 수준을 추정했는데, 그 과정에서 부수적으로 만약 미국이 남북전쟁 이후 전쟁 전의 복본위제로 복귀했더라면 이루어졌을 가상적인 금·은 가격비를 살펴보았다. 이 추정치에 의하면 시장의 금·은 가격비가 적어도 1차대전이 개시된 1914년까지 16:1 수준에 매우 가깝게 유지되었을 것으로 보인다. 금과 은의 상대적 공급의 대폭적 변동이 있었음에도 불구하고, 프랑스가 70년 동안 효과적인 복본위제를 유지할 수 있었다는 사실은 이 추정들에 대한 나의 신뢰를 뒷받침한다. 만일 내 주장이 비슷하게라도 들어맞는다면, 3장에서 서술했듯이 "1873년 이전 프랑스와 동일한 금·은 가격비의 안정 역할을 1873년 이후에 미국이 담당할 수 있었을 것이다." 그 결과로 미국뿐만 아니라 다른 금본위제 국가들에 있어서 물가 수준이 보다 안정되었을 것이다.

| 복본위주의에 대한 학자들의 문헌

역사적 증거와 마찬가지로 당시 학자들의 문헌도 통설을 지지하지 않는다. 통설과는 반대로 슘페터는 『경제분석사*History of Economic Analysis*』(1954, p.1076)에서 다음과 같이 기술했다. "복본위제는 단본위화폐제 광신자들의 주요한 사냥터였다. 그러나 복본위제주의에 대한 수많은 학자들의 지지를 차치하고라도 최고 수준의 논쟁에 있어서는 복본위제 주장을 실제로 우세하였다는 것이 사실이다. 이 엄연한 사실을 반쯤 병든 인간들과 금을 지지하는 무리들의 승리가 말살하는 경향이 있다." 슘페터는 각주에서 이렇게 덧붙였다. "복본위제에 대한 탁월한 순수 분석은 왈라스의 분석이다"(Elements, lecons 31 and 32, 1954, p.1076).[56] 왈라스가 조심스럽게 한정적으로 설명한 것처럼(1954, lesson 32, p.359), "간단히 말해서, 화폐제도의 가치안정에 관한 한 복본위제는 단본위제와 마찬가지로 우연에 의해 좌우된다. 복본위제는 단본위제보다 유리한 승산이 좀더 있을 뿐이다."

슘페터가 왈라스 분석의 우위성을 인정한 판단은 정당할 수 있다. 그러나 어빙 피셔의 분석도 왈라스만큼 엄밀하면서도 이해하기 훨씬 용이하다. 그의 간결한 결론(1911, 7장, pp.123~124)에 따르면 "복본위제는 (두 화폐 금속 가격의) 법정비율이 어떠할 때에는 불가능하지만 그 비율을 바꾸면 항상 가능할 수 있다. 복본위제가 성립 가능하게 되는 비율의 범위 영역을 규정하는 두 개의 한계비율이 항상 존재할 것이다"라고 하는 것이다. 피셔가 말하는 한계비율들은 앞에서 언급한 '금·은 가격비율점'들이 아님을 주목하라. 금·은 가격비율점들은 고정된 법정가격비와 양립할 수 있는 시장가격비의 영역을 규정하는 것이었다.

피셔의 한계비율은 금과 은의 수요공급이 일정한 조건에서 금과 은 두 가지의 동시 유통이 가능할 수 있는 법정가격비율의 영역을 규정한다. 금과 은의 새로운 생산이 화폐적 용도와 비화폐적 용도로 나누어지는 비율은 법정비율에 따라 다르게 나타난다. 금·은 가격의 하방한계비율lower limiting ratio에서는 새로운 금 생산이 대부분 비화폐적 용도로 쓰일 것이고, 복본위제는 은의 단본위제로 될 직전에 놓일 것이다. 반면 상방한계비율upper limiting ratio에서는 새로운 은 생산이 대부분 비화폐적 용도로 쓰일 것이고, 복본위제는 금의 단본위제로 될 직전에 놓일 것이다.

(아마도 금이나 은의 채굴에 종사하는 사람들을 제외하면) 어떤 특정한 시장가격비를 유지한다는 것 그 자체는 그리 중요하지 않다. 중요한 일반적 문제는 물가 수준의 움직임이다. 복본위제, 은의 단본위제, 금의 단본위제 중 어느 화폐제도가 시간에 걸쳐 가장 안정된 물가 수준, 즉 가장 안정된 화폐단위의 실질가치를 가져올 것인가? 피셔의 대답(1911, 7장, pp. 126~127)은 다음과 같다. 두 금속의 법정비율이 유효한 경우에는 "수년간에 걸쳐 '화폐단위의 실질가치의' 두 금속 수준은 두 금속이 각각 별도로 추종하고 변화하는 수준 사이에 머문다. 복본위제는 어떤 단 하나의 변동이라도 그 효과를 금과 은시장 전체에 확산시킨다…유지되는 균등화 효과는 오직 상대적이라는 것을 지적해야 한다. 어떤 하나의 금속이 다른 금속에 결합될 때보다 단독으로 더 오래 지속될 수 있다."[57] 다시 말해서 복본위제는 항상 두 개의 선택적인 단본위제 중 어느 하나보다 더 엄격한 물가 수준을 가져오고 어느 단본위제보다 더 엄격한 물가 수준을 산출할지도 모른다. "승산이 더 있다"라는 왈라스의 말의 의미는 바로 이것이었다.

▌복본위제주의 주장자와 반대자

　은의 자유화운동이 절정에 이르렀던 1896년의 저술에서 프랜시스 워커Francis A. Walker(1986, pp.217~219)는 다음과 같은 훌륭한 설명을 하고 있다.

　　미국에는 세 부류의 사람들이 자신을 복본위제주의자라고 부르는 버릇이 있다. 첫째는 은을 생산하는 주의 주민들이다. 이 주민들은 일반적 관심사에 대한 참여와는 구별되는 소위 특별한 이권과 결부된 관심을 가진다…은을 화폐금속으로 지속시키려는 그들의 관심은 펜실베이니아 주민들의 선철銑鐵 조세에 대한 관심과 유사한 성질의 것이다…비록 미국의 은광업이 크지는 않지만 상원의 동일대표제나 목적 추구의 열성과 강도 따위의 이유 때문에 은광업은 미국 정치에 있어서 고도의 실력을 행사할 수 있었다.

　　세 부류 중의 두 번째는…은의 생산에는 특별한 이권관계가 없지만 일반적인 경제 식견으로 보아 풍부하고 값싼 화폐를 지지하는 사람들로 구성된다. 이 부류의 지도자들 가운데에는 1868~76년 사이에 처음으로 그린백 이단론(오늘날에는 정설이 되었다고 지적해야겠지만)을 주장하는 데 앞장 선 바로 그 사람들이 포함되어 있었다. 그들은 그린백 인플레이션의 이슈에서 패배하자 이번에는 은 인플레이션의 이슈를 들고 나왔다…그들은 은의 평가절하를 지지했는데, 왜냐하면 그들의 생각으로는 그것이 그린백 다음으로 차선의 것(우리의 관점으로는 최악의 다음 것)이기 때문이다. 지금 고려하고 있는 부류를 구성하는 사람들은 진정한 복본위제주의

자들이 아니다. 그들이 진정으로 원하는 것은 은 인플레이션이다(그들은 슘페터가 말한 '단본위화폐 광신자'들이다).

세 번째 부류는…미국의 복본위제 확신자들로 구성된다. 알렉산더 해밀턴을 비롯한 건국자들과 함께 유통 화폐의 기초를 두 금속에 두는 것이 최선이라고 믿는 사람들이다. 비록…그들이 화폐 수축을 강력히 반대하지만 인플레이션 주장자는 아니다.[58]

자신을 단본위제주의자 또는 경화硬貨주의자라 부르고 금본위제를 지지한 사람들도 마찬가지로 세 그룹으로 구성된다. 첫째는 금광에 이권을 가지는 사람들, 둘째는 은의 자유화운동 세력으로부터 '금융계'로 비난을 받아 마땅한 디플레이션주의자들, 셋째는 영국의 경제적 우위를 금본위제의 장점에 대한 증거로 해석하고 1870년대에 많은 유럽 국가들이 복본위제로부터 금본위제로 이동한 것을 복본위제의 취약성에 대한 증거로 해석하는 단본위제 확신자들이다.

논쟁은 미국에만 국한되지 않았다. 논쟁은 영국, 프랑스는 물론 전세계적으로 격렬하게 진행되어, 마시모 로카스Massimo Roccas가 표현한 것처럼 "경제학자들 사이에 가장 활발한 이론적 논쟁들, '문명 세계'에서 가장 날카로운 경제정책 논쟁들"을 불러일으켰다. 다른 나라에서도 논쟁 가담자들은 미국에서처럼 그룹별로 나누어졌는데, 다만 하나의 차이점이 있었다. 즉, 그것은 복본위제 옹호자들의 첫 번째 그룹이 은광 이권 관련자들뿐만 아니라 특히 영국에서는 1893년까지 자유주조와 은본위제를 유지했던 인도와의 무역 종사자들을 포함했고, 모든 국가에서는 1930년대 후반까지 은본위제를 유지했던 중국과의 무역 종사자들을 포함했다. 인도와 중국과의 무역 종사자들이 복본위제를 지지한 것은 오늘날 수출자들이 변동환율에 수반되는 불편과 위험을 줄이기 위해 고정환율제를 지지하는 것과 이유가 같다.

그룹들의 구분은 엄격한 것이 아니다. 미국의 경우, 시카고대학 경제학과의 최초이자 최장기 학과장이었던 제임스 로렌스 로린이 있다. 『미국의 복본위제 역사*The History of Bimetallism in the United States*』라는 그의 1885년의 저서는 의심할 나위 없이 주요 학문적 업적이었으며, 복본위제 주장자들과 반대자들 양쪽 모두가 인용했다. 그러나 그는 은의 자유화운동에 반대하는 경화파의 대단히 활동적인 지도자이기도 했다. 이러한 활동에 있어서 그는 독단적이고 선동적이었다. 프랜시스 워커와 어빙 피셔 같은 금융학자들도 은 자유화운동의 대중인기용 주장 중 몇 가지 사항에 대해서는 로린의 반대 의견에 동조했지만, 로린의 독단적 태도와 엉터리 경제학 때문에 당황했다.

영국의 예는 알프레드 마샬*Alfred Marshall*에 의해 '기펜의 역설*Giffen Paradox*'로 불려져 불멸의 인물이 된 로버트 기펜경*Sir Robert Giffen*이다. 1879~90년까지 집필된 이 문제에 대한 기펜의 인기있는 논문들이 『복본위제 반대론*The Case Against Bimetallism*』이란 제목의 저서로 출판되었다 (《1892》 1896). 그의 높은 인기의 근거가 무엇이든지 그것이 그의 화폐이론 실력 때문이 아니라는 사실을 그 책은 잘 증명해준다.[59]

| 복본위제에 대한 여러 가지 견해

원칙적으로 복본위제가 단본위제보다 낫다고 확신하는 사람들은 대부분 정치적 논쟁의 중심을 이루었던 복본위제의 특정한 실제 제안에는 반대했다. 반대 이유에는 두 가지 유형이 있는데, 하나는 보다 우수한 개혁안들의 유혹 때문이었고, 다른 하나는 그 제안의 실행 문제에 대한 고려 때문이었다.

| 제안보다 우수한 개혁안들

스탠리 제본스W. Stanley Jevons(《1875》 1890, pp.328~333)는 적어도 장기 계약의 경우에는 화폐단위를 일반 물가 수준의 변화를 감안하여 조정되는 일종의 물가지수제도를 지지했는데, 이 제도는 오늘날 물가연동제物價連動制(indexation)라 불리게 되었다.

알프레드 마샬도 물가지수제를 찬성했지만 장기 계약의 경우를 제외하고는 비현실적이라고 보았다. 그는 철저한 물가지수제와 같이 금본위제로부터 극단적으로 이탈하지 않으면서 복본위제보다는 우월한 것으로 에지워스F.Y. Edgeworth가 심메털리즘symmetallism이라 명명한 제도를 지지했다(Marshall, 1926, pp.12~15, 26~31).[60] 이것은 화폐단위가 두 가지 금속의 복합물, 즉 "금 1단위와 은 몇 단위─지폐의 기초가 되는 지금地金·지은地銀의 연결"인 제도이다(Edgeworth, 1895, p.42). 복본위제에서는 두 금속의 상대가격은 고정되어 있으나 화폐로 사용되는 두 금속의 상대적 수량은 가변적이다. 심메털리즘제도에서는 화폐로 사용되는 금속들의 상대적 수량이 고정되어 있고 상대가격은 가변적이다. 따라서 심메털리즘제도가 사실상의 단본위제로 변형될 위험은 없다.

레옹 왈라스Leon Walras는 물가 안정화를 위해 통화당국이 '은 규제자'를 두는 금본위제를 지지했다(1954, p.361). 어빙 피셔는 광범한 물가지수를 일정하게 유지하기 위해 달러의 금 상당액을 변동시키는 제도, 즉 "금의 1그레인의 구매력 변화를 보상하기 위해" 달러의 금 중량을 변동하는 제도인 '보상 달러' 제를 지지했다(1913, p.495).

프랜시스 워커는 미국의 일방적 복본위제의 채택을 반대하나 국제적 복본위제, 즉 실제로 많은 나라들이 단일 법정 금·은 가격비를 채택하는 협정을 지지했다.[61] 본질적으로 복본위제의 모든 책임있는 지지자들은 물론, 한 나라의 일방적 복본위제의 채택을 찬성하는 사람들조차 국제적 복본위제를 선호했다. 이러한 분위기를 반영하여 이 문제와 관련된 일련의 국제회의가 개최되었으나 모두 실패로 끝나고 말았다.

▎실행상의 고려 사항들

복본위제 제안의 실행에 따른 문제 가운데 중요한 고려사항은 제안된 법정 금·은 가격 비율 16:1에 대한 것이었다. 피셔가 지적한 것처럼 복본위화폐의 유지와 양립할 수 있는 법정비율의 영역이 있었다. 그러나 만약 다른 국가들이 다른 비율을 선택한다면 오직 하나의 비율만이 유효할 수 있다는 것이 분명하다. 나는 1873년에는 미국에서 16:1이 실행

가능한 것이었다고 생각했지만, 5장에서 설명했듯이 1896년에 이르러서는 그 폐해를 원상복귀하기에는 이미 너무 늦었다. 그리고 동시대의 저자들도 유사한 의견을 피력했다. 1896년의 저술에서 워커(1896b, pp.212~213)는 다음과 같이 말하고 있다.

> 따라서 국제적 복본위제로 회복하려는 시도에서 실제 비율을 어떻게 정할 것인가의 논의를 사양하지만, 나는 복본위제의 화폐주조 비율로서 현재 시장가격비율, 말하자면 30:1로 정하자는 주장은 어리석은 것이라고 말한다. 은이 금 1에 대해 30까지 떨어진 것은 은의 비화폐화 때문이다. 은을 다시 화폐로 사용하도록 하면 반드시 그리고 즉시 그 비율을 되돌려놓을 것이고, 혁명적 세력 이외의 어느 것에 대해서도 그 비율을 유지할 것이다…금에 유리한 새로운 비율, 말하자면 18:1 또는 20:1을 택할 경우 종전의 비율인 15.5:1을 택하는 경우에는 '안전율'이 더 작을 것이다. 그러나 그럼에도 불구하고 그 작은 안전율이라도 복본위제가 종전의 비율을 가지고서도 유익한 역할을 할 수 있게 하기에는 충분했을 것이다.

그가 미국이 일방적으로 16:1의 비율로 복본위제를 채택하자는 브라이언의 제안에 반대한 점으로 미루어 그가 미국만을 '허약한 동맹국'으로 보지 않은 것이 분명하다. 1896년 선거 며칠 후에 '국제 복본위제에 대한 연설'에서 그는 브라이언의 패배를 "거대한 폭풍의 통과"라고 언급했다(《1896a》 1899, 1:251). 1896년의 저서 『국제복본위제International Bimetallism』에서 워커는 미국이 "화폐금속 시장에서 (오직 프랑스와) 동등한 영향을 행사할 수 있는 위치에 현재 있지 않고 있어본 적도 없다"는 견해를 밝혔다(1896b, p.220). 이미 지적했듯이, 내 자신이 실증적 증거자료를 검토한 결과, 워커의 말 가운데 '있지 않다' 는 것은 아마도 정확하겠지만 '있어본 적도 없다' 는 것은 지나친 말이었다.

복본위제를 지지하는 영국 경제학자 중의 가장 유능한 사람인 쉴드 니콜슨. Shield Nicholson(《1888》1895, pp.270, 288)은 1888년 저술에서 만약 국제적 협정이 있었더라면 15:1 비율의 재확립이 전적으로 실행 가능했던 것으로 봤는데, 이 점에서는 워커의 견해와 같았다. 내가 알고 있는 한 니콜슨은 유사한 비율로 영국이나 미국이 일방적으로 복본위제를 채택할 가능성에 대해서는 아무런 의견도 밝히지 않았다.

제본스는 아마도 복본위제 이론의 타당성을 인정하면서도 실행의 문제 때문에 적극적으로 반대했던 경제학자의 가장 좋은 예일 것이다. 복본위제의 지지자들에게 보낸 1868년의 서신에서 그는 자신의 견해 (1884, p.306 ; 방점은 원문 그대로)를 이렇게 요약했다. "이론적으로는 소위 대안적 본위제에 대한 당신과 다른 지지자들의 주장이 옳다고 인식하지 않을 수 없습니다. 그러나 실행의 측면에서 그 문제는 매우 다르며 나는 금의 단본위제의 확장을 희망하는 입장입니다." 그가 서신에서 지적한 중요한 실행의 고려 사항들(pp.305~306)은 다음과 같다.

나는 귀금속 가치의 급격한 상승을 전혀 예상할 수 없다…그러므로 금의 가치가 상승할 것이고 국가의 부담이 증가될 것이라는 위험은 불확실한 성질의 것이다…반면에 단일 금본위제의 이점들은 확실한 성질의 것이다. 화폐의 무게는 대표 지폐의 사용이 없이도 가능한 최소한의 양으로 감소되어 있다. 새로운 사버린sovereigns 화폐가 발행된 이래 반세기 동안 영국 화폐제도의 장점은 단순성과 편리성이었다. 1816년 우리의 법의 운용은 실제로 대부분의 측면에서 대단히 성공적이었으므로 나는 영국 국민이나 정부가 그 화폐제도 대신에 이중본위제를 채택하게 된다는 데 대해 극히 비관적이다. 그러므로 나는 화폐협정이 단일 금본위제를 찬성하기로 결정했다는 것을 알고 기뻤다.[62]

제본스는 이 저서를 비롯해 다른 저술에서도 은화가 동일 가치의 금의 양보다 훨씬 중량이 무겁기 때문에 상대적으로 부유한 국가에서는 은화제도가 불편하다는 점을 강조한다. 제본스의 주장은 상당량의 거래가 주화로 이루어진다고 가정한다. 이러한 가정은 그의 시대에는 사실이었을지도 모르지만 명목 보조주화, 지폐 및 예금의 사용이 확대됨에 따라 급격히 중요성을 잃게 되었다. 제본스의 시대에 있어서도 영란은행Bank of England(중앙은행)이 5파운드 이하의 소액 은행권을 발행하지 못하도록 금지(이는 미국의 경우와는 무관한 요인임)되어 있었기 때문에, 그의 주장은 오직 부분적 타당성만을 갖는다.

제본스는 그 후의 저술에서도 더욱 강한 어조로 반대 의견을 되풀이했다. 프랑스에서 은화의 주조 폐지와 독일의 금본위제 채택 이후인 1875년에 그는 이렇게 썼다. "은의 가격이 독일의 화폐개혁의 결과로 하락했으나, 앞으로 은의 가격이 이미 하락한 것보다 더 큰 폭으로 하락할 것인지는 결코 확실하지 않다. 금의 구매력의 어떤 대폭적 증가(즉, 금을 기준으로 한 물가 수준의 하락)가 실제로 일어날 것이라고 하는 것은 전체적으로 가상의 문제이다. 단순한 추측으로 나는 금의 가격이 상승하지 않을 것으로 본다"(《1875》 1890, p.143). 1877년의 저술에서 제본스는 이렇게 쓰고 있다(1884, pp, 308, 309, 311 ; 방점은 원문 그대로).

영국 국민은 다른 어떤 문제보다 현금 화폐의 문제에서 가장 보수적이다…만약 미국이 이중본위제를 채택한다면 그들은 선진 상업국가들의 화폐관계를 혼란시킬 것이지만, 반면에 세르누시M. Cernuschi 구상의 성공을 좌우하는 보편적 복본위제는 여전히 요원할 것이다.[63]

줄잡아 말해도, 은이 이제 금보다 가치의 안정성이 낮은 금속이라는 것은 논의의 여지가 있다…이러한 상황에서 이중본위제 또는 대안적 본위제가 단일 금본위제보다 사실상 가치의 안정성이 낮을 가능성이 있다.

경제통계학의 선구자로서 그의 정당한 명성에도 불구하고 제본스의 실증적 예측은 거의 일관되게 빗나갔다. 금을 기준으로 한 은의 가격은 극적으로 하락했고 금의 실질가격은 상승했다(즉, 명목가격 수준이 하락했다). 그리고 따지고보면, 생산의 측면에 있어서 금이 은보다 더 불안정한 편이었다.[64] 유명한 저널리스트이며 제본스와 동시대 사람인 월터 베이지호트 Walter Bagehot는 1876년에 은의 문제에 대해 〈이코노미스트〉에 일련의 기사를 발표했다. 이것들은 1887년에 베이지호트의 사망 얼마 후 『은의 가치절하Depreciation of Silver』라는 제목의 단행본으로 출판되었다. 그 기사들은 주로 은의 가치절하에 의해 영국의 인도 무역에 제기된 문제들, 필연적으로 베이지호트가 적극적으로 반대한 복본위제의 논의와 연결되는 문제들을 다룬다. 비록 베이지호트의 이론적 분석이 제본스에 비해 훨씬 열등하지만, 그가 복본위제에 반대해 제기한 실행의 문제들은 제본스의 것을 그대로 반복한다. 심지어는 제본스의 빗나간 예측들, 특히 1876년에 은의 가격 하락이 "단지 새롭고 취약한 시장에서 나타나는 일시적 우연의 사건이지 지속성 요인의 영구적 효과가 아니라"는 예측까지도 되풀이한다(Bagehot, 《1877》 1891, 5:523).

제본스와 마찬가지로 그는 실행의 주요 고려사항으로서(5:613) 다음과 같은 사실을 언급한다. "영국은 이제 국가의 욕구에 적합하고, 전 문명 세계가 영국의 것으로 알고 있고, 또 모든 상관습과 은행 관습에 가장 밀접하게 결부되어 있는 제도인 금본위제도에 유일하게 기초를 둔 화폐를 가지고 있다. 영국의 의회의원들이 금본위제를 바꾸도록 권유할 만한 무슨 동기가 있는가?"[65]

나는 제본스와 베이지호트가 역설한 실행의 고려사항들을 장황하게 인용했는데, 이는 이 두 사람이 처음으로 그 사항들을 강조한 까닭도 있고, 아울러 마샬과 에지워스를 포함한 그 이후 이 문제에 관한 거의 모든 영국 저술가들이 복본위제에 반대하거나 미온적으로 지지함에 있어서 그러한 고려사항들이 주요한 역할을 했기 때문이다. 마찬가지로 프랑스와 미국에서는 매우 다른 실제 상황 때문에 이들 나라가 슘페터가 말한 '단본위제의 광신자들' 뿐만 아니라 존경받는 학자들까지 복본위제를 매우 활발하게 지지하게 만들었다.

▎은의 단본위주의냐, 금의 단본위주의냐

1816년 영국의 단일 금본위제의 채택과 1819년의 피일법Peel's Act에 따라

1821년 5월 1일에 법화의 정화로의 태환을 재개한 것은 의심할 바 없이 금을 세계의 지배적인 화폐금속으로 만든 핵심적인 요소였다(Feavearyear 1963, pp.212~213). 금이 그러한 영향력을 발휘하게 된 데에는 그 후 영국이 세계 경제의 주도권을 장악하게 된 것이 엄격한 금본위제 채택의 덕분이었다고 생각(그 생각이 옳든 그르든)된 점도 작용한다. 영국의 주도권 때문에 스털링(파운드)화와 다른 화폐 간의 환율이 특히 중요하게 된 점도 기여하였다.

영국이 왜 종전의 복본위제로 복귀하는 대신 금본위제를 채택했는가? 그리고 왜 은본위제 대신 금본위제를 채택했는가? 최근의 논문에서 안젤라 레디쉬Angela Redish는 이렇게 말하고 있다. "역사 문헌은 전형적으로 금본위제의 출현을 우연한 일로 설명해왔다. 즉, 1816년의 입법은 단지 18세기 초반에 뉴턴Isaac Newton이 무심코 금을 과대평가한 이래로 영국에 존재해왔던 사실상의 금본위제를 인정했을 따름이라고 한다" (1990, pp.789~90). 레디쉬는 다음과 같은 결론을 내리면서(p.805) 의견을 달리하고 있다. "보조용 명목 은주화를 함께 사용하는 금본위제도를 채택함으로써 동시 유통되는 고액단위 주화와 소액단위 주화를 교환의 매개수단으로 사용할 수 있는 가능성을 열어주었기 때문에 영국이 1816년에 복본위제를 폐기하게 되었다. 금본위제가 성공한 것은 조폐국이 새로운 기술을 도입하여 위조자들이 값싸게 복제할 수 없는 금화나 명목 은화를 만들 수 있었고, 조폐국이 명목 화폐의 태환성을 보장하는 책임을 받아들였기 때문이었다."

레디쉬가 설명하는 화폐제도는 실로 화폐개혁의 한 결과였다. 피버여어Feavearyear(1963, p.126)가 설명했던 것처럼 "피일법은 그 이전이나 이후 어떤 다른 시대에 있어서 보다 더 완전에 가까운 자동적 금속본위제의 토대 위에 파운드화를 올려놓았다. 화폐주조세 및 기타 조폐국 부담이 이미 폐지된 지 오래였다…조폐국의 개량된 기계 도입 그리고 범죄 탐지를 위한 조직의 효율화는 위조자들을 패퇴시키기 시작했다. 금은 은보다 위조하기가 더 어려웠다."

그러나 나는 만족스런 은의 명목주화를 갖는다는 것이 비록 분명히 그러한 화폐개혁의 결과이며 금본위제 채택의 부분적 근거가 되었을지라도 은본위제가 아닌 금본위제로 복귀시킨 유력한 근거가 아니었을 것이라고 생각한다.

프랑스의 성공적인 복본위제도에서는 두 금속의 유통비율이 때때로 변하기는 했지만, 고액 및 소액단위의 함량 충실한 주화들이 75년 동안 동시에 유통되었다. 레디쉬는 법정비율을 하나의 칼날에 비유하여 빈번하게 화폐의 재주조, 즉 주화의 명목가치의 변화 또는 두 개의 다른 본위제들 사이의 이동을 필요로 한다고 암묵적으로 생각하기 때문에 고액 주화와 소액 주화가 오랫동안 동시에 유통할 수 있다는 가능성을 인정하지 않았다. 프랑스의 경험은 법정비율이 칼날 위와 같지 않고, 두 금속의 법정비율 주변에는 시장비율의 미세한 변화들을 어려움 없이 흡수할 수 있을 만큼 넓은 허용 영역에 있다는 것을 나타낸다.

또한 그것은 하나 또는 둘 이상의 금융대국이 단일한 법정비율을 채택하는 것이 시장비율에 상당한 안정화 영향을 미친다는 것을 나타낸다. 영국이 이전에 이중본위제를 유지하는 데 경험했던 어려움과 미국이 당시와 그 후에 경험했던 어려움은, 프랑스의 비율이 시장비율을 지배하고 있을 때 두 나라가 프랑스와는 다른 수준에서 법정비율을 설정했기 때문에 발생했다.

나는 프랭크 페터Frank Fetter의 견해(1973, p.16)와 함께 한다. "역사를 돌이켜 볼 때, 영국에 대해서 그리고 영국의 예에 의해서 전세계에 대해서 그렇게 중요한 결정(단일 금본위제의 채택)이 주로 소액 주화의 편리라는 자질구레한 세부사항에 근거해서 이루어졌으며, 보다 큰 경제정책 문제들에 의해서 이루어지지 않았다는 것은 놀라운 일이다. 이렇게 해서 금본위제가 공식적으로 확립되었는데, 이 제도는 1821년에 현금지불의 회복으로 효력을 발생한 이래 93년 동안 명맥을 유지했다."**66**

은이 아닌 금이 채택된 이유에 대한 레디쉬의 설명은 제본스를 되풀이하고 있다. 즉, 은본위제에서는 고액 주화가 지나치게 무겁고 불편할 것이라는 설명이다. 고액 거래에는 금이 사용될 수 있지만, 만약 금주화가 시장가치보다 낮은 표면가치로 주조된다면, 그들은 표면가치로서 유통되지 않았을 것이다. 만약 표면가치가 시장가치를 초과하면 화폐주조를 수요에 국한시킴으로써 금화의 표면가치로의 은 태환성을 유지할 수 있을 것이다. 과대평가된 금화는 그때와 그 후에 과대평가된 은화와 지폐가 담당한 것과 동일한 기능을 담당했을 것이다. 과대평가된 금화들은 물론 위조 행위의 대상이 되었을 것이나, 금화 위조로부터의 이득은 지폐 위조로부터의 이득보다 훨씬 적을 것이다. 피버여어의 논평을 기초로 생각해보면, 금화의 위조는 은화 위조보다 기술적으로 더 어렵다. 따라서 금화 위조 문제를 결정적 고려사항으로 보기는 곤란하다.

금본위제나 은본위제에서도, 그리고 이 문제에 관해서는 복본위제에서도 소액단위의 주화가 필요하다. 금본위제에서는 함량이 충실한 소액의 주화는 지나치게 작아야 한다. 레디쉬는 과대평가된 은화를 조폐국이 명목가치로 태환할 것을 보증하고 사용하게 함으로써 소액 주화의 문제를 해결했다고 주장한다. 이것은 은본위제에서도 이루어질 수 있었으며, 미국에서 1837년부터 남북전쟁까지 법적으로 복본위제이면서 사실상의 금본위제에서 실제로 그렇게 이루어졌다.

영국의 조치를 레디쉬가 재치 있게 합리화한 장점이 무엇이든 정화지불 재개가 비록 단본위제로 이루어질 것으로 여겨졌을지라도, 은본위가 아닌 금본위로 이루어진다는 것이 기정사실로 받아들여지지는 않았다. 예를 들어 『지금地金의 높은 가격*The High Price of Bullion*』(《1811》 1951, p.65)이라는 소책자에서 데이비드 리카도David Ricardo는 이렇게 썼다. "교환의 매개수단이 두 개의 금속으로 구성되어 있는 한 나라에 있어서는 항구적 가치척도가 존재한다고 말할 수 없다. 그 이유는 두 금속이 끊임없이 서로 상대가치의 변화에 영향을 받게 되기 때문이다…로크Locke 선생, 리버풀Liverpool경, 그리고 다른 많은 저술가들이 이 문제를 능력 있게 다루었는데, 이들은 모두 이러한 근원에서 발생하는 화폐의 해악들을 다스리는 유일한 해결책을 두 금속 가운데 오직 하나만을 가치척도의 기준으로 삼는 것이라는 점에 동의했다."

데이비드 리카도는 그의 유력한 소책자 『경제적이며 안정적 화폐를 위한 제안*Proposals for a Economical and Secure Currency*』에서 금과 은을 대비하면서 다음과 같이 은을 지지했다(《1816》 1951, p.63).

두 금속을 화폐본위로 사용하는 데서 많은 불편이 발생한다. 그리고 금이나 은 중에서 어느 것을 법적으로 주된 또는 유일한 화폐의 기준으로 삼아야 할 것인가는 오랫동안 쟁점이 되어왔다. 금을 지지하는 측에서는 금이 상대적으로 부피가 적고 가치가 크다는 특성 때문에 부유한 나라에서 분명히 화폐 기준으로 자격이 있다고 주장할 수 있다. 그러나 바로 금의 이러한 특성(금이 때때로 수집·저장되는)은 전쟁 중 또는 심각한 상업적 불신 기간에는 상대적으로 큰 폭의 가치 변동을 초래하기 때문에 금을 반대하는 논거로 될 수 있다. 화폐 기준으로 은을 사용하는 데 대한 유일한 반대는 그 부피이다. 은의 부피는 부유한 나라에서 요구되는 거액의 지불에 부적합하다. 그러나 이러한 반대는 국가의 일반적인 교환매개수단으로서 지폐로 대체함으로써 완전히 제거된다. 또한 은은 수요와 공급이 보다 정상적이기 때문에 가치가 훨씬 더 안정적이다. 그리고 모든 외국이 은의 가치를 기준으로 화폐가치를 규정하기 때문에, 대체로 은이 화폐 기준으로서 금보다 선호되며 바로 그 목적을 위해 영속적으로 채택되어야 한다는 것은 의심할 여지가 없다.

그 후 1819년 의회에서의 증언을 통해 리카도(《1819a》 1952, pp. 390~391;또한 《1819b》 1952, p.427)는 다음의 이유 때문에 금본위제 찬성으로 입장을 바꾸었다. "나는 기계류가 특히 은광에 적절하고 따라서 은의 양을 증가시키고 은의 가치 변화를 가져오는 데 크게 이바지할 수 있는 반면에, 기계류가 금의 가치에 작용할 것 같지 않다는 사실을 깨닫게 되었다."

가치의 상대적 안정성이 두 금속 중 하나의 금속을 지지하는 타당한 경제적 이유였다. 그러나 리카도가 금이 은보다 더 안정적일 것으로 추론케 했던 기술적 예측은 오류로 판명되었다. 1860년 콤스톡Comstock 광맥의 발견 때까지 은의 생산은 금에 비해 상대적으로 떨어졌으며, 기계류는 적어도 은의 채굴에 있어서와 마찬가지로 금의 채굴에도 활용되었다. 그러나 금의 가치가 은보다 안정적일 것이라는 주장은 일단 금본위제가 선택된 다음에는 대체로 자기충족적 예측으로 되었다.

영국의 선택은 당시는 물론 그 이후 다른 나라들이 영국의 전례를 따랐을 때에도 금과 은의 수요에 극적인 변화를 초래했다. 그 결과 캘리포니아와 호주의 금이 발견될 때까지 프랑스 화폐에서 은이 금을 대체하는 추세에 있었으며, 금의 실질가격은 은의 실질가격보다 그 다음 세기에 이르기까지 가변성이 훨씬 적었다. 그러나 만약 영국이 은의 가치가 안정적일 것이라는 기대를 가지고 은본위제를 선택했더라면 아마도 그것 역시 자기충족적인 예측이 되었을 것이다.

영국이 은을 선택했더라면 그 이후 광범위한 은의 비화폐화를 방지했을 것이고, 대신 금의 비화폐화 또는 적어도 몇몇 국가에서 효율적인 복본위제의 지속을 가져왔을 것이다. 두 가지 결과 중 어느 것이 나타났더라도 금의 실질가격보다 은의 실질가격이 더 안정되었을 것이다. 만약 복본위제가 계속되었더라면 금·은 어느 단본위제에서보다 가격수준이 안정되었을 가능성이 크다.

만약 리카도의 기술 고문이 "기계류가 은광보다 금광에 특별히 적절하다"고 −결국 사실이 그렇게 판명된 것처럼− 알려주었을 경우 일어났을 일을 상상하는 것은 흥미롭다. 중요 결정이 내려지던 당시에 리카도의 엄청난 영향력과 명성으로 미루어 영국이 금 대신 은을 기초로 정화지불을 재개했을 것이고, 이에 따라 오늘날 19세기 경제사를 크게 바꾸어 놓았을 것이라고 생각하는 것은 결코 공상이 아니다.

실제는 그와 달리 전개되어 영국의 선례가 있었고 그 후 영국이 세계의 경제 주도권을 장악하게 되었다는 사실이 결정적이었다. 그것이 처음에는 독일이, 다음에는 미국이 금본위제를 채택하게 된 주된 요인이었다. 우연한 일이든 아니든 2세기 전에 금에 근거한 태환성을 회복하기로 한 영국의 결정은 단본위제의 근거로 금이 은보다 우수하다는 통설의 근본이다.

| 결론

우리들 중에 '단본위화폐 광신자들'(현재는 주로 금본위 광신자들)이 계속 존재함에도 불구하고, 전세계적으로 불환지폐제도가 보편적으로 채택되고 있으므로 정화본위(그것이 금본위, 은본위, 복본위 중 어느 것이든)의 논의는 당분간 역사적 흥밋거리 정도로 되어버렸다. 그러한 상황은 변할 수도 있다. 그러나 앞으로 어떤 일이 일어나든지 복본위제에 관한 금융경제학자들 간의 통설을 교정하는 것은 가치 있는 일이다.[67]

　복본위제는 완전히 불신받은 오류이기는커녕 이론적, 실제적, 역사적 근거로 따져 심메털리즘symmetallism이나 물가지수본위제보다 훨씬 더 좋다고는 못하겠지만 단본위제보다는 우월하다. 실로 20세기의 기술 발전은 19세기에 복본위제에 대한 반대 논거로 이용된 실제적인 문제점들을 해소했다. 특히 예금과 지폐의 이용 확대는, 복본위제에서는 때때로 광범한 재주조가 필요하게 될지도 모른다는 많은 사람들의 염려는 물론 은의 무게에 대한 제본스의 우려를 거의 부질없는 것으로 만들었다. 반면에 주화 사용의 감소는 정화만이 실질화폐라는 경화 신화를 약화시켰다.

그러한 신화는 지난날 정화본위에 대한 대중적 지지의 밑바탕이었으며, 아직도 세계 도처에서 금본위 광신자들에게 영감을 불어넣고 있다. 그러한 신화가 오늘날보다 훨씬 강했던 시대에는 법화의 정화로의 무제한 태환을 허용하는 제도에서 이탈하는 것은 정치적으로 위험했다. 그 신화는 아직도 세계 도처의 중앙은행들이 인위적 법정가격으로 장부 위에 금을 계속 기재하도록 할 만큼 여력을 가지고 있다.

마지막으로, 거의 우연한 일이었던 하나의 사건이 광범위하게 그러나 의도와는 별개로 영향을 미치는 또 하나의 좋은 본보기가 여기 있다. 이 사례에서 문제의 발단은 영국이 금을 기초로 태환을 재개하겠다는 결정이었다. 만약 영국이 복본위제를 유지하거나 은을 기초로 태환을 재개했더라면, 그 이후 세계의 경제사는 매우 달랐을 것이다. 그러나 이 경우 사태 발전이 어떠했을 것인가를 구체적으로 서술하는 것은 우리의 분석 능력 밖의 일이다.

MONEY MISCHIEF

Chapter 7

루스벨트의
은구매사업과 중국

농촌구제법안Farm Relief Bill에 대한 토머스 수정안Thomas amendment의 권한에 의거하여 프랭클린 델라노 루스벨트 대통령이 1933년에 개시한 미국 은구매사업은 은의 로비그룹이 은에 대해 "무엇인가를 하라"는 10여 년 이상에 걸친 끈질긴 정치적 압력의 최종 결과였다. 농촌의 로비그룹은 은구매사업을 지지했는데, 이는 부분적으로 인플레이션을 유발함으로써 대공황 시기에 폭락한 농산물의 가격을 상승시킬 조치라면 무엇이든 찬성해야 할 입장이었기 때문이다. 이에 더해 농촌 로비그룹은 농촌구제법안에 포함된 다른 인플레이션 유발 조치들에 대한 은 로비그룹의 지지를 얻고자 하였다. 또 루스벨트가 은구매법안을 지지한 것은 주로 은생산 주 및 농산물생산 주 출신 의원들의 지지를 확보하여 다른 뉴딜법안을 통과시키기 위해서였다.

농촌구제법안에 포함되어 있는 인플레이션 유발 조치들은 은구매가 시작되기도 전에 이미 인플레이션 유발 능력을 과시했다. 그러나 은구매법안이 본원통화 증가에 기여한 것은 사실이다. 이는 1932~37년 동안 일반물가 수준을 14%, 도매물가 수준을 32%, 농업 생산물을 79% 상승시키는 데 이바지했다.

은구매사업이 은의 가격을 즉시 그리고 급격히 인상시켜 은 생산자에게 거액의 보조금을 지급함으로써 은을 위해 크게 이바지했다. 그러나 이 사업은 1934년 당시 유일한 은본위제 국가였던 중국을 은본위제로부터 이탈시켰으며, 은을 화폐용으로 사용하던 다른 주요 국가들, 즉 멕시코를 비롯한 많은 남아메리카 국가들이 소액주화의 은 함량을 줄이거나 제거하게 만들었다. 이로써 미국의 은구매사업은 은의 비화폐화를 최종적으로 거의 완전히 매듭지었다.

은구매사업의 지지자들은 이 법안의 장점들 중의 하나로 중국에 대한 혜택을 들었다. 그러나 실제로는 당시 장개석 지배하의 중국공화국에 하나의 재앙이었다. 은본위제를 유지했던 덕택으로 중국은 대공황 초기 수년 동안 최악의 영향으로부터 대체로 단절되어 있었다. 그러나 미국의 은정책은 1934~36년의 기간 동안 중국에 있어서 경제 악화를 수반한 대폭적 물가하락을 유발시켜 장개석 정부에 대한 대중의 지지를 붕괴시켰다. 더 중요한 것은 그 정책이 중국의 화폐준비자산을 고갈시켜 중국을 은본위제에서 불환화폐본위제로 이행하게 만들었다. 그렇지 않더라도 일본과의 전쟁, 국민당 정부와 모택동의 공산당 사이의 내전 때문에 중국에서의 인플레이션은 어쨌든 유발되었을 것이다. 그러나 미국의 은정책은 인플레이션의 시작을 가속화시키고 그 폭을 확대해 1948~49년의 초인플레이션의 원인이 되었다.

그리고 장 기아오Chang Kia-ngau가 기술한 것처럼 "2차대전 이후 국민당 정부의 붕괴에 많은 역사적 요인이 기여했지만…다른 모든 요인을 압도하는 직접적이고 즉각적인 원인은 의심할 바 없이 인플레이션이었다"(1958, p.363). 미국의 역사가 마틴 윌버그C. Martin Wilbur도 이에 동의하면서, 중국의 인플레이션을 다룬 중국 학자의 책의 서문을 통해 다음과 같이 기술했다. "중국의 전시중 그리고 종전 이후의 인플레이션이 국민당 정부의 붕괴와 공산당의 대륙 정복을 초래한 주요 요소들 중의 하나였다는 것은 의심할 여지가 없다"(Chou, 1963, p.ix;Young, 1965, p.328). 결과적으로 미국의 은구매사업은 중국 공산혁명의 성공에 적게나마 기여했던 것이다.

은을 지지하는 압력

"노병은 죽지 않는다. 다만 사라져갈 뿐이다"라는 말처럼, 오랜 주장들은 죽지 않고 다만 사라질 뿐이었다. 1896년 브라이언의 패배로 땅속에 묻혔던 은의 문제가 그 후 다시 등장되곤 했다.

1차대전의 종전에 즈음하여 "인도 정부는 루피Rupee의 유통과 지폐에 대한 준비자산으로 충분한 은을 확보하는 데 커다란 어려움을 겪고 있었다."(Leavens, 1939, p.145). 이에 필요한 양은 당시의 생산으로 공급될 수 있는 양을 훨씬 초과했다. 영국을 돕기 위해 미국은 엄청난 화폐준비자산에서 은을 제공하기로 합의했다. 이 판매를 인가하고, 국내의 지지세력을 달래기 위해 1918년 피트만법Pittman Act이 통과되었다. 이 법의 명칭은 1913년 상원의원으로 첫 임기를 시작할 때부터 1940년 사망할 때까지 "은을 위해 무엇인가를 하라"고 가장 끈질기게 주장했던 네바다 상원의원 키 피트만Key Pittman의 이름을 딴 것이다. 국내에서 은의 초과 생산이 가능해지자 은 지지세력을 만족시키기 위해 영국에 매각하는 은을 화폐준비자산 중의 은 대신 국내 생산 은을 온스당 1달러의 보장된 가격으로 구입한 것으로 대체하였다.

전시중의 인플레이션과 화폐용은 물론 비화폐용으로 은에 대한 높은 수요 덕분에 은의 시장가격은 1914년 온스당 70센트에서 1918년 온스당 97센트로 상승했고, 1919년에는 1달러를 넘게 되었다. "1920년 은 가격이 온스당 1달러 이하로 떨어지자 조폐국장은 즉시 순은 온스당 1달러의 약정가격으로 은괴의 구매를 시작했다"(Leavens, 1939, p.147). 은의 시장가격은 70센트 이하로 떨어진 반면에 조폐국은 전체 약 2억 온스의 은을 3년 동안 온스당 1달러의 가격으로 구매했다. 이로써 은생산자에게 거의 1,600만 달러의 보조금이 지급된 셈이었다.

은을 위해 "무엇인가를 하라"라는 압력은 피트만법에 의한 구매사업의 종료 이후에도 계속되었으나 1930년까지는 그리 활발하게 이루어지지 않았다. 1930년에는 대공황으로 인하여 1928년 온스당 58센트에서 1930년 38센트, 1932년 말~33년 초에는 25센트로 급격히 하락했다.

은 지지세력은 신속하게 지난날 즐겨 썼던 모든 처방들을 부활시켰다. 즉 국제회의의 소집, 시장가격 이상의 가격으로 은의 구매 및 저장, 16:1의 비율로 자유롭고 무제한적인 은화의 주조를 가능하게 하는 법의 제정을 주장하였다. 그러나 후버 행정부 동안에는 아무런 결실을 얻지 못하다가 루스벨트의 당선과 더불어 즉시 다시 들고 나왔다.[68]

이러한 계속되는 압력에 대한 설명은 간단명료하다. 크렙스T.J. Kreps는 1938년 논문에서 이렇게 지적했다. "은이 서부의 7개 주—유타, 아이다호, 애리조나, 몬태나, 네바다, 콜로라도, 뉴멕시코-에서 생산되기 때문에, 은을 지지하는 상원의원들은 상원에서 1/7의 투표권을 좌우한다. 상원의 토론종결-표결회부의 규칙에 따라 이는 그들에게 상당한 전략적 중요성을 부여한다. 따라서 의회에서 20개 이상의 은 관련 법안이 계류 중이었다. 은을 생산하는 주들의 전체 인구는 뉴저지 주의 인구보다 적고, 1929년 현재 은산업에 종사하는 인구가 모두 3천 명 이하였지만 미국의 정치 지도자들은 보다 큰 국가적 중요성을 지닌 법안에 대한 지원을 확보하기 위해 '은을 위해 무엇인가를 하라'는 요청에 응하는 것이 편리하다는 것을 곧 알게 될 것이다"(p.246).

| 은에 대한 뉴딜 정책

1932년 루스벨트가 당선되었을 때 민주당 강령은 "모든 난관을 무릅쓰고 건전한 통화를 유지하는 것"이었으나, 이에 덧붙여 "은의 부활과 관련된 문제들을 논의하기 위해 정부 주관의 국제통화회의를 소집하는 것이다"라는 것이었다. 공화당의 강령 또한 국제회의를 지지했으며, 별도의 정강에서는 "금본위제의 유지를 계속한다"고 공약했다. 1896년 은의 문제를 둘러싸고 직접 대결한 이래 지속되어 내려온 두 정당의 강령 차이를 나타내는 것이다.

　은생산의 중심지인 몬태나의 뷰트Butte에서 행한 선거연설에서 루스벨트는 "화폐용 금속으로서 은을 반드시 복귀시켜야 하며, 이 문제에 대한 민주당의 약속은 틀림없이 지킬 것"이며, "취임 후 즉시 은의 복귀를 고려하기 위한 국제통화회의 개최를 요청하겠다"고 선언했다(〈뉴욕 타임스〉, 1932년 9월 20일자, p.1).

1932년 선거에서 민주당의 압도적인 승리는 특히 상원에서 지지세력의 정치적 힘을 크게 강화시켰다. 선거 이전에는 대부분의 은을 생산하는 7개 주의 14명의 상원의석이 공화당 7명, 민주당 7명으로 고르게 양분되어 있었다. 그러나 루스벨트는 12명의 민주당 의원을 당선시키는 압승을 거두었다. 그리고 두 명의 공화당의원 중의 한 명인 아이다호 출신의 윌리암 보라William E. Borah는 오랫동안 은의 굳건한 지지자였다. 1906년 처음 당선된 보라와 1912년 처음 당선된 키 피트만은 큰 영향력을 갖게 되었다. 이와 마찬가지로 은 지지세력의 동맹자인 농업지역 출신 의원들의 세력도 강화되었다.

상원에서의 첫 번째 시험은 16:1의 비율로 은의 자유롭고 무제한적인 주조를 채택하기 위한 수정안이었는데, 회기 만료에 임박한 의회에서 "44 대 33으로 부결되었으나 처음 이 문제가 표결에 부쳐졌던 1월보다 15표의 증가를 보였다"(Leavens, 1939, p.245). 이러한 사실을 볼 때 은 지지세력은 대통령에 의해 무시할 수 없는 막강한 정치 세력이 된 것이 분명했다. 그리고 실제로 루스벨트가 선거유세 동안 입장을 밝혔듯이 무시할 의사도 없었다.

대통령의 실제 반응은 은 생산 주 출신이 아니면서도 '끈질긴 인플레이션주의자'인 상원의원 엘머 토머스Elmer Thomas에 의해 제안되던 농촌구제법안의 수정안을 지지하는 것이었다(Leavens, 1939, pp. 245~266). 1933년 5월 12일 최종적으로 통과된 토머스 수정안은 대통령 재량으로 연방준비은행의 은행권 및 예금과 미합중국 지폐를 증가시킬 수 있는 규정을 두었다. 그 재량 한도는 본원 통화를 거의 두 배로 증가시킬 수준(30억 달러)이었다. 이에 더하여 수정안은 대통령에게 달러의 금 함유량을 감소시킬 권한과 아울러 은에 대해서는 포괄적 권한을 부여하였다. 이 권한들을 행사한다면, 예를 들어 16:1의 비율로 은의 자유롭고 무제한적 화폐주조를 주장했던 브라이언의 선거전 구호를 즉각적으로 실현시킬 수 있는 힘을 가진 것이었다. 그러나 이 권한들은 "1933년 12월 2일까지 거의 사용되지 않았다.

그때에 이르러 루스벨트는 토머스 수정안에 의해 부여된 권한을 발동하여 미국의 조폐국이 1937년 12월 31일까지 국내에서 신규 생산된 모든 은을 온스당 64와 64/99(즉, 온스당 0.6464… 달러)로 구매하도록 지시했다"(Friedman & Schwartz, 1963, p. 483).[69] 그런데 당시 은의 시장가격은 온스당 44센트에 불과했다. 루스벨트는 이 엉뚱한 구매가격을 정당화하는 수단으로 재무성이 은 달러의 법정중량, 즉 온스당 1.2929달러의 화폐가치로 은화를 주조하고 있지만, 주조비용으로 50%를 추가 부담시킨다는 허구를 채택했다. 이러한 허구 조치의 장점은 은 생산자들에 대한 보조금이 비용을 수반하지 않을 뿐만 아니라 실제로 가상의 화폐주조 비용과 맞먹는 예산상의 수입을 만들어낸다는 것이었다. 예산회계의 허구는 최근에 새로 생겨난 것이 아니다.

한편 루스벨트가 선거공약을 이행하기 위해 소집한 세계경제회의 World Economic Conference는 두 달 후에 잠시 개최되었다가 사라졌다.[70] 이 회의의 거의 유일한 성과는 은 가격을 지지하기 위해 은 생산국과 은 사용국 간의 협정과 같은 허구를 더 많이 만들어내는 것이었다. 이는 미국 이외 다른 나라들에는 큰 영향을 미치지 못했으며, 미국이 어느 경우에나 하고자 했던 일, 즉 일정량의 은 구입을 위한 국제협약의 테두리를 제공했을 뿐이다(Leavens, 1939, pp. 248~51).

사태 발전의 절정은 루스벨트가 1934년 5월 22일 교서에 부응하여 의회가 급히 제정한 지 한 달도 채 안 되어 1934년 6월 19일 대통령이 서명한 은구매법이었다. 은구매법은 "시장가격이 1달러 29센트 이상에 이르거나 재무성이 보유하는 은보유량의 화폐가치가 금보유량의 화폐가치의 1/3에 이를 때까지 국내와 해외에서 은을 구매하도록 재무장관에게 지시했다. 장관에게는 그 임무를 수행함에 있어 폭넓은 재량권이 주어졌다"(Friedman & Schwartz, 1963, p. 485).[71]

1934년의 법과 1961년 후반까지의 후속법들에 의거하여 초기에는 은의 구매 그리고 훨씬 나중에는 판매가 계속되었으며, 구매의 근거법은 1963년에 이르러서야 폐지되었다. 그러나 그 법에 의거한 은의 대량 구매에도 불구하고 1)온스당 1.29달러 이상의 가격과 2)화폐용 금에 대한 화폐용 은의 3:1의 비율이라는 두 가지 목표 중 어느 것도 실현되지 못했다. 1933년 12월 21일 포고령에 의거한 국내 생산업자로부터의 구매, 1934년 8월 29일의 국내 보유 은의 '국유화', 은구매법에 의거한 공개시장에서의 구매를 통한 은의 구매 조치들이, 초기에는 1933년 12월 포고령이 있기 직전의 온스 당 약 33센트에서 1935년 4월 16일 온스당 81센트의 최고 수준까지 은의 가격을 상승시켰다.

그러다가 1936년 초기에는 45센트 수준으로 하락하여 2차대전 중의 인플레이션이 발생하기까지는 크게 상승하지 않았다. 종전시에는 은의 시장가격이 은에 대한 정부 지지가격 이상으로 상승해 있었으므로 1946년 화폐주조 부담을 30% 감소시키는 법안이 통과되었는데, 이는 온스당 90.5센트의 지지가격을 의미했다. 은의 시장가격은 1961년까지 재무성의 구매와 판매에 의해 이 수준에서 고정되어 있었다. 정부의 개입이 끝난 후 은의 가격은 전후 인플레이션의 영향으로 정부의 지지가격 이상으로 상승했다. 그 이후 은의 시장가격은 크게 상승하여 형편없이 함량이 부족한 소액 은화조차 용광로에 보내져 녹여지거나 화폐수집가 시장으로 보내졌다.

두 번째 목표에 대해 말한다면, 1930년대 중에는 화폐용 금에 대한 화폐용 은의 비율이 3:1이라는 목표와는 거리가 먼 5:1로 넘어선 적이 없었다. 화폐용 금의 법정가격을 온스 당 35달러로 인상한 조치에 의해 금보유량이 대량 증가한 것이 은의 대량구매 효과를 상쇄해버렸던 것이다.

| 미국 내에서의 효과

은 관련 입법은 오직 단 하나의 중대한 국내 효과를 미쳤는데, 그것은 납세자의 비용으로 국내 은 생산자들에게 거액의 보조금을 지급하는 것이었다. 은 생산자들은 보조금 조치에 따라 1934년 3천 3백만 온스에서 1940년 7천만 온스로 생산량을 크게 증가시켰다. 그렇지 않더라도 미국 경제의 성장에 따라 은의 생산 증가는 유발되었을 것이다. 왜냐하면 은의 상당량은 구리, 납, 아연의 채굴과정에서 부산물로 생산되기 때문이다. 그러나 은생산에 대한 보조금 성격의 지지가격은 은뿐만 아니라 구리, 납, 아연의 채굴까지 자극하였다.

은 지지세력은 은생산 주의 고용을 증대시킨다는 이유에서 은생산을 자극하는 것 그 자체를 좋은 일이라고 보았다. 그러나 다른 이익집단(특히 농촌 지지세력)의 지원을 얻기 위해, 은의 지지자들은 은구매사업이 화폐공급 증대로 인플레이션을 이끌고, 특히 중국과 인도처럼 은화를 사용하는 다른 여러 나라들의 구매력을 증대시킴으로써 수출을 촉진할 것이라는 주장을 폈다.[72]

재무성은 은증서silver certificates의 발행을 통해 은구매 자금을 마련했는데, 이것은 화폐공급을 증가시켰다. 그러나 화폐공급을 증가시키는 방법에는 그밖에도 여러 가지가 있으므로, 은증서의 화폐증발 효과는 다만 연방준비은행권 대신 은증서가 발행되었다는 것뿐이었다. 달리 표현하면, 은구매사업 때문에 연방준비은행이 은구매의 결과로 발생하는 화폐증발을 중화하기 위한 조치들을 취하지 못하게 되는 일은 없었다.

우리가 곧 살펴보겠지만, 은화를 사용하는 국가들에 대한 효과는 그들의 주장과는 정반대로 심각한 경제적 어려움을 경험하게 만들었다.

결국 단기적인 주요 국내 효과는 다만 은을 채굴·제련·주조하여 워싱턴이나 다른 곳의 정부 보관소에 저장하기 위해 운송하도록 납세자가 부담을 지불하는 것뿐인데, 결국 이것은 도대체 거의 쓸모없는 생산물을 만드는 일종의 취로사업인 셈이었다. 장기적으로 보면 국내의 은 지지세력조차 손해를 입게 되었다. 왜냐하면 다른 나라에 대한 효과가 종래 그들의 생산물의 주요 시장, 즉 은을 화폐용으로 사용하는 제도를 붕괴시키는 방향으로 나타났기 때문이다.

인구대국 중 오직 중국만이 은본위제를 여전히 유지하고 있던 1933년까지만 해도 은의 확인 가능한 총보유고의 43%와 1493~1932년 사이의 은 생산총량의 30% 이상이 화폐용으로 사용되었다(Leavens, 1939, p.36).

이에 비해 1979년에는 화폐주조용 은의 양은 은 소비총량의 5%에 불과했다. 전후의 거의 모든 기간을 통해 산업용 은소비량은 신규생산량과 폐기회수량을 합한 공급량을 초과했는데, 그 부족량은 미국 정부의 은 보유와 못쓰게 되어 용해된 은주화로부터 충당되었다.

은의 가격에 대한 이야기도 마찬가지다. 기원전 1670년부터 1873년 (미국과 프랑스가 은의 비화폐화를 단행한)까지, 금의 연평균 가격은 은의 연평균 가격의 16배 이상으로 상승한 적이 없었다. 역사 기록에 나타난 가장 낮은 가격비율은 기원전 50년경의 9를 약간 밑도는 수준이었다 (Warren and Pearson, 1933, p.144). 놀라운 것은 이 가격비율이 3천 년 이상의 긴 세월 동안 9~16 사이에서 움직였다는 것이다. 연간 평균가격의 추산치를 지속적으로 얻을 수 있는 시초 연도인 1787~1873년까지, 이 기간에는 은이 지배적 화폐금속이었던 기간이었는데, 이 가격비율의 범위는 14~16으로 그 범위가 훨씬 작았다.[73] 1873년 이후 상황은 급변하였다. 1873~1929년까지 이 비율은 1차대전 중과 직후 수년 동안을 제외하고는 15~40 사이에서 움직였으며 대체로 높은 30대에 머물렀다.

대공황 기간 중에는 은가격의 폭락으로 1933년에는 76까지 치솟았다. 은구매사업 덕분에 이 비율은 1935년에는 일시적으로 54까지 낮아졌다가, 1940~41년에는 100 이상의 전무후무한 최고 수준까지 상승했다. 1970년에는 18이라는 낮은 수준으로 떨어졌는데, 이는 인플레이션이 다른 재화의 가격과 마찬가지로 은의 가격도 부추기고 있는데도 미국 정부가 온스 당 금가격을 35달러로 고정시켰기 때문이었다. 1971년 금의 가격이 자유화됨에 따라 이 비율은 큰 폭의 변동을 보이면서 다시 상승하였다. 이 비율은 현재 약 75:1 수준에 있다.

1971년 이후 불환지폐의 채택으로 지난 수십 년 동안 –끝나기까지 파란이 많았던– 은의 용도와 가격, 특히 전세계적으로 화폐 제도의 성격 변화에 영향을 미친 요인으로는 미국의 은구매 사업 이외에도 많은 요인들이 있었다. 그러나 은구매사업에 따라 처음에는 은가격이 상승했는데, 이는 화폐용 은수요의 감소에 큰 역할을 했으며, 이는 결국 은구매사업이 없었을 경우보다 은가격을 더 낮은 수준으로 하락시켰다는 것은 의심할 여지가 없다.

그럼에도 불구하고 [그림 7–1]이 보여주듯이, 장기적으로 보면 은구매사업은 단지 작은 거품에 지나지 않는 것으로 나타난다. 이 그림은 1800~1989년까지 일반가격 수준의 변화를 조정한 은의 가격을 보여준다.[74] 1982년 가격 기준으로 보면, 은의 실질가격은 1800~73년까지 10달러와 18달러 사이에서 움직였는데, 1873년에는 미국과 다른 나라에서의 은의 비화폐화 조치로 장기 하락추세가 시작되었다. 이러한 하락추세는 1890년대 초에 폭락세로 바뀌었는데, 이는 처음에는 은구매법의 폐지와 다음에는 브라이언의 선거전 패배 때문에 다시 은이 화폐화될 가능성이 현실적으로 사라졌기 때문이었다.

1934년 은구매사업은 은의 가격 폭락을 막았으나 그 효과도 일시적인 것에 불과했다. 이러한 은가격의 하락은 사진업과 다른 업종들에서 은 사용의 증가가 도움을 준 1960년대까지 사실상 중단되지 않았다. 헌트 형제들Hunt brothers이 은 투기에 엄청난 돈을 투자했다가 큰 손해를 입은 불운한 투기사건은 은의 가격을 역사적으로 전례없는 수준까지 몰고 올라갔다. 당시 1년 동안 은의 평균가격은 거의 25달러였으나 연중에는 그보다 훨씬 높은 정상 수준에 이르기도 하였다. 그 이후 은 가격은 다시

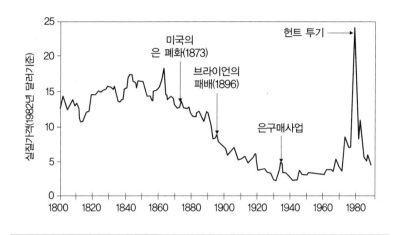

그림 7-1 은의 실질가격(1800~1989) (1982년 달러 기준)

실질가격(1982년 달러기준)

미국의
은 폐화(1873)

브라이언의
패배(1896)

헌트 투기

은구매사업

종전 수준으로 하락했다.

| 다른 나라에 끼친 영향

미국 정부가 은의 가격을 높게 책정한 조치는 많은 다른 나라들에 영향을 미쳤다. 1870년대에 주된 화폐금속으로서의 자리를 은이 금에 잃게 되었지만, 수세기 동안 은이 주도한 전통 때문에 많은 나라들은 아직 대량의 은주화를 보유하고 있었다. 금본위제로 이행한 후에도 은주화의 표면가치는 함유된 은의 시장가치보다 높게 책정되었다. 즉, 이 은주화들은 명목주화였다. 그러나 미국이 은의 가격을 상승시킴에 따라 상황은 돌변하여 많은 나라의 주화는 화폐로보다는 금속으로 더 높은 가치를 갖게 되어 용광로로 보내지게 되었다.

　동일한 현상이 남북전쟁의 그린백 인플레이션 중에 미국에서도 발생했다. 당시에는 소액주화의 극심한 부족이 야기되어 그 대체수단으로 우표('정강이 고약'이라는 별명으로 알려짐)를 이용하기도 했다. 우체국이 소액화폐에 대한 수요를 충족시키기 위해 풀이 없는 우표를 발행하기 시작한 이후에도 이 별명은 그대로 쓰였다. 나중에 소액지폐가 우표를 보충했다. 이 현상은 2차대전 이후 미국에서 인플레이션이 은의 가격을 법적 화폐가치 이상으로 상승시켰을 때에도 다시 발생했다. 이때에는 주화 속의 은의 함유량을 감소시킴으로써 미리 대비 조치가 마련되었다. 현재의 10센트짜리, 25센트짜리, 반 달러짜리 주화는 은색 광채를 갖고 있지만 사실은 니켈을 얇게 입힌 구리동전이다.

　1935년과 1936년에 은의 가격이 계속 상승함에 따라 나라마다 앞을 다투어 주화에 함유되어 있는 은의 양을 감소시켰다. "주화를 용광로로 보내는 것을 막기 위한 은주화의 함량감소운동은 전세계적으로 이루어졌다. 여기에는 중앙아메리카, 남아메리카, 유럽, 아시아 그리고 심지어 아프리카도 가담했다"(Paris, 1938, p.72).

　멕시코는 특수한 경우였다. 은의 최대 생산국으로서 멕시코는 은의 가격이 높아질수록 이익을 얻었다. 그러나 멕시코도 화폐공급의 대부분은 은주화로 구성되어 있었다. 1935년 4월 말경 금속으로서의 은 페소peso의 가치는 화폐로서의 가치 이상으로 상승했다. "페소가 주화나 녹여진 형태로 미국으로 운송되는 것을 방지하기 위해 카르데나스Cardenas 대통령은 4월 27일 은행 폐쇄를 선포했다. 그런 다음 모든 주화들을 지폐로 바꾸라고 명령했으며, 은으로 만든 화폐의 수출을 금지시켰다. 18개월

후에 은가격이 하락하자 명령이 취소되었고, 은화 주조가 다시 복귀되었다"(Paris, 1938, p.71). 그럼에도 불구하고 멕시코는 자국의 화폐제도를 영구히 관리지폐본위제로 바꾸었다. 은의 가격상승으로 얻은 단기 이익은 은행 폐쇄와 이에 수반되는 화폐 사태로부터 입은 피해를 능가했을지도 모른다. 그러나 장기적으로 보면 이 단기 이익은 은수요의 주요 원천의 상실에 의해 그리고 관리지폐본위제도를 채택함에 따른 영구적 화폐 효과에 의해 상쇄되고도 부족했다는 것은 거의 확실하다.

| 중국에 대한 효과

나는 미국이 은의 가격인상 조치를 개시한 1933년, 중국이 여전히 은본위제를 유지한 유일한 나라이기 때문에 중국을 특별한 관심 대상으로 다룬다.[75] 결과적으로 미국의 은구매사업은 어떤 다른 나라보다도 중국에 커다란 영향을 미쳤다. 중국은 은을 대량으로 생산하지 않지만, 은을 화폐로 사용하는 결과 대량의 은을 축적하고 있었다. 단지 인도만이 중국보다 많은 은을 보유하고 있었다(인도는 중국과 마찬가지로 오랫동안 은본위제를 유지하고 있었으나, 중국과는 달리 1893년에 은본위제를 이탈하고 1899년에 금본위제를 채택했었다).

은본위제는 대공황의 초기에 중국에게는 하나의 축복이었다. 중국의 교역대상국들은 금본위제를 채택하고 있었는데, 이러한 나라들의 물가는 은의 가격을 포함하여 1929년 이후 폭락했다. 중국은 은본위제를 채택하고 있었기 때문에 은가격의 하락은 금본위 화폐에 대한 중국 화폐의 환율 평가절하를 의미했다. 이것은 중국에게 변동환율제와 동일한 효과를 주었다. 예를 들어 1929년 중국달러는 외환시장에서 미국 돈 36센트의 가치를 지니고 있었는데, 그 이후 2년 동안 금 가격으로 환산한 은의 가격이 46% 하락함으로써 중국달러는 21센트의 가치만을 갖게 되었다. 미국의 도매물가 하락이 26%에 그쳤기 때문에, 중국의 수출품은 금가격으로 환산하여 가격이 하락했음에도 불구하고 자국 화폐로 환산하여 가격 상승효과를 얻을 수 있게 되었다. 물론 수입품의 가격도 비싸졌다. 그 결과로 중국의 수출은 감소했지만 감소폭은 세계의 수출 또는 중국의 수입 감소보다 훨씬 적었다. 1930~31년에 중국의 국제수지는 흑자였는데, 이는 금과 은의 순수입에 반영되었다. 세계의 다른 나라들이 극심한 물가하락으로 고통받은 반면 중국은 국내적으로 완만한 인플레이션과 완만한 호경기를 경험했다.[76]

1931년 영국, 인도, 일본 그리고 다른 나라들의 금본위제 이탈은 변동환율제가 중국에 부여한 이익을 약화시켰다. 미국달러에 대한 이들 나라 화폐의 평가절하는 중국달러가 미국달러에 대비해(1932년 말 현재 19센트까지) 평가절하를 계속하는 반면, 영국의 파운드스털링, 인도의 루피, 일본의 엔화에 대비해 평가절상을 의미했다. 이때 중국은 미국달러로 환산한 지속적인 은의 가격하락, 중국 내의 제한된 화폐경제, 그리고 중국 국민의 대량의 동전 사용 등으로 어느 정도 보호를 받았지만, 처음으로 대공황의 영향을 받기 시작했다. 중국의 국제수지는 급격히 악화되었고, 1932년 수출입 적자를 보상하기 위해 금과 은을 수출해야 했다. 국내에서 도매물가는 1931년에 최고 수준에 이르렀다가 이후 급격히 하락했으며 당시 논평자들 대부분의 판단에 따르면 경제 사정은 악화되었다(Salter, 1934, p.6;Wignall, 1978b, pp.36, 37).

1931년 영국과 다른 나라들의 금본위제 이탈이 중국에 미친 악영향은 1931년 9월 일본의 만주 점령에 의해 더욱 심화되었다. 당시 군벌이 일부 지역을 점령하고 있었고 공산당이 반란을 주도하고 있기는 했지만, 중국은 장개석 휘하의 국민당이 지배하고 있었다. "만주 점령에 대한 장개석의 반응은 중국의 허약성을 입증했다. 현실이 그대로 받아들여지고 아무런 저항도 없었다. 대신에 국민당 지도자는 (중국 본토에 대한) 일본의 공격에 대비해 군대를 증강하는 데 주력했다. 공산당과 잔존 군벌의 세력기반을 누르기 위해서도 역시 강한 군대가 필요했다. 이러한 군사적 수요가 국민당의 재정적자 증가의 핵심 요인이었다. 적자의 장기화에 따라 경제체질이 약화되고 이것이 그 후 발생한 중국의 초인플레이션의 중요한 원인이 되었다(Greenwood and Wood, 1977a, p.27).[77] 장개석은 국가 통일에 상당한 성공을 거두었다. 1934년에는 공산당이 서북쪽의 연안 산간으로 쫓겨가고 군벌의 세력기반은 약해졌다"(Greenwood and Wood, 1977a, 27).

중국이 은본위제 덕분에 얻었던 국제무역의 일시적 우위가 야금야금 침식된 것이 아니라 1933년 미국마저 금본위제를 이탈하게 되자 단숨에 완전히 소멸되어 오히려 열위로 변하였다. 중국달러가 파운드, 엔, 루피화에 비해 더욱 평가절상되고, 처음으로 미국달러에 대비해 1932년 말 19센트에서 1933년 말 33센트 수준으로 평가절상되어 거의 1929년 수준까지 되돌아갔다. 달러화와 다른 통화로 환산한 물가는 상승하여 중국달러의 평가절상 효과의 일부를 상쇄했다. 그러나 미국의 은가격은 일반물가 수준보다 급격하게 상승해 평가절상 효과의 상쇄는 미미한 정도였다. 결과적으로 중국의 수출은 1930년에 비해 58%나 급격히 감소하고, 귀금속의 수출은 계속되었다. 세계의 나머지 대부분 국가들이 대공황에서 회복되기 시작할 때, 당시 논평자들에 의하면 중국은 국내 불황의 극심한 국면으로 들어가고 있었다.[78]

미국의 금본위제 이탈이 중국에 미친 악영향은 은을 위해 "무엇인가 하라"는 요청에 따른 미국의 조치, 즉 1933년 1년 동안 은의 가격을 거의 두 배로 올리고, 1935년 4월에는 세 배 이상 올려 최고 수준에 이르게 한 조치에 의해 크게 심화되었다. 1935년 4월 중국달러는 시장에서 41센트로 평가되었다. 앞에서 지적한 것처럼, 그 이후 은의 가격은 하락했지만 중국에 대한 폐해를 돌이킬 수 없게 되었다. 중국은 1934년 10월 14일 은의 수출관세를 높이고 조정 가능한 '평형부담금'을 부과함으로써 은본위제를 이탈하였다. 중국이 은본위제를 이탈한다는 공식선언은 정부가 포괄적 화폐개혁을 발표한 1935년 11월 3일까지 연기되었지만, 중국은 본질적으로 불환지폐본위제로 넘어갔다(Wignall, 1978b, p.38).

만일 중국에서 은이 단순히 하나의 상품이었다면 은의 가격상승은 중국이 매우 유리한 조건으로 대량의 은보유를 처분할 수 있게 하는 환영할 만한 사건이었을 것이다. 그러나 은이 중국의 화폐였기 때문에 은의 가격상승은 심각한 경제사정 악화를 수반하는 대폭적 물가하락을 야기시켰다. "수출이 점진적으로 경쟁력을 상실하는 반면에 수입이 감소했다. 산업생산은 정체되어 경제활동 수준 둔화, 실업증가와 물가폭락이 나타났다. 농업에 대한 물가하락의 효과는 농업생산물의 가격지수가 1926년의 100에서 1933년의 57로 하락한 데서 분명하게 나타난다. 이것은 토지 경작으로 생계를 유지하는 사람들에게 소득과 구매력의 엄청난 하락을 의미했다"(Greenwood and wood, 1977a, p.32).[79] 1929~47년 사이에 중국 재정고문으로 근무한 아더 영Arthur N. Young에 의하면 "중국은 보통 정도의 호황으로부터 깊은 불황으로 넘어갔다"(1971, p.209).

미국의 은구매정책이 중국에 미친 악영향은 예측 가능하지도 미리 예상되지도 않았던 것이다. 중국 정부에 의해 몇 개월 동안 전국경제위원회의 고문으로 초청받았던 아더 솔터Arthur Salter 경은 1934년 2월의 보고서에서 "중국달러가 현재의 은본위제에서 이탈하는 데는 매우 큰 위험과 어려움이 있다. 그러나 만약 은본위제가 없다면 외환과 국제상품 가격과 관련하여 은가격의 큰 폭의 상승이 멈추어야만 중국은 물가하락의 피해로부터 벗어날 수 있다. 중요한 요인은 미국의 은정책이다. 그러므로 (다른 어느 나라보다 은에 대한 실질적 이해관계가 큰) 중국이 미국 정부에 대해 중국의 입장을 분명히 밝히는 것이 매우 중요한 것으로 보인다 (Salter, 1934, pp.108~109).

이것은 중국이 이미 피해의 대부분을 입은 후의 사정임을 주목하라. 솔터의 보고서에 기초한 1934년 9월 3일자 〈뉴욕타임스〉 사설에서 "우리의 은정책의 이상한 측면 중의 하나는 그 당초의 목적이 '은을 사용하는' 나라들을 돕고 '극동지역의 구매력을 회복' 시키기 위한 것이라고 주장되었다는 것이다…그러나 은본위제 국가 중 유일한 중요 국가는 중국인데, 중국의 사정에 정통한 사람들은 은가격의 인상이 그 나라에 피해를 줄 뿐이라는 데 동의한다." 이러한 사설은 미국의 은정책이 "유일한 은본위제 국가를 금본위제로 이행시키는 아이러니한 결과"를 가질 수 있다고 결론짓는다.[80] 사실상 미국의 은정책은 중국을 불환지폐본위제로 이행시켰다.

1934년 3월, 미국 재무성은 은가격 인상조치가 중국에 미친 영향을 조사하기 위해 예일대학의 제임스 하비 로저스James Harvey Rogers 교수를 중국에 파견했다. 솔터와 마찬가지로 로저스도 중국에 대한 영향이 대단한 악영향일 것이라 보고하고, 중국이 이미 대부분의 피해를 입은 이후인 10월에 재무장관 헨리 모겐소Henry Morgenthau에게 편지를 보냈다. "그 결과로 파생된 화폐 교란에 중국 정부가 적응할 수 있는 기회를 주기 전에 (은가격을 인상시키는) 새로운 정책을 계속 추진하는 일은 본인의 견해로는 거의 국제적 무책임 행위로 간주됩니다."

중국의 국내 물가에 대한 은본위제 이탈 효과는 즉각적이었으나 1937년까지는 심각하지 않았다. 상하이의 연평균 도매물가는 1931~34년까지 23% 하락했는데, 1934~35년까지 다시 1% 하락하다가 그 다음 2년 동안에는 24% 상승했다. 그러나 1937년 여름에 일본이 중국을 침략하자 상황은 급변했다. "정부 지출이 처음에는 일본의 침략에 대항하기 위한 비용을 충당하기 위해, 나중에는 공산당과의 내전 비용을 충당하기 위해 하늘 높은 줄 모르게 치솟았다"(Greenwood and Wood, 1977a, p.25). 미국의 은가격 인상조치가 없었더라도 정부지출은 증가했을 것이고, 중국은 조만간 은본위제를 이탈하여 불환지폐제도로 이행했을 것이 틀림없다.

그러나 미국의 조치는 확실히 중국의 불환지폐제도의 이행과 인플레이션 유발을 늦추지 않고 앞당겼다. 적어도 정부지출의 초기 팽창을 충당함으로써 인플레이션적 화폐팽창의 필요성을 지연시킬 수 있었을 은 보유량을 상실함에 따라 장개석의 지위는 '직접적으로' 약화되었다. 부분적으로 미국의 조치가 원인이 되어 국민당 정부에 대한 대중 지원을 붕괴시킨 극심한 경제 사정에 의해 장개석의 지위는 '간접적으로' 위협받았다.[81] 만약 미국이 은의 달러 가격을 상승시키지 않았더라면 실제보다 나중에 (아마도 수년 후에) 보다 나은 경제·정치 상황에서 은본위제를 이탈했을 것이다. 궁극적인 초인플레이션이 예방되지 못했을 가능성도 있지만 적어도 연기될 수는 있었을 것이고, 이것은 국민당 정부로 하여금 전쟁의 피해를 복구하고 공산당의 위협을 물리칠 시간적 여유를 더 줄 수 있었을 것이다.

미국의 은정책은 1937년부터는 더 이상 중국에 영향을 미치지 못했다 (물론 다른 미국의 정책들은 중국에 영향을 미쳤겠지만). 소수이면서 큰 정치적 영향을 가진 그룹의 편협한 단기 이익에 미국 정부가 근시안적인 관심을 집중시킨 결과로 야기된 피해는 이미 돌이킬 수 없었지만, 아직도 끝나지 않은 그 영향의 여파가 남아 있었다.

중국의 초인플레이션

일본의 중국 침략은 국민당 정부로 하여금 광적인 무기 구매를 서두르게 했는데, 그 재원은 주로 화폐 발행을 통해 마련되었다. 지폐 발행은 1937~45년 사이에 거의 300배 증가했다. 다시 말하면 1937~38년까지는 27% 증가하다가, 전쟁이 끝나던 해에는 224% 증가함으로써 연평균 100%의 증가율을 보였다. 물가는 더욱 빠르게 상승하여 초기 수준에 비해 거의 1,600배 또는 연평균 150% 이상의 수준에 이르렀다.[82]

명백히 그것은 대규모의 인플레이션이었다. 그러나 물가상승은 "국민당 정부에 대한 미국의 원조, 미국의 태평양전쟁의 참여, 일본 점령지로 부터의 피난민의 급속한 감소로 인해 초인플레이션 수준에까지는 이르지 않았다. 일본에 대한 승리를 앞둔 수주일 동안에는 연합군의 승리와 외국의 물가공급 재개를 예상하고 상품가격이 실제로 하락하였다"(Greenwood and Wood, 1977b, p.32).

일본의 항복 이후, 초기 전망은 순탄하게 보였다. 국민당과 공산당 간에 휴전이 이루어졌다. 그러나 "투쟁의 주요 목적이 국내의 권력을 장악하는 것이었을 때 어느 쪽도 진실로 통일전선에 관심을 두지 않았다…무장 충돌이 점차 심각해졌고, 1947년 말에는 내전이 시작되었다. 이는 쌍방에서 수백만 명을 동원하고 수천 마일의 전선에 걸친 거대한 전쟁이었다. 1947년 말 공산당은 호페이湖北와 산시山西를 점령하고, 1948년 말에 수초우徐州 근처의 화이강淮河 평원에서 결정적인 승리를 거두었다. 1949년 1월 국민당 사령관 두 유밍杜聿明 장국은 잔여 국민당군의 정예부대와 함께 항복했다. 2월에 장개석은 사임했고 약 3백만 온스(약 85만kg)에 달하는 마지막 금을 가지고 타이완으로 도망쳤다"(Greenwood and Wood, 1977b, pp.33, 44).

화폐시장의 붕괴와 초인플레이션의 원인이 된 관료주의, 부패, 재정관리 실패가 국민당 정부 패배의 주요 원인이었다는 점에는 의심할 여지가 없다. 마지막 필사적인 조치로 "1948년 8월 22일 장개석은 공식적 화폐개혁을 발표했다. 개혁조건에 따라 금원金元이 새로 발행되었다. 물가 수준은 동결되었으며, 개인이 보유한 모든 금, 은, 외환은 3개월 내에 순전한 몰수에 가까운 조건으로 바치도록 되어 있었다." 국민당은 무력을 행사함으로써 실적을 올릴 수 있었다. 그러나 그 과정에서 사회적 책임의식을 저버리지 않은 마지막 소수 사람들의 존경심마저 앗아갔다"
(Greenwood and Wood, 1977b, pp.40~41). 11월 암시장이 난립하자 정부
는 실패를 시인했다. 금원과 그 이전의 화폐를 합쳐 볼 때, 1949년 4월의
국민당 지배지역의 물가는 1946년 12월의 수준보다 5천 4백만 배 이상
이었다. 월평균 거의 90% 상승에 달하는 것으로 이는 필립 케이건Phillip
Cagan이 이제는 고전이 된 그의 초인플레이션 연구에서 다른 인플레이션
과 초인플레이션을 구별하기 위한 기준으로 채택한 월평균 50%보다 훨
씬 높은 것이었다(1956, p.25).

초인플레이션은 공산당의 권력장악에 이바지한 것뿐만이 아니었다.
전쟁이 끝난 후 공산당은 초인플레이션을 제거할 수 있었는데, 이 업적
이 권력 기반을 굳히는 데 큰 역할을 했다(Greenwood and Wood, 1978).

| 결론

미국의 은구매사업이 중국의 공산당 집권에 기여한 역할을 정확히 평가
하는 것은 불가능하다. 전쟁 동안의 인플레이션과 전후의 초인플레이션
이 국민당 정부에 대한 신뢰를 철저하게 붕괴시켰다는 것은 의심의 여
지가 없다. 그 결과 "1949년 10월 공산당의 집권력은 중국의 기업계와
금융계에서 집단적 광란 상태를 불러일으키지 않았다." 그러나 이것이
전적으로 또는 주로 은구매사업 영향의 여파 탓으로 돌릴 수 없다. "(공
산당이 권력을 잡았을 때) 국민들 사이의 지배적 인식은 장개석 정부의 무
능력과 부패보다 더 나쁜 것은 있을 수 없다는 것이었다"(Greenwood

and Wood, 1978).

은구매법안이 있었든 없었든, 일본과의 전쟁과 중국 내전은 인플레이션을 유발했으며 무능력과 부패는 여전히 남아 있었을 것이다. 그러나 은구매사업이 없었다면, 국민당 정부가 1년 또는 2년 정도 더 지탱했을 것이고, 그때의 인플레이션은 낮았을 것이다. 은본위제의 존재는 인플레이션에 대한 하나의 제동이 되었을 것이며, 은의 이용 가능성도 또 하나의 제동이 되었을 것이며, 이전에 대규모 디플레이션이 없었던 것도 역시 또 하나의 제동이 되었을 것이다.

물론 궁극적 시나리오는 역시 같은 내용으로 전개되었을 것이 틀림없다. 그러나 그것은 결코 동일한 기간 내에 그렇게 되지는 않았을 것이며, 아마도 더 긴 기간이 필요했을 것이다. 재앙을 피할 가능성은 보다 높았을 것이다 – 중국에게도, 미국에게도.

중국의 은본위제 이탈에 대한 다른 해석

중국의 사례를 다룬 7장의 내용은 애너 슈워츠와 나의 공저 『화폐의 역사』 속의 논의를 확장시킨 것으로 실질적으로 중국의 사례에 대한 동일한 해석을 제시하고 있다. 이 해석에 대해 최근 두 가지의 통계적 추정치를 근거로 로렌 브렌트Loren Brandt와 토머스 사전트Thomas Sargent, 그리고 케빈 장P.H. Kevin Chang이 의문을 제기했다.

우리는 은의 수출(특히 1934년과 1935년)이 중국의 화폐량을 감소시켰고, 이것이 국제교역 상품의 가격하락으로부터 일반물가 수준의 하락까지 가격하락을 확대시켰다고 보는 것이 당연하다고 생각했다. 우리는 또한 동시대 논평자들이 언급한 경제 침체가 주로 화폐감소 때문인 것으로 보았다.

은가격의 상승이 극심한 물가하락을 유발했다는 사실에 대해서는 이론이 없다. 그러나 문제는 '어떻게'이다. 그리고 은의 가격 인상조치가 우리의 주장처럼 중국에 대해 재앙이었는가 아니면 혜택이었는가 하는 것이 문제이다.

예(K. C. Yeh 1964)가 산출한 국내총생산의 추정치에 의하면 중국의 실질소득이 주로 농작물의 흉작 때문에 1933~34년 동안 상당히 하락했으나, 실질소득이 1932~36년 사이에는 흉작 영향만 제외한다면 특별히 침체되지 않았다는 것을 나타낸다(Brandt & Sargent, 1989, p.46, 표 5). 토머스 로스키Thomas Rawski(1989, pp.362~400)의 중국 통화량 추정치에 의하면, 은 수출에 따른 정화正貨의 감소를 은행권과 은행예금의 증가가 상쇄하고도 남을 정도여서 통화량 총액은 1931년 이전뿐만 아니라 1931년 이후로도 계속 증가했다(Brandt & Sargent, 1989, p.39 표 2;Rawski, 1989, p.393, 표 C16). 액면 그대로 받아들이면, 이 두 가지 추정치는 중국의 사례를 화폐감소의 결과로 본 우리의 해석과 일치하지 않는다.

이러한 새로운 증거를 로렌 브렌트와 토머스 사전트(1989)는 중국의 사례가 정화본위제의 자유은행의 한 예였음을 나타내는 것이라고 보았다. 이에 의하면 은의 실질가격이 상승하면 동일한 명목화폐총량을 유지하기 위해 필요한 은의 실물 보유량이 감소해도 된다는 것을 의미한다. 그들은 물가하락이 화폐 수축에 의해서보다는 일물일가—物—價의 법칙, 즉 국제가격과 국내가격 간의 재정거래에 의해서 야기되었을 것이라는 의견이다. 그들이 추측하기로는, 일물일가의 법칙에 의해 야기된 물가하락의 영향으로부터 실물경제를 단절할 만큼 물가가 충분히 신축적이었다는 것이다. 은가격의 상승은 은보유자들에게 순전히 혜택이었으며, 그들은 그 혜택을 실현하기 위해 국내 화폐량을 유지하는 목적에서 이제 불필요하게 남아돌게 된 양만큼의 은을 수출했다는 것이다.

그들의 결론은 이렇다. "미국의 은구매사업이 결국 중국을 은본위제에서 이탈시키고 불환지폐제도로 이행시킨 일련의 불미스러운 경제 사건들을 촉발시키지 않았다. 미국의 은구매사업이 중국 물가 수준의 하락을 야기시키는 데 이바지했다는 것은 의심할 여지가 없다…그러나 증거에 의하면 실물경제 활동의 대규모 교란의 원인이 물가 수준 하락이었다는 것을 부정한다. 중국의 화폐제도가 은본위제로부터 이탈하게 된 것은 (은의 가격 상승으로부터 얻는 혜택의) 몫을 더 챙기려 했던 정부 탓이었다. 그리고 여기에는 은태환 은행권의 형태로 고수익 소액자산을 제공하는 은행으로부터의 경쟁을 정부가 방지할 수 있다면 앞으로 저수익 정부부채를 발행하기가 더 용이할 것이라는 정부의 속셈도 작용했을 것이다"(p.49).

국제 무역관련 증거, 말이 나왔으니 말이지만, 이것은 예와 로스키의 추정치보다 확고한 통계자료에 기초를 둔 증거인데, 이는 이렇게 상상력이 풍부하고 이론적으로 매력적인 해석을 정면으로 부정한다. 만약 화폐수축의 실물효과가 무시할 정도였다면, 그렇다면 화폐수축이 실질 단위의 수출이나 수입에 아무리 영향을 주지 않았어야 할 것이며, 다만 명목 단위의 수출과 수입은 모두 감소했을 것이다. 이와 반대로 중국 이외 다른 세계 국가들은 일반적으로 1933년부터 경기확장 국면에 있었기 때문에 수출입이 모두 실질적으로 증가할 것으로 기대될 수 있었을 것이다. 여기에 추가하여 은의 보유자들에 대한 혜택의 효과를 생각해보라. 예기치 않은 부의 증가 덕분에 그들은 국산은 물론 외국산 재화와 용역에 대한 지출을 늘리게 되었을 것이다. 외국 상품에 대한 지출 증가는 실질수입을 증가시키고, 국내 상품에 대한 지출 증가는 실질수출을 감소시킨다. 그 무역 차액은 이제 불필요하게 된 은의 수출로서 충당되었을 것이다.

그러나 실제로 나타난 양상은 이와는 반대였다. 명목수입과 명목수출이 모두 감소했으나 명목수입이 더 크게 감소했다. (도매물가 지수로 조정하여) 실질개념으로 보면 수입은 1931~35년까지 매년 감소했으며, 특히 엄청난 양의 은수출이 있었던 1933~35년까지 급격히 감소했다. 실질수출은 1932~33년까지 실제로 증가했는데, 이것은 분명히 다른 나라들의 경제회복과 중국의 낮은 실질물가 덕분이었다. 실질수출은 1932~34년까지 약간 감소했다가 1934~35년까지 다시 약간 증가했다(기초 자료는 Chang, 1988, 표 4, p.103). 이러한 양상은 통화수축 해석과 전적으로 일치하는 것이지만, 브렌트와 사전트의 해석이 요구하는 양상과는 정반대이다. 실질수입은 1931년 영국이 금본위제를 이탈했을 때 감소하기 시작했으며, 1933년 미국이 금본위제를 이탈하고 은구매사업을 개시했을 때에는 매우 급격히 감소했다. 실질수출은 증감의 변동을 보였는데, 이는 은으로 평가한 외국 가격 변화에 국내 물가가 신축적으로 반응하지 못함으로써 야기된 중국의 낮은 실질가격을 반영하는 것이다.

보다 면밀히 검토해보면, 예와 로스키가 제시한 새로운 추정치들 어느 것도 화폐적 해석에 대해 진정한 도전이 되지 못한다. 슈워츠와 나, 동시대 논평자들 모두 명목적 화폐수축의 실물효과를 과대평가했을 가능성이 있다. 오래 전 알프레드 마샬이 지적한 것처럼 '화폐 환상'이 그러한 과대평가를 조장하는 경향이 있다. 『화폐의 역사』에서 우리는 1873~79년 미국의 불경기와 관련해서 그러한 과대평가가 발생했다고 보고한 바 있다. 그러나 예의 추정치의 기초를 이루는 불완전할 수밖에 없는 총량 통계자료를 근거로 삼아 동시대 논평자들의 판단을 전적으로 기각하는 것은 무리라고 생각한다. 게다가 대규모의 화폐수축이 실물변수에 미치는 영향이 무시할 정도로 될 만큼 중국의 물가가 매우 신축적이었다고 생각하는 것은 믿기 어렵다.[83]

은의 수출에도 불구하고 화폐공급이 증가했다는 로스키의 결론도 의심스럽다. 그는 화폐용 은의 양에 대한 각기 다른 추정치를 토대로 두 가지의 양자택일적 통화총량 자료를 만든다. 이 두 통화량은 1931~35년 사이에 각기 23%와 20% 증가했는데, 이는 전적으로 국내 현대식 은행과 외국은행 예금의 급격한 증가에 기인한다. 그러나 이러한 예금이 국내 비금융활동에 관련이 있는지 몹시 의심스럽다. 현대식 국내은행과 외국은행들은 상하이에 집중되어 있어서, 주로 상하이의 국내 및 외국 금융계의 거래활동과 유동성 욕구에 이바지했다.

국내 비금융활동에 대해 이 은행들이 관련이 적었다는 사실은 로스키가 화폐공급총량에 대한 은행 밖의 민간보유화폐의 비율을 추정한 값에 의해 잘 나타난다. 통화량 대비 민간보유화폐의 비율은 1931년에 47% 또는 55%이던 것이 1935년에는 단지 33% 또는 41%로 감소한다. 중국과 같은 저개발국가의 경우에는 1931년의 비율들조차 거의 믿을 수 없으며, 1935년의 더욱 낮은 비율들은 문자 그대로 믿을 수 없다.[84] 이와는 대조적으로 1931~35년까지의 전기간을 통해, 은행 밖의 민간보유화폐는 현대식 국내은행과 외국은행의 예금을 제외한 화폐총량의 약 80% 정도였다. 이것은 중국의 경제 및 금융 발전 단계를 고려할 때 훨씬 믿을 만하다.[85]

정화正貨, 은행권 그리고 국내은행의 예금을 합친 협의의 화폐총량은 1931~35년 사이에 11%와 9% 감소했고, 1933~35년 사이에 13%와 11% 감소했으며, 급격한 감소는 미국이 금본위제에서 이탈하고 은구매 사업안을 개시한 후에 시작되었다.[86] 나는 국내의 비금융 경제활동과 관련있는 통화량이 슈워츠와 내가 가정했던 것처럼 움직였다고 결론짓는다.

같은 기간에 대한 자세한 분석을 통해 케빈 장(1988)은 브렌트와 사전트의 해석을 반박하는데, 그 근거는 우리의 것과 관련은 있지만 다르다. 즉 "그것은 1934~35년에 발생한 은수출의 갑작스러운 증가를 설명하지 못한다. 중국의 화폐수축 시기가 중국의 은수출의 양상과 일치하지 않는다"(pp.73~74). 그는 우리의 해석을 기각하는데, 그 이유는 우리의 해석이 브렌트와 사전트가 의존하는 새로운 추정치에 의해 부정되었다고 잘못 생각했을 뿐 아니라 "우리가 중국으로부터 은이 유출되는 진정한 원인을 간과하고"(p.69) 있다고 보는 데 있다.

장은 "미국의 은가격 지지 결정 그리고 물가하락과 은수출에 대한 중국의 강한 혐오감(장은 이것이 크게 과장되었다고 간주한다)이 궁극적으로 은본위제의 중지를 가져오는 방향으로 작용했다는 것은 분명하다. 그리고 이것은 중국 내의 은 보유자들에게 은을 수출하는 길을 찾게 했다. 이것은 정부의 우려를 크게 심화시켰으며 결국 은본위제로부터 이탈하게 했다"(p.43).

은수출의 시간에 걸친 동태적 양상을 다룬 장의 설명은 신빙성있게 보인다. 미국의 은가격 인상 결정의 영향에 대한 우려가 빚어낸 투기적 반응이 중국 정부의 은수출 금지와 그 후 불환지폐제 도입 결정을 초래한 핵심 요인이었다고 할 수 있다. 우리가 『화폐의 역사』에서 강조한 효과들도 동일한 결과를 초래했을 것이지만, 결과가 나타나기까지의 소요기간이 좀더 길었을 가능성이 있다.

해석상의 차이는 1931~36년의 중국의 사태 발전을 충실하게 이해하는 데 좌우된다. 그러나 위의 세 가지 해석들은 모두 다음과 같은 사항에 대해 의견이 일치하고 있다. 1)미국의 은가격 인상이 중국에 급격한 화폐수축을 발생시켰다, 2)정부가 은의 금수조치를 취한 후에는 대량의 은이 법적으로 또는 밀수를 통해 수출되었다, 3)동시대 논평자들은 화폐환상 때문이든지, 직접적 정보가 후세 사람들이 만든 고도로 총량적이며, 부분적이며, 부정확한 통계자료로부터 신뢰성이 높기 때문이든지 관계없이 화폐수축이 심각한 경제 불황을 수반한 것으로 보았다, 4)화폐수축은 순전히 명목적인 것이든지 실물 변수들의 감소를 수반하는 것이든지 광범위한 불확실성과 불만을 야기시켰다, 5)이러한 현상은 이런저런 경로를 통해 중국으로 하여금 은본위제를 이탈하고 불환지폐제도로 이행하게 했다, 6)화폐개혁은 제도개편을 마련했는데, 이는 초인플레이션에 이바지하는 것이었다.

따라서 1932~36년 사이의 사건 전개를 다르게 보는 해석들도 모두 미국의 은구매사업이 있었기 때문에 그렇지 않았을 경우보다 초인플레이션이 보다 일찍 발생했으며, 보다 심각하게 진행되었다는 결론에 의견이 일치한다. 이처럼 미국의 은구매사업은 중국에 있어서 공산당의 궁극적 승리에 기여한 셈이다.

MONEY MISCHIEF

Chapter 8

인플레이션의 원인과 처방

기존 사회의 기초를 전복시키는 수단 가운데 화폐를 타락시키는 것보다 교묘하고 확실한 것은 없다. 그 과정은 경제법칙의 모든 숨겨진 힘을 파괴하는 쪽에서 작용하게 하고, 그것도 백만 명 중의 단 한 사람도 진단할 수 없는 방법으로 한다.

　－ 존 M. 케인즈(1920, p.236)

　중국의 초인플레이션은 케인즈의 명언이 꼭 들어맞는 사례이다. 만일 장개석 정권의 재정·금융정책 운용이 보다 우수했거나, 1930년대 미국의 은정책이 달랐던 덕분에 인플레이션을 피할 수 있었거나, 한 자리 수 또는 낮은 두 자리 수로 억제할 수 있었더라면, 오늘의 중국은 전혀 다른 형태의 사회가 되었을 가능성이 높다.

　전쟁과 혁명은 대부분 초인플레이션의 원인이었다. 서양에 있어서 최초의 경험 사례는 미국 독립전쟁 당시의 컨티넨탈화폐와 프랑스혁명 시기의 아시냐assignats 화폐였으며, 이 지폐들은 모두 결국 거의 쓸모없게 되어버렸다.

역사적으로 살펴볼 때, 지난날의 많은 인플레이션들이 초인플레이션으로까지 발전하지 않은 것은 오직 한 가지 이유 때문이었다. 화폐의 재료가 (금, 은, 구리, 철, 주석 중 어느 것이든) 금속으로 구성되어 있는 한, 인플레이션의 발생 원인은 새로운 광산의 발견이나 금속의 채취비용을 감소시킨 기술의 혁신이라든지 화폐의 가치 훼손, 즉 화폐의 재료를 '귀금속'에서 '비속한' 금속으로 대체함에 있었다. 새로운 광산의 발견이나 기술의 혁신은 필연적으로 화폐량의 완만한 증가율을 초래한다. 이로써 초인플레이션의 특징인 두 자리 수의 월간月間 인플레이션은 결코 야기되지 않는다. 화폐가치 훼손의 경우 아무리 비속한 금속을 사용한다고 해도 그것을 생산하는 데에는 역시 비용이 들게 마련이고, 이 비용이 화폐 수량의 한계를 그어준다.

포레스트 카피Forrest Capie가 흥미있는 논문에서 지적했듯이(1986, p.117), 로마제국의 멸망에 이바지한 인플레이션이 AD 200년을 기준으로 100에서 5,000으로 상승시키는 데 1세기가 걸렸다. 달리 표현하면, 이는 복리로 연율 3~4%의 인플레이션이었던 셈이었다. 초기의 화폐금속인 은과 후기의 화폐금속인 구리의 상대가격에 의해 인플레이션의 한계가 주어졌다. 미루어 짐작컨대 당시 은과 구리의 상대가격 비율이 50:1의 수준이었는데, 이는 1960년대의 시장가격비율과 대체로 비슷한 수준이다(1960년 이후 은가격이 구리가격에 비해 급격히 상승하여 현재에는 그 비율이 훨씬 높다).

초인플레이션 범주에 속하는 것은 제쳐두고, 우리가 익숙한 정도의 인플레이션조차도 지폐가 널리 통용되면서부터 비로소 가능하게 되었다. 지폐의 명목량은 무시할 만한 비용으로 거의 무제한 증발될 수 있다. 왜냐하면 같은 종잇조각에 큰 숫자를 인쇄하기만 하면 되기 때문이다.

『중국의 화폐와 신용Money and Credit in China』(이 책의 부제는 '짧은 역사 A Short History' 이지만 2천 년 이상의 기간을 다룬다)의 저자 양 린생Yang Liensheng에 의하면, 역사상 최초로 기록된 "진정한 화폐는 11세기 초 무렵에 중국의 스츠안四川 지방에서 등장했다"(1952, p.52). 이 화폐는 1세기 이상 통용되었으나 −양의 서술에 따르면− 결국에는 "주로 군사적 지출을 충당하기 위해" 과잉 발행의 치명적 유혹에 빠져버렸다. 그는 또 그 다음 5세기 동안에 중국의 여러 지역 및 여러 왕조에서 발행한 많은 지폐에 관해서도 기록했는데, 모두가 처음에는 안정기를 거쳐 약간의 과잉 발행, 그 다음에는 상당한 과잉 발행, 그리고 드디어 폐기되는 동일한 주기를 밟았다. 그후 19세기까지 중국에서는 더 이상의 지폐 남발 기록이 없다.

서양에서 지폐가 널리 통용된 것은 18세기에 들어서부터였다. 내 생각으로는 그것이 1719~20년에 있었던 존 로우John Law의 '미시시피 거품Mississippi Bubble' 사건과 때를 같이 했다고 본다. 대영백과사전(1970)에 의하면 당시에는 "은행권의 남발로 상품가격이 두 배 이상 상승하는 인플레이션이 초래되었다"(Hamilton, 1936 참조). 이것은 그 후 발생한 진정한 초인플레이션에서 물가가 100만 배, 10억 배, 1조 배 상승하는 사태의 까마득한 원조였다.

최근 수년 전까지만 해도 내가 알고 있는 초인플레이션은 모두 전쟁과 혁명의 산물이었다. 그러나 이제는 그렇지 않다. 볼리비아, 브라질, 아르헨티나, 이스라엘은 모두 평화 시기에도 초인플레이션을 경험했고,

지금 내가 집필하고 있는 순간에도 브라질과 아르헨티나에서는 초인플레이션이 진행 중이다. 아마도 내가 모르고 있는 다른 초인플레이션도 있을 것이다. 그 이유는 −이제 곧 살펴보겠지만− 전쟁과 혁명이 이제는 정부로 하여금 정부 활동의 재원을 마련하는 수단으로 화폐인쇄기에 의존하게 만드는 유일한 원인도, 주된 원인도 아니라는 것이다.

그 직접적 원인이 무엇이든 인플레이션은 하나의 질병이며, 그것도 위험하고 때로는 치명적인 질병이며, 제때에 억제하지 못한다면 중국의 경우와 마찬가지로 사회를 파괴시킬 수도 있는 질병이다. 1차대전 후 러시아와 독일의 초인플레이션은 러시아에서는 공산주의, 독일에서는 나치즘이 등장할 토대를 만들었다. 1954년 브라질의 인플레이션율이 연 100%에 이르렀을 때 군사정권을 불러들였다. 그보다 극심한 인플레이션은 1973년 칠레의 살바도르 아옌데Salbador Allende와 1976년 아르헨티나의 이사벨 페론Isabel Peron을 전복시키고 역시 군정을 초래했다. 1980년대에 들어 브라질과 아르헨티나의 반복된 인플레이션은 여러 차례 개혁을 좌절시키고, 정권 교체, 자본 도피, 경제적 불안의 고조가 반복되도록 했다.

그러나 어떤 정부도 초인플레이션은 고사하고 완만한 정도의 인플레이션을 유발시킨 책임을 인정하려 하지 않았다. 정부관리들은 언제나 변명거리를 찾는다. 즉 탐욕스런 기업가들, 욕심부리는 노동조합, 과소비하는 소비자들, 아랍의 추장들, 불순한 날씨 또는 조금이라도 그럴 듯하게 보이는 다른 어떤 구실을 든다. 확실히 기업가는 탐욕스럽고, 노조는 욕심부리고, 소비자는 과소비하고, 아랍 족장들은 원유가격을 인상했고, 날씨는 때때로 불순하다. 이러한 요인들은 각각 개별상품의 가격

상승을 유도할 수는 있지만 일반물가의 상승을 초래할 수는 없다.

이것들은 인플레이션율의 일시적 변동을 가져올 수는 있지만 지속적인 인플레이션의 원인이 될 수는 없다. 그 이유는 매우 간단명료하다. 즉, 인플레이션의 원인으로 의심받는 요인들 중 어느 것도 우리가 주머니 속에 지니고 다니면서 돈이라고 부르는 종잇조각들을 법적으로 찍어낼 수 있는 인쇄기를 갖고 있지 않기 때문이다. 그 어느 것도 (은행의) 회계장부 기록자가 지폐와 동일한 장부 항목을 마음대로 기재하도록 법적 권한을 부여할 수 없다.

인플레이션은 자본주의적 현상이 아니다. 공산권 국가인 유고슬라비아는 유럽의 국가 중 가장 급격한 인플레이션을 경험한 반면, 자본주의의 아성인 스위스는 가장 낮은 인플레이션을 경험했다. 그렇다고 해서 인플레이션을 공산주의적 현상이라고 볼 수도 없다. 모택동 시대 중국에는 인플레이션이 별로 없었으며, 러시아도 한때는(민주화 이후) 급격한 인플레이션의 와중에 있었지만 수십 년 동안 인플레이션이 별로 없었다. 주로 자본주의 국가인 영국, 이탈리아, 일본, 미국이 상당한 인플레이션을 경험했는데, 가장 최근의 경험은 1970년대의 경험이었다. 현대 세계의 인플레이션은 화폐인쇄기 현상이다.

상당률의 인플레이션은 언제 어디서나 화폐적 현상이라는 점을 인식하는 것은 인플레이션의 원인과 처방을 이해하는 출발점에 불과하다. 보다 근본적인 문제는 다음과 같다. 정부가 화폐량을 급속하게 증가시키는 이유는 무엇인가? 그리고 정부가 인플레이션의 폐해를 알면서도 인플레이션을 유발하는 까닭은 무엇인가?

| 인플레이션의 직접적 원인

이 문제를 다루기 전에 인플레이션이 화폐적 현상이라는 명제에 대해 잠시 살펴볼 가치가 있다. 이 명제의 중요성이나 이 명제에 대한 수많은 역사적 증거에도 불구하고, 이는 아직도 널리 받아들여지지 않고 있다. 그 이유는 정부가 인플레이션에 대한 책임을 감추려는 연막 수단을 펴기 때문이다.

만일 구매 가능한 재화와 용역의 양, 즉 간단히 말해서 생산량이 화폐량과 같은 속도로 증가한다면 물가는 안정된다. 더구나 소득증가에 따라 사람들이 화폐를 보유하고자 하는 비율을 높이는 경우에는 물가가 점진적으로 하락할 수도 있다. 인플레이션은 화폐량이 생산량보다 상당히 빠르게 증가할 때 발생하며, 생산량 단위당 화폐 수량의 증가가 빠르면 빠를수록 인플레이션율은 높아진다. 경제학 명제 가운데 이것만큼 확고하게 정립된 명제는 없다.

한 나라의 산출량은 이용가능한 물적 · 인적 자원과 이 자원을 활용할 수 있는 지식과 능력의 제한을 받는다. 최상의 조건에서도 생산량 증가는 서서히 나타날 수밖에 없다. 지난 1세기에 걸쳐 미국 생산량의 연평균 증가율은 3%였다. 2차대전 이후 일본의 고도 성장기의 절정에서도 연평균 생산량 증가율이 10%를 크게 벗어나지 못했다. 상품화폐량도 마찬가지로 물적 제한을 받는다. 그러나 때때로 상품화폐 증가가 일반 상품생산보다 빠르게 증가하기도 한다. 그 예로서 16~17세기에 신대륙으로부터 홍수처럼 밀려온 귀금속의 유입, 19세기의 금 대량 유입을 들 수 있다. 현대 형태의 화폐, 즉 지폐와 장부상의 기재 항목은 그러한 물적 제한을 받지 않는다.

　1차대전 후 독일의 초인플레이션 하에서 손에서 손으로 유통되는 현금화폐는 1년 이상에 걸쳐 월평균 300% 이상 증가했으며, 물가도 역시 그만큼 상승했다. 2차대전 후 헝가리의 초인플레이션 하에서는 역시 현금화폐는 1년 동안 월평균 12,000% 이상 증가했으며, 물가는 그보다 더 높은 월간 거의 20,000% 상승했다(Cagan, 1956, p.26).

　1969~79년 사이의 미국의 완만한 인플레이션 하에서 화폐량은 연평균 9% 증가하고 물가는 연평균 7% 상승했다. 그리고 두 증가율의 2% 차이는 같은 기간중 생산의 연평균 증가율 2.8%를 반영한다.

　이러한 사례들이 보여주듯이, 화폐량의 변화는 생산량의 변화를 압도하는 경향이 있다. 따라서 우리는 생산력에 관한 아무런 언급 없이 인플레이션을 화폐적 현상이라고 말하게 된다. 이상의 사례들은 또한 화폐 증가율과 인플레이션율이 정확히 1:1의 대응관계를 갖지 않음을 보여준다. 그러나 역사적으로 볼 때 상당 기간 지속된 인플레이션치고 상응하는 화폐 수량의 증가가 거의 수반되지 않은 예가 없었고, 화폐 수량의 급격한 증가치고 상응하는 상당한 인플레이션이 거의 수반되지 않은 예가 없었다.

　[그림 8-1~5]가 이러한 관계의 보편성을 보여준다. 각 그림에서 실선은 각 기간중 연도별 생산량의 단위당 화폐량을 나타내고, 점선은 물가지수(디플레이터 또는 소비자 물가지수)를 나타낸다.[87] 비교의 편의를 위해 두 시계열을 전殳기간의 평균치에 대한 백분율(%)로 나타냈다. 종축은 대수(로그)값으로 잡아 동일한 거리가 동일한 백분율 변화를 보이도록 한다. 그 이유는 간단명료하다. 물가에 있어서 중요한 것은 변화의 절대

그림 8-1 100년(1891~1990)에 걸친 미국의 화폐 및 물가

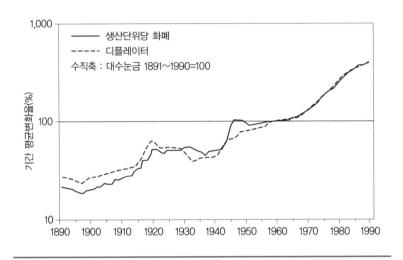

적 크기가 아니라 변화율이기 때문이다. 시초가격이 1달러인 상품의 1 달러 상승은 시초가격이 100달러인 상품의 1달러 상승보다 훨씬 더 극심한 변화이다. 대등한 변화율을 가지려면, 100달러짜리 상품의 가격은 200달러로 두 배 상승해야 한다.

각 표에 따라 척도가 다르지만 동일한 기울기가 동일한 인플레이션율에 대응한다는 점에서 보면 비교가 가능하다.[88] 각 그림에서 두 곡선은 반드시 동일한 평균수준을 갖도록 그려져 있지만 두 곡선이 어느 특정한 연도에 일치하거나 동일한 시간경과 양상을 가질 필요는 없다. 예를 들면 한 곡선은 처음부터 끝까지 상승할 수 있는 반면, 다른 곡선은 하락할 수 있다. 그러나 각 그림에서 기간이 다르고 국가가 다르고 금융 및 경제정책이 크게 다름에도 불구하고, 두 곡선이 일치하지는 않지만 서

그림 8-2 100년(1891~1990)에 걸친 영국의 화폐 및 물가

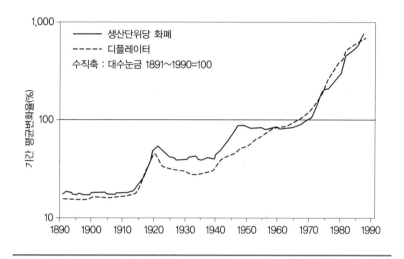

로 크게 벌어지는 경우가 거의 없으면 분명히 동일한 양상을 보인다. 이 것은 결코 우연의 일치가 아니다.

미국과 영국에 대한 [그림 8-1]과 [8-2]는 경제 여건의 엄청난 변화에 도 불구하고 이 관계가 얼마나 지속적인가를 보이기 위해 1세기 동안의 움직임을 보이고 있다. 1931년까지 두 나라는 금본위제도를 채택하고 있었으며(영국의 경우 1915~25년 동안은 제외), 고정환율로 서로 연결되어 있었다. 이 때문에 두 나라의 양상은 2차대전 전까지 매우 비슷하다. 또 한 두 나라 경우 모두 두 번의 세계대전 기간은 추세에서 크게 벗어나 급 속한 화폐팽창을 나타낸다. 그러나 두 세계대전에는 한 가지 흥미있는 차이점이 있다. 즉 1차대전 때는 물가와 화폐량이 거의 나란히 증가한 반면, 2차대전 때는 1950년대 말까지 물가상승이 화폐량의 증가 추세보

그림 8-3 30년(1961~1990)에 걸친 독일의 화폐 및 물가

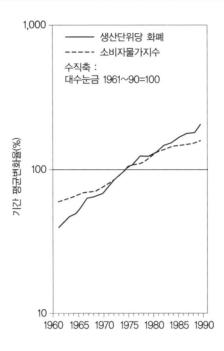

다 완만하게 나타났다. 그 차이는 부분적으로 통계적 착각 때문이다. 즉 2차대전 때에는 정부가 가격통제와 배급제를 강화·실시하여 물가상승을 억제·지연시켰기 때문이다.

1차대전 이전과 두 세계대전 사이 기간에는 대공황 중에 미국 물가가 급락한 것을 제외하고는 상대적으로 안정적이었다. 그리고 2차대전 이후의 상황은 매우 다른데, 이 평화 기간의 물가상승률은 전쟁중 물가상승률과 버금가거나 심지어는 초과하는 수준이었다. 더구나 전쟁 전보다 전쟁 후에 화폐와 물가곡선들이 더 밀접하게 엉켜 움직이는 추세를 보

그림 8-4 30년(1961~1990)에 걸친 일본의 화폐 및 물가

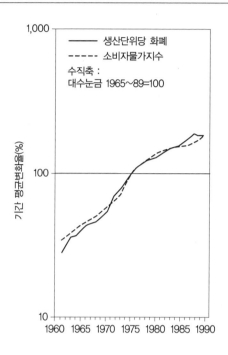

인다(아마 이는 단지 자료가 더 정확해졌기 때문일 것이다).

결국 미국의 경우 1990년 물가는 1891년 초기 수준의 15배 상승했고, 영국의 경우 50배 상승했다. 두 국가의 차이는 두 나라의 물가를 얽어매는 금본위제의 연결고리가 없어진 2차대전 중과 그 이후에 주로 벌어졌다. 처음 반세기(1891~1940년) 동안의 인플레이션율은 미국이 평균 1% 미만, 영국이 1.6%였다. 그 후 반세기 동안 두 나라의 인플레이션율은 거의 4배가 뛰어올라 미국이 평균 4%, 영국이 평균 6.4%로 되었다.

독일과 일본의 경우([그림 8-3]과 [8-4])는 더 짧은 기간, 즉 1961~90년

까지의 30년 추세를 보여준다. 두 나라에서 모두 화폐증가가 물가상승보다 앞섰는데, 독일의 경우 화폐는 연 4.8%, 물가는 연 2.7%, 일본의 경우 화폐는 연 7%, 물가는 연 7%였다. 두 나라 모두 생산과 금융활동의 급속한 성장으로 생산단위당 실질잔고 수요가 크게 증가(유통속도는 감소)하였다. 이와 같은 현상은 미국의 경우에도 [그림 8-1]에서 볼 수 있듯이 초기에 나타난 적이 있었다. 비록 일본과 독일 모두 상대적으로 인플레이션율이 낮은 국가로 보아 마땅하지만 이 두 나라의 인플레이션도 2차대전 이전 금본위제 국가들의 인플레이션에 비교하면 단연코 높은 수준이었다.

브라질의 경우는 자료 부족 때문에 더욱 짧은 기간인 1965~89년까지 추세를 보이고 있다. 브라질의 경우 물가 수준이 초기에 비해 말기에 거의 600만 배로 상승하는 초인플레이션의 사례인데, 이는 연평균 인플레이션율 86.5%에 해당한다. 아, 복리 계산의 무서운 힘이여! 그림이 나타내듯이 전기간에 걸쳐 인플레이션이 가속되었는데 마지막 수년의 월간 인플레이션율은 전기간의 연평균 상승률을 훨씬 상회한다(마지막이 보이지 않는 단계일 수도 있다). 1990년의 자료가 없지만, 물가가 1989~1990년 사이에 30배 상승한 추정치는 분명히 가지고 있다. 오늘날까지 초인플레이션을 종식시키기 위한 거듭된 화폐개혁은 모두 실패로 끝나고 말았다. 그러나 조만간 성공하는 화폐개혁이 있을 것이다.

그림에서 보듯이 화폐와 물가가 분명히 함께 움직이고 있다. 그렇다면 어느 것이 원인이고 어느 것이 결과인가 하는 물음이 제기된다. 물가상승이 화폐 증가 때문인가, 아니면 그 반대인가? 많은 역사적 사례들은 어느 것이 원인이고 어느 것이 결과인지를 분명히 밝혀준다.

그림 8-5 25년(1965~1989)에 걸친 브라질의 인플레이션

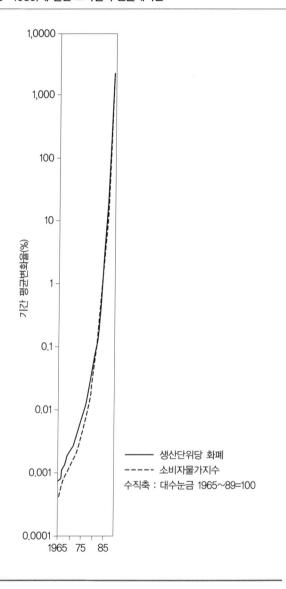

생산단위당 화폐
소비자물가지수
수직축 : 대수눈금 1965~89=100

하나의 극적인 사례를 미국의 남북전쟁에서 찾을 수 있다. 남부군은 전쟁비용을 대량의 화폐발행에 의존했는데, 그 과정에서 1861년 10월 ~1864년 3월 사이 월평균 10%의 인플레이션율을 초래했다. 이에 따라 인플레이션을 억제하기 위한 조치로 남부동맹측은 화폐개혁을 단행했다. "1864년 5월 화폐개혁이 단행되어 화폐량이 감소되었다. 그러자 북군의 침입이 임박한 군사적 패배, 외국 무역의 감소, 정부의 와해, 남부동맹군의 사기 저하에도 불구하고 극적으로 물가지수가 하락했다. 이 모든 강력한 요인들보다 화폐 수량 감축이 물가에 더 중대한 영향을 미쳤다"(Lerner, 1956, p.172). 이와 비슷한 예는 얼마든지 제시할 수 있다. 상당한 인플레이션에 있어서는 화폐가 원인(또는 직접적인 원인)이고 물가상승은 그 결과이다.

앞에서 살펴본 그림들과 이러한 결론은 널리 주장되고 있는 인플레이션의 원인론들을 일축한다. 노동조합은 흔히 핑계로 즐겨 쓰는 희생물이다. 노동조합은 단결력을 행사하며 임금을 인상하고, 임금인상은 생산비 상승을 부추기고, 생산비 상승은 가격인상을 초래한다고 비난의 대상이 된다. 그렇다면 노동조합이 어느 나라보다 강력한 영국과 노동조합이 상당한 힘을 가지고 있는 독일이나 미국에서 나타나는 현상이 노동조합이 미미한 일본과 정부의 통제와 허용에서만 노동조합이 존재하는 브라질의 경우에도 그대로 나타나는 까닭은 무엇인가? 노동조합은 다른 사람들의 고용 기회를 제한함으로써 노동조합원에게는 유용하지만, 많은 폐해를 줄 수도 있다. 그러나 노동조합은 인플레이션을 발생시키지 않는다. 생산성 향상을 초과하는 임금인상은 인플레이션의 원인이라기보다 결과이다.

마찬가지로 사업가도 인플레이션을 발생시키지 않는다. 극심한 인플레이션을 경험한 국가의 사업가가 그러한 경험이 없는 나라의 사업가보다 더 탐욕스러운 것은 확실히 아니며, 그 탐욕성이 시대에 따라 달라지는 것도 아니다. 그렇다면 왜 인플레이션은 다른 장소와 시간에서보다 특정한 시간과 장소에서 크게 나타나는가?

특히 책임을 회피하고자 하는 정부 관리들 사이에 즐겨 사용되는 또 하나의 인플레이션 원인론은 인플레이션이 외국에서 수입된다는 것이다. 이 설명은 3장에서 살펴본 바와 같이 주요국들의 화폐가 금본위제를 통해 서로 연관되어 있던 시대에는 때때로 타당했다. 당시에는 인플레이션은 국제적 현상이었다. 왜냐하면 여러 나라에서 동일한 상품을 화폐로 사용함으로써, 이 상품화폐의 양을 급격히 증가시키는 요인은 모든 나라에 골고루 영향을 미쳤기 때문이었다. 그러나 이 설명이 최근에는 타당하지 않다. 만일 타당했다면 어떻게 나라마다 인플레이션율이 그렇게 다를 수 있는가? 1970년대 초에 일본과 영국은 30% 이상의 인플레이션을 경험한 반면 미국의 인플레이션은 10%, 독일의 인플레이션은 5% 미만이었다. 높은 정부지출과 심각한 재정적자가 세계적 현상이듯이, 인플레이션이 동시에 세계 여러 나라에서 발생한다는 의미에서 인플레이션은 세계적 현상이다. 그러나 높은 정부지출과 심각한 재정적자가 개별 국가가 통제 불가능한 요인에 의해 발생된 것이 아니듯이, 각국이 개별적으로 자국의 인플레이션 규제 능력을 결여하고 있다는 의미에서 인플레이션은 국제적 현상이 아니다.

낮은 생산성도 인플레이션의 원인으로 자주 거론된다. 그러나 브라질의 경우를 생각해보자. 1960~70년대를 통해 브라질은 세계에서 가장 급속한 생산증가율을 누리면서 인플레이션율도 세계 최고 수준이었다. 장기적으로 생산성 향상만큼 한 나라의 경제적 후생에 중요한 것은 없다. 만일 생산성이 1년에 3.5% 증가한다면 생산이 2배로 증가되는 데 20년이 걸린다. 그리고 생산성이 1년에 5% 증가한다면 생산이 2배로 되는데 14년 걸린다. 이것은 상당한 차이다. 생산성은 인플레이션 이야기에서 단역에 불과하고 화폐가 주역이다.

아랍 추장들과 석유수출국기구OPEC는 어떠한가? 이들은 세계 대부분 국가에 무거운 부담을 안겨주고 있다. 1970년대 원유가격의 급등 탓으로 모두가 원유대금을 지불하기 위해 수출 증가에 힘써야 했기 때문에 국내에서 이용가능한 재화와 용역의 양을 감소시켰다. 이러한 생산의 감소는 물가를 상승시켰다. 하지만 그것은 일과성 효과에 불과했다. 즉, 인플레이션율에 지속적인 영향을 미치지는 못했다. 1973년의 석유파동 이후 5년 동안 독일과 일본의 인플레이션율은 모두 하락했는데, 독일의 경우 연 7%에서 5% 이하로, 일본의 경우 30% 이상에서 5% 이하로 하락했다. 미국의 경우, 석유파동 직후 1년간 인플레이션율이 12%의 최고 수준에서 1976년에는 5%로 하락했다가 1979년에 다시 13% 이상으로 상승했다. 모든 나라에 공통적인 석유파동의 영향이 나라마다 이렇게 큰 차이를 나타내는 것을 어떻게 설명할 수 있을까? 독일과 일본은 원유 공급을 100% 해외 수입에 의존하면서도 50%만을 수입에 의존하는 미국이나 원유생산국인 영국보다 인플레이션 억제에 더 성공적이었다.

이제 원래의 명제로 돌아가자. 인플레이션은 화폐량이 생산량보다 더 급속히 증가할 때 발생하는 화폐적 현상이다. 화폐의 움직임이 주요 변수이고 생산량의 움직임은 보조 변수이다. 인플레이션율의 일시적인 동요를 초래할 수 있는 현상들은 많지만, 이 현상들이 통화증가율에 영향을 미쳐야만 지속적인 영향을 미칠 수 있다.

| 과도한 화폐발행의 원인은 무엇인가?

인플레이션이 화폐적 현상이라는 명제는 중요하지만, 이는 인플레이션의 원인과 처방에 대한 해답의 시작에 불과하다. 그 명제가 중요하다는 것은 그것이 인플레이션의 근본적인 원인을 찾아내는 데 길잡이가 되고 가능한 처방의 한계를 그어주기 때문이다. 그러나 보다 근본적인 의문은 과도한 화폐발행의 원인이 무엇이냐이기 때문에 그 명제는 해답의 시작에 불과하다.

지난날 금본위나 은본위 화폐제도에서는 무엇이 타당했든지, 오늘날의 지폐제도에서는 과도한 화폐발행, 따라서 인플레이션을 발생시킬 수 있는 것은 정부이며, 오직 정부뿐이다.

미국의 경우 가속적 인플레이션의 최초 경험기간인 1960년대 중반부터 1970년대 후반까지 통화증가가 가속화되었는데, 이는 다음 세 가지가 서로 관련된 요인들 때문이었다. 첫째는 정부지출의 급격한 증가, 둘째는 정부의 완전고용 정책, 셋째는 연준의 잘못된 정책의 추진이다.

만일 정부의 추가지출 재원이 조세나 민간차입으로 보전된다면, 정부지출의 증가가 화폐량의 급격한 증가와 인플레이션을 유발하지 않을 것이다. 조세나 민간차입의 경우, 모두 정부의 지출 재원은 늘어나고 민간의 지출 재원은 줄어든다. 그러나 조세는 정치적으로 인기가 없다. 다수의 국민들은 추가적 정부지출을 환영하는 반면, 추가적 조세 부담을 환영하는 사람은 거의 없다. 민간으로부터의 차입 역시 정치적으로 인기가 없으며, 민간저축을 민간투자로부터 정부 적자를 보전하는 쪽으로 전환시키며, 정부부채가 증가하는 것에 반대하는 아우성을 자아낸다.

재정지출 증가의 재원을 마련하는 단 하나 남아 있는 방법은 화폐발행이다. 미국 정부는 정부의 한 부처인 재무성이 정부의 다른 한 부처인 연준에 채권을 매각하게 함으로써 화폐를 발행할 수 있다.[89] 연준은 채권구입의 대가로 연방준비은행권을 새로 찍어주거나 재무성 명의로 예금을 장부에 기입한다. 그러면 재무성은 현금이나 연준에 대한 재무성 계좌 앞으로 발행한 수표로 정부의 지불계산서를 지불할 수 있다. 이렇게 추가된 통화를 처음 수취한 사람들이 일반은행에 예금할 때, 그 화폐는 은행의 지불준비금으로 되며, 훨씬 더 큰 화폐증가의 단초가 된다.

법적으로는 재무성이 연준에 직접 판매할 수 있는 채권의 규모가 제한되어 있다. 그러나 이 제한은 쉽게 회피된다. 즉, 재무성이 채권을 민간에 매각하고 연준이 민간으로부터 채권을 매입하는 간접방식을 취한다. 간접방식의 효과는 재무성이 연준에 매각하는 직접방식의 효과와 동일하다. 다만, 두 방식 사이의 차이가 있다면 중개 기관들이 연막煙幕을 제공한 대가로 수수료를 얻는다는 점이다.

통화증발增發을 통해 정부지출 재원을 마련하는 방식이야말로 대통령과 의원들 모두에게 정치적으로 가장 매력적이다. 그들은 새로운 조세를 제안 또는 표결하거나 민간으로부터 차입할 필요없는 정부지출을 증가시킬 수 있고 지지자들과 선거구에 대해 '달콤한 이권'을 제공할 수 있다.

미국에서 화폐의 증가 속도를 가속화시키는 두 번째 요인은 완전고용을 실현시키려는 정책이다. 정부의 여러 가지 시책의 경우가 그러하듯이, 목적은 훌륭하지만 결과는 그렇지 못하다. 완전고용은 아주 복잡하고 애매모호하다. 더구나 완전고용이라는 지나치게 야심찬 목표는 정부정책이 편향을 갖게 한다. 고용을 증가하는 것으로 보이는 조치는 어느 것이나 정치적으로 매력적인 반면 실업을 증가시키는 것으로 보이는 조치는 어느 것이나 매력없는 것으로 간주된다.

인플레이션과 고용의 관계는 두 가지이다. 첫째, 정부지출은 고용을 증가시키는 것으로 보일 수 있고, 조세는 개인지출을 감소시킴으로써 실업을 증가시키는 것으로 보일 수 있다. 따라서 완전고용정책은 정부가 조세의 증가없이 심지어는 조세를 감소시키는 동시에 정부지출을 증가시키고 그 결과로 발생하는 재정적자를 화폐량 증가로 충당하는 경향을 강화시킨다. 둘째, 연준이 정부지출의 보전 이외의 방법으로도 화폐량을 증가시킬 수 있다. 그 하나의 방법은 이미 발행된 정부채권을 연방준비은행이 매입하고 신규 발행된 본원통화로 대금을 지불하는 방식이다. 이것은 일반 은행들의 민간대출 규모 확대를 가능하게 하는데, 역시 고용 증대에 이바지한다고 볼 수 있다. 완전고용을 촉진시키려는 압력은 정부의 재정정책에 대해서와 마찬가지로 연방준비은행의 금융정책에 대해서도 인플레이션을 유발하는 편향을 갖게 한다.

이러한 정책은 완전고용을 달성하지 못했으나 결과적으로 인플레이션을 유발했다. 영국 수상 제임스 켈러헌James Callaghan이 1976년 9월 노동당대회에서 다음과 같이 용기있게 지적했다. "지금까지 우리들은 조세감면과 정부지출의 증가를 통해 경기침체에서 벗어나고 고용의 증대를 가져올 수 있다고 믿는 버릇이 있었습니다. 솔직히 말해서, 그 선택은 이제 더 이상 존재하지 않습니다. 과거에 그러한 선택이 존재했더라도 그것은 경제에 더 강도 높은 인플레이션을 불어넣어 다음 단계에 더 높은 수준의 실업이 뒤따르게 합니다. 바로 이것이 지난 20년 동안의 역사입니다."

미국의 화폐팽창의 세 번째 요인은 연준의 정책 오류였다. 연준은 화폐 수량을 구제할 수 있는 권한을 갖고 있으며, 통화규제라는 목적을 위한답시고 입에 발린 말을 한다. 그러나 연준의 실제 행위는 셰익스피어의 희곡 〈한여름밤의 꿈〉에 등장하는 데메트리우스Demetrius의 행실과 좀 닮은 데가 있다. 데메트리우스는 자기를 사랑하는 헤레나Helena를 멀리하고 헤르미아Hermia를 쫓아다니지만, 헤르미아는 다른 남자를 사랑한다. 연준은 규제 가능한 화폐량 규제에 마음을 두지 않고 규제 능력이 없는 이자율을 규제하려고 노력해왔다. 그 결과 양쪽에서 모두 실패했다. 즉, 화폐와 이자율 모두 큰 폭의 진동을 보였다. 이러한 진동 또한 인플레이션적 편향을 가졌다. 연준이 화폐 수량을 1/3로 감소하도록 허용함으로써 경기후퇴를 불황으로 악화시켰던 1929~33년의 엄청난 실패를 기억하기 때문에 높아지려는 화폐증가율을 바로잡기보다는 낮아지려는 화폐증가율을 시정하는 데 훨씬 민첩한 반응을 보여왔다.

금융계도 연준이 이자율을 규제할 수 있다고 생각하고 있으며, 이러한 생각은 재무성과 의회에까지 파급되었다. 그 결과 경기침체가 있을 때마다 재무성, 백악관, 의회, 증권가로부터 연준에 대해 "이자율을 인하하라"는 요청이 일어나곤 한다. 반대로 경기확장 시에는 연준에 대해 이자율을 올리라는 반대의 요청이 없다.

정부지출 증대, 완전고용 정책과 연준의 이자율에 대한 집착이 결합한 최종적인 결과는 2차대전 이래 줄곧 아슬아슬한 청룡열차를 타고 오르막길을 달리는 것이었다. 1980년대에는 아마도 이 열차가 약간 고장이 난 상태인 것 같다(낙관할 수 있는 몇 가지 이유에 대해서는 10장 참조). 1980년까지는 물가상승 시마다 전의 최고점보다 높은 수준까지 상승하고, 하락 시마다 전의 최저점보다 높은 수준에서 인플레이션이 유지되었다. 언제나 정부지출의 대對국민소득 비율도 증가했고 조세수입의 대국민소득 비율도 증가했으나, 정부지출보다는 빠르지 못하며 결국 국민소득에 대한 재정적자의 비율도 증가했다.

이러한 사태 발전은 미국에서만 그리고 최근 수십 년에만 독특하게 나타나는 것이 아니다. 먼 옛날부터 주권자들(왕이든, 황제이든, 의회이든)은 전쟁수행, 기념비 건설, 그 밖의 목적을 위한 재원의 확보 수단으로서 화폐증발에 의존하고 싶은 유혹을 받아왔다. 그들은 때때로 유혹에 빠지곤 했다. 유혹에 빠진 경우에는 언제나 인플레이션이 바짝 뒤쫓아왔다.

┃인플레이션에 의한 정부수입

화폐증발로 정부지출의 재원을 충당하는 것은 마술처럼 공짜로 무언가를 얻는 것처럼 보인다. 간단한 예로, 정부가 도로를 건설하고 그 비용을 새로 찍은 연방준비은행권으로 지불하는 경우를 상정해보자. 이 경우 모두가 이익을 보는 것처럼 보인다. 도로건설 노동자들은 급여를 받아 의식주를 향상시키고, 아무도 세금을 더 납부하지 않았지만 전에 없던 새로운 도로가 건설되었다. 도대체 누가 건설비용을 부담했는가?

그 해답은 모든 화폐 보유자들이 도로건설비용을 부담했다는 것이다. 새로 인쇄된 추가 화폐는 노동자들이 다른 생산 활동에 종사하는 대신 도로건설에 참여하도록 유도하는 데 쓰여질 때 물가를 상승시킨다. 추가된 화폐가 도로건설 노동자들로부터 그들이 구입하는 상품의 판매자들에게, 이 상품 판매자들로부터 다른 판매자들에게로 연속적으로 이어지는 지출흐름 속에서 인상된 물가 수준이 유지된다. 물가상승의 의미는 사람들의 호주머니나 은행예금에 들어 있는 화폐가 종전보다 구매력이 감소한다는 뜻이다. 물가상승 전과 동일한 구매력을 가진 화폐를 수중에 보유하려면, 지출을 삼가고 잔고를 늘려야 한다. 2장에서 보았듯이, 추가적인 화폐 발행은 화폐잔고에 대한 세금의 부과와 대등하다. 새로 발행한 연방준비은행권은 결국 세금 납부의 영수증인 셈이다.

이 세금을 실물적으로 나타내는 것은 도로건설에 사용된 자원으로 생산할 수 있었을 재화와 용역이다. 화폐잔고의 구매력을 유지하기 위해 소득보다 적게 지출한 사람은 정부가 도로건설 자원을 얻을 수 있도록 그만큼 재화와 용역을 포기한 셈이다.

인플레이션은 또한 자동적으로 유효세율을 인상시킴으로써 간접적으로 조세수입을 만들어낸다. 1985년까지는 개인의 명목소득이 인플레이션에 따라 증가함에 따라 소득계층이 점차 높게 분류되어 높은 세율이 부과되었다. 이러한 자동적 '계층 승급' 현상은 1985년 초부터 개인소득세 계층을 물가연동하도록 규정한 1981년의 연방조세법에 의해 크게 감소했다. 그러나 물가연동제가 개인소득세 구조의 전 항목에까지 확대되지 않았기 때문에 이러한 현상은 부분적으로 여전히 남아 있다. 이와 마찬가지로 법인소득도 감가상각 충당과 기타 비용처리에 대한 불충분한 감면조치 때문에 인위적으로 부풀려진다.

평균적으로, 1980년대 중반 이전까지는 10%의 인플레이션율에 딱 맞도록 10% 증가하면 연방 조세수입이 15% 이상 증가하는 경향이 있었다. 따라서 납세자들은 동일한 생활수준을 유지하기 위해 점점 더 열심히 뛰어야 했다. 이와 같은 과정에서 대통령, 의회, 주 의회들은 고작 조세 증가폭만을 줄이면서도 조세를 깎은 사람인 양 행세할 수 있었다. 해마다 조세 인하에 대한 토론이 있었다. 그러나 조세수입이 감소한 적은 없었다. 오히려 정확하게 측정하면 조세수입이 증가했다. 연방정부 차원에서는 1981년 레이건 대통령의 조세감면과 1986년의 조세개정법에도 불구하고, 조세수입이 1964년 국민소득의 22%에서 1974년 26%, 1989년 28%로 증가했으며, 주정부와 지방정부 차원에서는 1964년 11%에서 1978년 12%, 1989년 14%로 증가했다.[90]

인플레이션이 정부수입을 만들어주는 세 번째 경로는 정부 부채의 일부를 청산('폐기'라고도 말할 수 있다)하는 것이다. 정부는 달러화폐로 돈을 빌리고 달러화폐로 갚는다. 그러나 인플레이션 덕분에 정부가 상환하는 달러화의 구매력이 차입한 달러화의 구매력보다 떨어진다. 만일 정부가 대여자에게 인플레이션을 보상할 만큼 높은 이자를 부채 만기 이전에 지불했다면, 그것은 정부의 순이득이 되지 않는다. 그러나 대부분의 경우, 높은 이자를 지불하지 않았다. 저축채권이 가장 명백한 사례이다. 가령 1968년 12월에 이 채권을 매입하여 1978년 12월까지 보유했다가 현금화했다고 가정하자. 이 경우 당신은 1968년에 액면 50달러의

10년 만기 저축채권을 37달러 50센트를 주고 매입했을 것이고 1978년에 현금화할 때 64달러 74센트를 받았을 것이다. 이는 정부에서 인플레이션을 보상하기 위해 만기 전 이자율을 상승시켰기 때문이다. 1968년의 37달러 50센트의 구매력을 가지려면 1978년에 70달러가 필요하다. 그러나 당신은 64달러 74센트를 받았을 뿐만 아니라 수취금액과 지불금액의 차이인 27달러 24센트에 대해 소득세를 납부해야 한다. 결국 당신은 정부에 돈을 빌려준다는 모호한 특권을 누린 데 대해 대가를 지불한 셈이다.

인플레이션이 진정되고 재무성이 인플레이션을 충분히 반영하도록 이자율을 조정한 이후인 1980년대였다면 당신의 입장은 보다 나았을 것이다. 만일 1981년 5월에 미국정부 저축채권 시리즈 EE_{Series EE US Saings Bond}를 구입하여 1991년 5월까지 보유하고 현금화했다고 가정하자. 1981년에 액면 50달러짜리 10년 만기 채권을 25달러에 구입했을 것이고, 현금화할 때 56.92달러를 받았을 것이다. 1981년의 25달러 구매력을 가지려면 1991년에 41달러 38센트가 필요하다. 따라서 채권에 대한 이자로 15.54달러의 구매력을 지급받는 셈이므로, 외견상 실질수익률은 연 3.24%이다. 그러나 수취금액과 지불금액의 차이인 31달러 92센트에 대해 소득세를 지불해야 하므로 이익을 얻었는지 분명하지 않다. 소득수준에 따라 소득세는 그 보잘것없는 실질수익의 1/3~2/3를 잠식할 것이다. 결국 정부에게 10년 동안 당신의 돈을 빌려 쓰게 한 대가로 연 1~2%의 실질수익률을 얻은 셈이다. 이는 결코 대단한 수익이라고 말할 수 없지만 적자로 끝나는 것보다는 확실히 낫다.

비록 연방정부가 매년 재정적자를 기록하여 부채 규모가 점점 누적된다고 해도 인플레이션 덕분에 구매력으로 평가한 정부부채의 증가는 소폭에 그쳤으며, 일시적으로는 국민소득에서 차지하는 재정적자 비율이 실제로 줄어든 적도 있다. 인플레이션이 가속화된 1968~80년의 10여 년 동안 연방정부의 누적된 적자 규모가 3,400억 달러 이상에 이르렀으나, 국민소득에 대한 적자비율은 1968년 32%에서 1980년 25%로 하락했다. 인플레이션 진정기인 1981~89년 동안은 총 누적적자 규모가 1조 4,000억 달러 이상에 이르렀고, 국민소득에 대한 부채비율은 45%로 상승했다.[91]

┃ 인플레이션에 대한 처방

인플레이션에 대한 처방을 말하기는 간단하지만 실행하기는 어렵다. 화폐량의 과도한 증가가 인플레이션의 유일한 중요 원인이듯이 화폐증가율의 감소가 인플레이션의 유일한 중요 처방이다. 문제는 무엇을 할 것인지를 모르는 것이 아니다. 그것은 아주 쉬운 일이다. 즉, 정부가 화폐의 증가 속도를 늦추기만 하면 된다. 문제는 필요한 조치를 취할 만한 정치적 의지가 있느냐 하는 점이다. 인플레이션이라는 질병이 일단 중증에 이르면 치유하는 데 오랜 시간이 걸리고 고통스러운 부작용이 따른다.

두 가지 의학적 비유가 이 문제의 성격을 밝혀준다. 첫 번째 비유는 버거씨병Buerger's desesse에 걸린 젊은이에 관한 것이다. 이 병은 혈액의 공급을 중단함으로써 탈저脫疽 상태에 이르게 할 수 있다. 젊은이는 손가락과 발가락을 잃고 있었다. 이 병의 치유책은 간단하다. 즉 금연이다.

그러나 젊은이는 금연의 의지를 갖고 있지 않았다. 담배중독증이 너무나 중증이었기 때문이다. 이 환자의 병은 이런 의미로는 치유가 가능하고 저런 이유로는 치유가 불가능하다.

더욱 교훈적인 비유는 인플레이션과 알코올중독을 비교하는 것이다. 알코올중독자가 술을 마시기 시작하면 처음에는 기분이 좋아진다. 그러나 다음날 아침 숙취에서 깨어날 때에야 비로소 나쁜 효과가 나타난다. 그래서 그는 때때로 '해장술'의 유혹을 물리칠 수 없다.

이 비유는 인플레이션의 경우에 딱 들어맞는다. 한 나라가 인플레이션 과정에 들어설 때 처음의 효과는 좋게 보인다. 화폐 증가분은 그 처분권을 가진 자가 누구이건(오늘날에는 주로 정부) 다른 어느 누구의 지출감소를 강요하지 않고서도 지출을 증가할 수 있게 한다. 이에 따라 일자리가 늘어나고 사업은 활기를 띠고 거의 모든 사람들은 행복하다. 처음에는 그렇다. 이것은 좋은 효과이다. 그러나 그러다가 지출증가로 물가상승이 나타나기 시작한다. 노동자들은 명목임금은 상승했지만 구매력의 감소를 알게 된다. 또한 사업가들은 생산비 상승으로 매출이 증가하였더라도 제품의 가격상승 없이는 예상했던 만큼 수지가 맞지 않는다는 점을 알게 된다. 가격인상, 수요 감퇴, 스태그네이션과 결합된 인플레이션 등 나쁜 효과들이 나타난다. 알코올중독자의 경우처럼 화폐증발을 더욱 가속화시키고 싶은 유혹이 생긴다. 그 결과로 근래 미국이 타고온 것과 같은 청룡열차가 등장한다. 알코올중독과 인플레이션 두 경우 모두 '신나는 재미'를 맛보기 위해서는 점진적으로 더욱더 많은 양의 알코올이나 화폐가 필요하다.

알코올중독과 인플레이션 사이의 유사성은 처방에서도 발견된다. 알코올중독에 대한 처방은 말하기 간단하다. 즉, 금주이다. 그러나 이 처방은 실행하기 어렵다. 그 이유는 나쁜 효과가 먼저 나타나고 좋은 효과가 나중에 나타나기 때문이다. 금주를 결행하는 알코올중독자는 처음에는 심한 거부반응 통증을 느끼다가 점차 한 잔 마시고 싶은 욕구를 느끼지 않는 행복한 상태로 된다. 인플레이션의 경우도 마찬가지다. 화폐증가율 감소에 따른 처음의 효과로 경제성장 둔화, 일시적인 실업 증대(인플레이션은 크게 진정되지 않은 채)가 나타난다. 1~2년이 지나서야 비로소 인플레이션의 진정, 건전한 경제, 비인플레이션적 성장 촉진과 같은 좋은 효과들이 나타나기 시작한다.

1980년대는 이러한 연속과정의 좋은 사례를 제공한다. 1980년 연준은 화폐증가에 대한 제동을 강하게 단행했다. 그 결과로 심각한 경기후퇴가 나타났고, 그 다음 인플레이션이 급격히 진정되었다. 1982년 후반에 연준은 궤도를 수정하여 화폐증가를 가속시켰다. 경기가 곧 회복되어 2차대전 이후 최장 기간의 경기 확장 국면을 경험하게 되었다. 나쁜 효과가 처음에 나타났고 좋은 효과는 나중에 등장했다. 그리고 미국은 인플레이션의 치유를 통해 큰 혜택을 거두었다.

치유에 따라 고통스러운 부작용이 있다는 것이 알코올중독이나 인플레이션 국가가 중독증을 끝내기 어려운 이유 중 하나이다. 그러나 적어도 질병 초기 단계에는 보다 중요한 또 하나의 이유가 있는데, 그것은 중독증을 끝내고자 하는 간절한 욕망이 없다는 것이다. 음주자는 술을 즐기며, 자신이 진짜 알코올중독자라고 스스로 인정하기를 꺼리고, 자신이 처방약을 먹기를 원하는지에 대해 확신이 서질 않는다. 인플레이션의 국가도 마찬가지 입장이다. 인플레이션이 이례적이거나 외부의 여건 때문에 유발된 일시적이고 가벼운 문제이며(절대로 그렇게 될 수는 없는 일이지만) 스스로 사라져버릴 것이라고 믿고 싶은 유혹이 있다.

더구나 다수의 사람들은 인플레이션에 대해 싫어하지 않는다. 우리가 구매하는 상품의 가격이 하락하거나, 적어도 가격인상을 멈추는 것을 좋아한다는 것은 당연하다. 그러나 우리는 우리가 판매하는 상품(생산하는 재화, 노동 용역 또는 소유하는 주택, 기타 자산)의 가격이 상승하면 좋아한다. 3장과 5장에서 살펴보았듯이, 인플레이션의 열망이 대중인기주의자들을 열광시키고 은의 자유화 지지운동을 일으킨 적도 있다. 농부들이 인플레이션에 대해 불만을 토로하면서도 정작 자기네 생산물에 대해서는 가격인상을 요구하는 시위를 워싱턴에서 벌인 적이 있다. 대다수의 우리도 이런저런 방법으로 같은 행동을 한다. 바로 이 때문에 우리의 인플레이션 난장판이 1960년대 초부터 1980년대 초까지 그렇게 오랫동안 계속되었고 지금도 계속 위협으로 남아 있다.

인플레이션이 대단한 파괴력을 발휘하는 하나의 이유는 이것이 발생할 경우 이익을 얻는 편과 손해를 보는 편이 생겨 사회가 승자와 패자로 양분되기 때문이다. 승자들은 자기에게 돌아오는 이익을 자신의 통찰력, 신중, 창의성 덕분에 생긴 당연한 결과라고 간주한다. 그들은 상품의 가격상승과 같은 나쁜 일은 통제할 수 없는 요인 탓으로 간주한다. 우리들의 대부분은 인플레이션을 반대한다고 생각할 것이다. 그러나 우리의 진정한 본심은 인플레이션이 우리에게 미치는 나쁜 영향에 대해서만 반대하는 것이다.

예를 들어 1960년대와 70년대에 자기 주택을 소유한 사람들은 거의 모두 인플레이션 덕분에 이익을 보았다. 주택의 가치가 급상승했기 때문이다. 주택을 저당잡힌 경우에 이자율은 일반적으로 인플레이션율보다 낮았다. 그 결과 원금이라는 돈과 이자라는 돈의 지불이 사실상 저당채무를 갚았던 것이다. 간단한 예로, 인플레이션율과 이자율이 연 7%라고 가정하자. 만일 어떤 사람이 1만 달러의 빚을 안고 이자만을 지급한다면, 1년 후의 구매력은 9천 3백 달러에 해당한다. 실질단위로 계산하면 그 빚은 이자로 지불한 금액과 동일한 7백 달러만큼 감소한 셈이다. 그는 1만 달러 빚의 사용에 대해 아무런 대가도 지불하지 않은 셈이다(사실 지불이자는 개인소득세를 계산할 때 공제 대상이 되기 때문에 실제로 그는 이익을 얻은 셈이다. 즉 빚진 데 대해 오히려 대가를 받은 셈으로 볼 수 있다). 이러한 결과는 주택의 자산가치가 급상승함에 따라 주택소유자에게 분명히 나타났다.

이와 반대되는 쪽은 저축대부조합, 상호저축은행, 기타 금융기관들의 저당대출이 가능하도록 기금을 공급한 소액예금주들의 손실이다. 이들에게는 대안이 없었다. 왜냐하면 정부가 이러한 금융기관들의 예금에 대해 예금자 보호라는 명분으로 최고 이자율을 낮게 설정했기 때문이다. 이러한 손실은 궁극적으로 전국 차원에서 저축대부조합업계의 붕괴와 이에 따른 납세자 부담으로 드러났다.

정부지출 증가가 과도한 화폐증가에 이바지할 수 있듯이 정부지출의 감소는 화폐감소에 기여한다. 우리는 여기서도 정신분열 증세를 보이는 경향이 있다. 우리에게 혜택을 주는 항목이 아니라는 조건에서 우리는 정부지출의 감소를 원한다. 다른 사람들에게 조세가 부과된다는 조건에서 우리는 모두 재정적자 감소를 원한다.

인플레이션이 가속됨에 따라 조만간 사회결속에 큰 피해를 주고 엄청난 불공정과 고통을 야기시키기 때문에 순진한 일반 국민들은 1980년 미국의 경우에서처럼 인플레이션에 대처하기 위해 무언가를 하려고 할 것이다. 이러한 일이 나타날 수 있는 인플레이션의 수준은 국가마다 역사에 따라 결정적으로 달라진다. 독일의 경우에는 1차, 2차대전 후의 지독한 경험 때문에 인플레이션 대책을 세워야 하겠다는 의지가 강했고 그 결과 낮은 인플레이션을 나타냈다. 반대로 영국, 일본, 미국의 경우에는 훨씬 높은 인플레이션 수준을 나타냈다.

| 처방의 부작용

미국 정부가 인플레이션 대책을 시행하기 전에도 이 이야기를 들었지만, 최근에도 다시 우리는 똑같은 이야기를 듣게 되었다. 즉 우리가 당면하고 있는 진정한 선택 문제는 높은 인플레이션이냐 아니면 높은 실업이냐의 양자택일이며, 인플레이션을 치유하여 낮은 수준에서 유지하기 위해서는 경제성장 둔화와 실업증대를 감수할 수밖에 없다. 그러나 1960~70년대에 걸쳐서 미국의 경제성장은 둔화되고 실업이 증가했으며, 동시에 인플레이션율은 점차 가속되었다. 높은 인플레이션율과 높은 실업률이 동시에 나타났다. 다른 나라도 이와 같은 경험을 갖게 되었다. 어떻게 이럴 수가 있을까?

그 해답은 저성장과 고실업이 인플레이션의 처방이 아니라는 것이다. 1980~83년의 경험을 통해 알게 되었듯이, 저성장과 고실업은 성공적인 인플레이션 처방의 부작용이다. 경제성장을 억제하고 실업을 증가시키는 정책 가운데 많은 것들은 동시에 인플레이션율을 가속시킬 수 있다. 미국이 채택해온 정책 가운데 일부 정책들, 즉 물가와 임금의 간헐적 통제, 기업에 대한 정부 간섭 확대, 정부 지출의 점진적 증대와 화폐증가의 가속화 등이 그러하다.

또 하나의 의학적 비유는 처방과 부작용의 차이를 분명히 해준다. 급성맹장염에 걸렸다고 가정해보자. 의사는 맹장수술을 권하면서 수술 후에는 일정 기간 동안 입원해야 한다고 경고한다. 이때 당신은 수술을 거절하고 고통이 덜한 치료를 받으면서 지정된 기간 동안 입원한다. 참으로 바보스러운 짓이지만, 이는 부작용으로서의 실업과 처방으로서의 실업의 차이를 혼동하는 것과 딱 들어맞는 비유이다.

인플레이션에 대한 처방의 부작용은 고통스럽다. 따라서 부작용의 발생원인을 이해하고 이를 완화시킬 수 있는 방법을 모색하는 것이 중요하다. 부작용 발생의 근본 원인은 화폐증가율의 가변성 때문에 가격체계를 통해서 전달하는 정보에 '잡음'이 끼어드는 데 있다. 경제 주체들은 이 잡음을 잘못 해석하여 부적절한 반응을 보이는데, 이 부적절한 반응이 올바로 잡히는 데 상당한 시간이 걸린다.

우선 인플레이션적인 화폐증가가 발생하는 경우 어떤 일이 일어나는가를 상정해보자. 재화, 노동, 기타 용역을 판매하는 사람은 지출 증가의 재원이 화폐증발로 마련되었는지 다른 방법으로 마련되었는지 구별할수 없다. 예를 들어, 소매상들은 종전 가격수준에서 상품이 더 많이 팔린다는 것을 알게 된다. 이들의 처음 반응은 도매상들에 주문량을 늘이는것이고, 도매상들은 그들대로 제조업체에 주문을 늘려 연달아 영향이파급된다. 만일 상품의 수요증가가 다른 부문의 수요감소로 이루어진 것이라면, 예컨대 수요증가가 화폐증발에 의한 것이 아니라 정부지출 감소를 대가로 한 것이라면, 한 종류의 상품에 대한 주문량의 증가는 다른 종류의 상품에 대한 주문량의 감소와 함께 나타난다. 한 상품의 가격은 상승하고 다른 상품의 가격은 하락한다. 그러나 평균물가는 변화할 까닭이 없다.

수요증가가 화폐증발에 의한 경우는 사정이 전혀 다르다. 이 경우에는 대부분의 재화와 용역에 대한 수요가 동시에 증가한다. (명목적으로) 총지출이 증가한다. 그러나 소매상들은 이러한 사정을 모른다. 앞의 경우와 마찬가지로 그들은 처음에는 동일한 판매가격을 유지하면서 판매량 증가에 만족한다. 동일 가격으로 상품재고를 다시 충당할 수 있다고 믿는 동안에는 그렇다. 그러나 이제 소매상 경로로부터의 주문 증가가 정부 경로로부터의 주문 감소로 상쇄되지 않는다. 따라서 상품의 주문 증가로 생산에 필요한 노동력과 원자재의 수요가 증가함에 따라 노동자와 원자재 생산자들의 처음 반응은 소매상들과 비슷하다. 즉, 그들이 제공하는 노동력과 원료의 수요가 지속적으로 실제로 증가했다고 믿고 더 오래 일하고 더 많이 생산하고 가격도 인상시킨다.

그러나 이번에는 상쇄 작용이 없다. 수요증가에 대응한 수요감소도 거의 없고, 수요증가에 대응하는 가격하락도 없다. 동태적 세계에서 수요구조는 항상 변한다. 즉, 일부 품목의 가격은 상승하고 다른 일부 품목의 가격은 하락하기 마련이다. 일반적인 수요증가의 신호가 상대적인 수요변화를 알리는 특정한 신호들로 착각된다. 바로 이 때문에 화폐증가 가속화의 부작용으로 경기가 좋고 고용이 증가한 것처럼 보인다. 그러나 조만간 화폐증가율의 변화로 야기된 잡음 방해를 뚫고 올바른 신호가 전달된다.

이렇게 됨에 따라 노동자, 제조업자, 소매상들은 모두 속았다는 사실을 깨닫게 된다. 그들은 자기네가 개별적으로 판매하는 소수 품목의 수요증가에 대해 처음 반응을 보일 때에는 수요증가가 그 품목들에만 나타난 것이며, 그들이 구매하는 다수 품목의 가격에는 영향이 없으리라는 잘못된 생각을 가지고 있었다. 잘못을 깨달을 때, 그들은 수요증가에 대응할 뿐만 아니라 구매하는 재화의 가격상승을 감안하기 위해 임금과 가격을 더욱 인상시킨다. 이렇게 되면 경제는 그 자체가 인플레이션의 원인이 아니라 결과인 물가와 임금이 악순환하는 나선운동 과정을 시작한다. 만일 더 이상의 화폐증발이 없다면 고용과 생산에 대한 시초의 자극은 반대 방향의 움직임으로 대체된다. 즉, 고용과 생산은 모두 고임금과 고물가에 따라 감소 추세에 놓이게 된다. 비유한다면, 음주 후 처음에 느낀 행복감에 이어 숙취가 나타난다.

이와 같은 반응들이 나타나기까지에는 시간이 걸린다. 2장의 마지막 부분에서 언급했듯이, 미국, 영국을 비롯한 일부 서구 국가에서 지난 1세기 이상의 경험을 통해 나타난 사실을 보면 화폐증가의 가속화가 경제 전반에 영향을 미쳐 경제성장과 고용증대 효과를 초래하기까지는 대체로 6~9개월이 소요되었다. 또한 화폐증가가 물가에 상당한 영향을 미쳐 인플레이션이 유발되거나 가속되는 데에는 다시 12~18개월이 경과했다. 시간 지체가 이렇게 길었던 까닭은 이 국가들이 전쟁기간을 제외하고는 대체로 화폐증가율이 매우 가변적이었던 경험을 겪지 않았기 때문이다. 2차대전 직전 영국의 도매물가는 200년 전 수준과 대체로 비슷했고, 미국의 경우 100년 전 수준과 비슷했다. 2차대전 이후의 인플레이션은 이들 나라에서는 새로운 현상이었다. 이 나라들은 2차대전 이전에도 많은 물가변동을 경험했으나 결코 물가변동이 한쪽 방향으로만 오래 지속된 적이 없었다.

남미의 여러 나라들은 불행한 유산을 안고 있다. 이 나라들에서는 화폐증발 효과가 나타나기까지 소요되는 시간 자체가 대부분 불과 몇 개월 정도로 훨씬 짧다. 만일 미국이 매우 가변성이 큰 인플레이션에 빠지는 최초의 성향을 치유하지 않았더라면 미국의 지체 기간도 짧아졌을 것이다.

화폐증가의 둔화에 이어 전개되는 일련의 사태발전 과정도 방향만 반대일 뿐 방금 앞에서 설명한 것과 같다. 처음의 지출감소는 특정 생산물에 대한 수요감소로 해석되고, 이것은 일정한 시간 경과 후에 생산과 고용의 감소를 유발한다. 다시 일정한 시간 경과 후에 인플레이션이 둔화되고, 이는 고용과 생산의 증가를 수반한다. 말하자면 알코올중독자가 거부 반응 고통의 최악 단계를 넘어 이제는 만족스런 금욕 상태로 호전되고 있는 중인 셈이다.

이러한 모든 조정들이 통화증가율과 인플레이션율의 변화에 의해 작동된다. 만일 화폐증가율이 높지만 일정하게 유지되어, 예컨대 물가가 매년 10%씩 상승한다면 경제는 이에 조정될 것이다. 모든 사람들이 10%의 인플레이션율을 예상할 것이고, 임금도 물가안정 시기보다 연간 10% 인상되고, 이자율도 대출자에게 인플레이션을 보상해주기 위해 10%p 더 상승할 것이고, 세율도 인플레이션을 감안하여 조정될 것이고, 이렇게 모든 변수들이 조정될 것이다.

이러한 인플레이션의 피해는 적다. 그렇다고 어떤 긍정적 기능을 한다고 말할 수도 없다. 그것은 다만 불필요한 복잡성을 도입할 뿐이다. 더욱 중요한 점은, 이와 같은 상황은 −비록 그 발생 가능성은 의문시되지만− 안정성이 없다는 점이다. 만일 10%의 인플레이션율을 유발하는 것이 정치적으로 유리하고 실현 가능하다면, 인플레이션이 그 수준에서 정착될 때 인플레이션율을 11%나 12%, 혹은 15%로 올리고 싶은 유혹이 강할 것이다. 0%의 인플레이션은 정치적으로는 실현 가능한 목표이지만 10%의 인플레이션율은 그렇지 못하다. 이것이 역사적 경험으로 내린 판단이다.

┃ 부작용의 완화

역사적으로 살펴보면, 경제성장의 둔화와 높은 실업을 일시적으로 초래하지 않고 종식된 인플레이션은 없다. 이것이 인플레이션 처방의 부작용을 피할 방도가 없다는 판단에 대한 근거이다. 그러나 그 부작용을 완화하고 부드럽게 할 수는 있다.

부작용을 완화시킬 수 있는 가장 중요한 방법은 사전에 정책을 고시하고 그것을 고수함으로써 점진적으로 그러나 일정하게 인플레이션을 늦추어 정책의 신뢰성을 얻는 것이다. 이것은 보통 정도의 인플레이션인 경우에는 실현 가능하다. 그러나 초인플레이션은 제쳐 놓고, 높은 인플레이션의 경우에도 실현 가능하지 않다. 이러한 경우에는 오직 충격요법만이 실현 가능하다. 즉, 환자의 병이 너무 깊어 장기적 치료를 지탱하기가 어렵다.

점진주의와 사전 예고가 필요한 이유는 사람들에게 경제 관계를 재조정할 수 있는 시간을 주고 재조정하도록 유도하기 위해서이다. 고용, 자금대차, 생산, 건설 착수에 있어서 장래에 있음직한 인플레이션율에 대한 예상을 기초로 삼아 장기계약을 체결하는 사람들이 많다. 이러한 장기계약들 때문에 인플레이션의 급속한 진전이 어려워진다. 왜냐하면 빠른 치료를 강행하면 많은 사람들에게 과중한 부담을 안겨주게 되기 때문이다. 충분한 시간을 주면 이미 체결된 계약들은 만료되거나 갱신되거나 새로이 협상되기 마련이고, 그때 새로운 상황에 맞게 조정될 수 있기 때문이다. 그러나 점진주의의 경제적 이득은 정치적 불이익에 의해 부분적으로 또는 전적으로 상쇄된다. 위기상황은 충격요법을 지지할 정치적 의지를 만들어낼 수 있다. 그러나 그 정치적 의지는 장기간의 조정 과정 동안에 소멸될 수 있다.

인플레이션 치유의 나쁜 부작용을 완화하는 데 유효성이 증명된 또 하나의 방법은 장기계약 속에 인플레이션에 대한 자동조정장치, 이른바 연동連動조항escalator clauses을 포함하는 것이다. 가장 흔한 예가 임금계약에 널리 채택되고 있는 생계비 조정조항이다. 이러한 계약은 시간당 임금의 증가를 일정한 증가율(예를 들어 2%)에 인플레이션율이나 인플레이션율의 몇 분의 1을 합하여 계산하도록 규정한다. 이렇게 함으로써 인플레이션이 낮으면 명목임금의 증가도 낮아지고, 인플레이션이 높으면 명목임금 증가도 높아진다. 그러나 그 어떤 경우에도 임금의 구매력은 동일하다.

또 하나의 예는 부동산 임대계약이다. 임대료를 고정된 명목금액으로 책정하지 않고 인플레이션율에 따라 명목임대료가 매년 조정되도록 명시하는 것을 계약의 내용으로 할 수 있다. 소매점포의 임대계약의 경우 때때로 점포의 총수입의 일정 비율을 임대료로 책정하는 방법이 채택되기도 한다. 이러한 계약에는 연동조항이 명시적으로는 없지만 암묵적으로는 포함되어 있다. 왜냐하면 소매점포의 총수입은 인플레이션에 따라 증가하는 경향을 가지기 때문이다.

또 다른 예는 자금대차계약이다. 대출의 전형적 형태는 일정 기간 동안 일정 금액을 일정한 연리로, 예컨대 1,000달러를 연 10%의 이자율로 빌려주고 받는 것이다. 다른 방법은, 4%에 인플레이션율을 합한 것을 이자율로 책정함으로써 만일 인플레이션율이 5%이면 이자율은 9%, 만일 인플레이션율이 10%이면 이자율은 14%가 되도록 한다. 거의 동일한 다른 방법은 상환해야 할 대출원금을 일정한 화폐금액이 아니라 인플레이션에 조정된 화폐금액으로 책정하도록 하는 것이다. 앞의 간단한 예에서 차입자의 부채는 처음에 1,000달러가 인플레이션율만큼 증가한 원금과 4% 이자를 합친 것으로 된다. 인플레이션율이 5%인 경우 차입자의 부채는 1,050달러 원금과 4% 이자를 합친 것으로 되고, 인플레이션율이 10%인 경우엔 1,100달러 원금과 4% 이자를 합친 것으로 된다.

미국의 경우 임금계약 이외에는 연동조항이 보편화되지 않았다. 그러나 1970년대와 1980년대 초반에 가변이자 저당채권이라는 형태로 연동조항이 확산되기 시작했다. 그리고 이제는 상당 기간에 걸쳐 높고 가변적인 인플레이션율을 경험한 거의 모든 나라에서 연동조항이 보편화되었다.

이러한 연동조항들은 화폐증가의 둔화와 그 이후 임금과 물가의 조정 사이의 시간 지체 기간을 단축한다. 이와 같이 연동조항은 과도 조정기간을 단축하고 부작용을 감소시킨다. 그러나 연동조항은 결코 만병통치약이 아니다. 모든 계약을 연동화시키는 것은 불가능하고(예컨대, 지폐의 경우), 어느 계약의 연동화에도 비용이 따른다. 화폐 사용의 커다란 이점은 바로 거래를 적은 비용으로 효율적으로 이루어질 수 있도록 하는 능력에 있다. 연동조항은 이러한 이점을 감소시킨다. 인플레이션도 없고 연동조항도 없는 것이 훨씬 좋은 상태이다.

연동조항에는 하나의 예외가 있다. 연동조항은 연방정부 부문에서 바람직한 영구적 조치이다. 사회보장을 비롯한 퇴직수당, 의원들의 봉급을 포함한 연방 공무원의 봉급, 그 밖의 많은 정부지출 항목들이 현재 인플레이션에 대해 자동적으로 조정되고 있다. 그러나 아직 연동조항이 적용되지 않는 두 가지 −용서할 수 없는− 사례가 있는데, 자본이득 과세와 지급이자 과세와 같은 일부 조세항목의 경우와 정부지출의 경우이다. 개인세와 법인세가 인플레이션에 대해 조정(예컨대 10%의 물가상승에 따라 명목조세가 현재와 같이 평균적으로 10~15%가 아닌 10%만큼 인상하도록) 한다면 국민의 동의없이 인플레이션에 따라 높은 조세를 부과하는 일이 근절될 것이다. 이는 결국 '국민의 동의없는 조세'를 중단시킨다. 이렇게 함으로써 연동조항은 인플레이션으로부터의 정부수입을 감소하고 따라서 정부가 인플레이션을 유발시킬 요인이 줄어든다.

정부차입이 인플레이션의 영향을 받지 않도록 해야 한다는 주장도 역시 강력하다. 최근 수십 년 동안 장기국채의 구입을 투자대상으로 인기없게 만든 것이 인플레이션인데, 이것을 발생시킨 것이 바로 미국 정부였다. 정부가 국민에 대해 공정 · 정직하기 위해서는 장기 정부차입에 연동조항을 도입해야 한다.

때때로 물가 및 임금의 규제가 인플레이션의 처방책으로 제안된다. 그러나 최근에 이러한 규제조치들이 인플레이션의 처방이 될 수 없다는 것이 명백해짐에 따라 이제는 그것들이 처방의 부작용을 완화시킬 수 있는 수단으로 주장되고 있다. 이러한 주장에 따르면 정부가 인플레이션 억제에 진지하다는 것을 국민에게 보여주고, 이를 통해 장기계약 내용 속에 포함되는 미래의 인플레이션율에 대한 예상을 낮춤으로써 효과를 발휘할 수 있다.

그러나 물가 및 임금규제는 이러한 목적에 역효과를 준다. 이러한 규제조치들은 가격구조를 왜곡시켜 경제체계의 효율성을 감소시킨다. 결과적으로 나타나는 산출량 감소는 인플레이션 처방에 따른 불리한 부작용을 감소시키기는커녕 오히려 증가시킨다. 물가 및 임금규제는 노동력의 낭비를 초래하는데, 그 이유는 가격구조가 왜곡되고 규제조치를 수립·집행·회피하는 데 막대한 노동력이 소모된다는 것이다. 이러한 부작용은 규제가 강제적이건, 자발적이건 마찬가지로 나타난다.

실제에 있어서 물가 및 임금규제는 거의 항상 긴축재정·금융정책의 보완수단이기보다는 대체수단으로 이용되어왔다. 이러한 경험에 비추어 시장 참가자들은 물가 및 임금규제의 시행을 인플레이션율의 하락이 아니라 상승의 신호로 받아들이게 되었다. 이에 따라 예상 인플레이션이 수그러들기보다 오히려 부풀어오르게 되었다.

물가 및 임금의 규제는 시행 직후 단기간 유효하게 보이는 수가 있다. 규제조치 시행 직후에는 생산품목의 질 낮추기, 서비스 없애기, 노동자 직급 올리기 등과 같은 가격 및 임금인상의 간접 수단들이 많기 때문에 물가지수에 들어가는 가격, 즉 정가는 낮게 유지된다. 그러나 시간이 지나면서 이러한 쉬운 규제회피 수단들이 다 동나고, 왜곡이 누적되고, 규제에 눌린 압력이 폭발점에 이르면 역효과가 점차 악화되고 규제프로그램이 실패한다. 그 최종적 결과는 인플레이션의 상승이다. 지난 4세기의 경험을 돌이켜보면, 물가 및 임금규제가 반복적으로 이용된 까닭을 설명하는 것은 정치인과 유권자들이 생각하는 기간이 짧다는 것, 오직 그것 하나밖에 있을 수 없다(Schuettinger and Butler, 1979).

| 물가안정을 위한 제도 개혁

물가의 상승 · 하락이 반복됨에 따라 물가를 안정시키기 위한 제도개혁의 방안들을 제시 · 분석하는 방대한 문헌들이 등장하게 되었다. 내가 제시한 방안의 요점은 화폐증가율이 상대적으로 일정하게 유지되도록 보장해야 한다는 것이다.[92]

최근에 로버트 헤츨Robert Hetzel은 기발한 방안을 제시했는데, 이는 내 자신의 종전 구조개편 방안보다 정치적 실현 가능성이 높으면서도, 정부의 인플레이션 편향을 억제하는 유효성이 높은 것으로 보인다. 그의 제안 내용은 다음과 같다.

재무성이 각 만기 기간의 채권 발행을 표준채권과 물가연동채권으로 구분하도록 법적 근거가 마련되어야 한다. 물가연동채권의 이자 및 원금 지급은 물가지수에 연결된다. 재무성은 두 종류의 채권을 동일한 규모로 발행하도록 요구될 것이다.

일정한 명목금액으로 지급하는 표준채권의 시장수익률은 인플레이션을 조정한 실질수익률과 투자자들의 예상 인플레이션율의 합이다. 이와 대조적으로 구매력 불변금액으로 이자를 지급하는 물가연동채권의 시장수익률은 실질수익률뿐이다. 이 두 종류의 채권 수익률 차이는 만기까지 투자자들의 예상 인플레이션율을 나타낸다(1991, p.A14).

헤츨은 제안 설명에서 아래와 같이 지적했다.

금융정책 조치와 인플레이션 사이의 긴 시차가 존재하기 때문에 특정한 정책과 인플레이션율을 연결하여 생각하기 어렵다. 표준채권과 물가연동채권의 수익률 차이 변화로 나타나는 예상 인플레이션의 변화를 보면 정부가 현재 금융정책 조치를 취하거나 아무 조치를 취하지 않은 것이 앞으로 예상되는 인플레이션 영향에 대한 시장의 즉각적이고 지속적인 평가를 알 수 있게 한다. 예상 인플레이션율에 대한 시장의 평가척도는 인플레이션 유발 정책에 대해 유용한 제동작용을 할 것이다.

시장에서 인플레이션 유발적이라고 평가한 연준의 조치는 표준채권 수익률을 즉각적으로 상승시키고 표준채권과 연동채권의 수익률 차이를 확대시킬 것이다. 이 경우 표준채권의 보유자들은 자본 손실을 입지만 연동채권 보유자들은 그렇지 않다. 사실, 미래에 명목화폐로 지불받게 될 채권자들은 모두 자본 손실의 위협을 느낄 것이다. 특정한 금융정책 조치와 예상 인플레이션의 상승을 연결한다면, 이에 자극받아 채권자들이 압력을 발휘할 것이고, 이렇게 되면 단기적 생산증가와 물가안정을 맞바꾸려는 정치적 압력을 중화시키는 결과를 초래할 것이다(1991, p.A14).

이와 마찬가지로 중요한 점은 예상 인플레이션에 대한 시장의 평가척도가 있다면, 그것은 연준의 조치를 항시 모니터하며 책임을 추궁할 수 있게 하는 것이다. 현재에는 이 일이 어려운데, 그 이유는 혜흘이 언급한 바와 같이 연준과 시장 반응 사이에 '긴 시차' 가 존재하기 때문이다. 시장평가척도는 연준에 대해서도 운용의 길잡이가 될 정보를 제공하게 될 것이다. 현재에는 그러한 길잡이 정보가 없다.

혜흘의 제안을 확장한다면 연방준비은행으로 하여금 두 종류 채권의 이자율 차이를 일정 한도(예컨대 3% 포인트) 이내로 유지하도록 입법화하는 것이다. 이는 의회가 현행법상의 어느 규정보다 훨씬 구체적인 금융정책의 지침을 보유하게 한다. 최근에는 연준이 인플레이션율 0%를 목표로 하자는 제안이 있었다. 그 목표는 바람직하지만 효과적으로 모니터될 수도 없고 시행될 수도 없다. 역시 그 이유는 현재의 통화 당국자들의 실책(또는 공적)의 책임이 본인이 아니라 후임자들에게 돌아가게 만드는 '긴 시차' 가 있기 때문이다. 두 이자율 차이를 근거로 어떤 책임조항을 두는 방안을 채택한다면 이러한 문제는 발생하지 않는다. 이러한 책임조항을 준수하지 못하는 경우에는 해임이나 감봉과 같은 확실한 제재 조치로 응징해야 한다.

┃사례 연구

일본의 최근 경험은 인플레이션을 어떻게 치유해야 하는지에 대한 교과서적인 사례를 보여준다.

1973년 이전에 일본은 달러기준 엔화의 환율을 고정시키는 금융정책을 시행해왔다. 1971년 닉슨의 금태환 정지 및 달러화의 유동화 조치 이후 엔화에 대한 강한 절상 압력이 가해졌다. 이 압력에 대응하기 위해 일본의 중앙은행은 달러를 매입하기 위해 화폐를 추가 발행했고, 이는 화폐공급을 증가시켰다. 원칙적으로 일본은 엔화 표시 채무를 발행하여 화폐공급의 증가를 상쇄(불태화不胎化)시킬 수 있었지만 그렇게 하지 않았다. 그 결과, 화폐량이 점차 급증하기 시작했다. 1973년 중반에는 화폐증가율이 연 25% 이상에 이르렀다.[93] [그림 8-6]에서 볼 수 있듯이, 인플레이션 반응은 약 2년 이후까지 나타나지 않았다. 그러나 1973년 초반에 인플레이션이 급상승하기 시작하여 1975년에는 연 20% 이상으

그림 8-6 일본의 금융정책 변화가 2년 후 인플레이션에 미친 영향
(분기자료: 1970. 1~1990. 4)

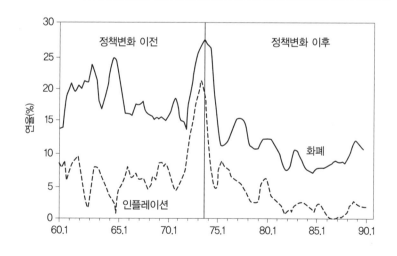

※ 화폐에 대한 수치는 인플레이션 수치보다 2년 전의 것이다.

로 진행 중이었다.

인플레이션의 이러한 극적인 상승은 금융정책의 근본적인 변화를 초래했다. 정책의 주관심사가 엔화의 대외가치(환율)에서 대내가치(인플레이션)로 바뀌었다. 화폐증가율이 연 25% 이상에서 10~15%로 급격히 감소했으며, 약간의 예외를 제외하고는 이 수준에서 5년 동안 유지되었다(당시 일본의 고도 경제성장 때문에 이 범위 내의 화폐증가율은 대체로 물가안정과 조화되는 것이었다. 현재 미국의 적정화폐 증가율은 3~5%이다).

화폐증가가 감축되어 운용된 지 18개월이 지나서 인플레이션율도 하락하기 시작했으나 두 자리 숫자 이하로 떨어지기까지는 2년 반이 걸렸다. 화폐증가의 완만한 상승이 한 번 있었음에도 불구하고 인플레이션은 거의 12년 동안 대체로 일정하게 유지되다가, 그 후 화폐증가가 다시 새로이 하락함에 따라 급속히 0%를 향하여 떨어지기 시작했다.

그림에 나타난 인플레이션율은 GNP 디플레이터, 즉 모든 생산물에 대한 가격지수를 기준으로 한 물가변동률이다. 도매물가지수를 기초로 한 인플레이션율의 추세는 더 훌륭했는데, 1977년 중반 이후에는 실제로 감소한 것으로 나타났다. 2차대전 이후 저생산성 부문에서 자동차산업, 전자산업과 같은 고생산성 부문으로의 노동자 대이동은 서비스 가격이 상품가격에 비해 상대적으로 급상승했음을 의미한다. 그 결과 소비자물가가 도매물가보다 상대적으로 상승률이 높았다.

[그림 8-6]에서 두 가지 사항이 중요하다. 첫째, 화폐증가가 정책 변화 이후보다 이전에 더 높았을 뿐만 아니라 훨씬 더 가변성이 컸다. 둘째, 정책 변화 이후 2년 시차를 두고 인플레이션이 화폐증가의 작은 변동 움직임까지 따라 움직임을 보였다. 화폐증가와 마찬가지로 인플레이

선도 정책 변화 이후에 더 낮아지고 가변성도 줄어들었다. 비록 그림에서는 나타나지 않았지만, 생산의 가변성도 정책 변화 이후에 줄었다.

일본도 인플레이션 처방의 부작용을 피할 수 없었다. 일본은 화폐증가의 둔화 이후, 이에 따라 인플레이션이 하락 반응을 보이기 시작하기 이전, 특히 1974년 중에는 저성장과 고실업을 경험했다. 성장의 최저점은 1974년 말에 바닥을 쳤다. 그때 생산의 회복이 시작되어 그 이후 연 5%를 계속 유지했는데, 이는 1960년대의 호황기 성장률보다는 낮지만 매우 훌륭한 성장률이었다.

그림에서 보듯이, 1983년 이후 화폐증가가 서서히 상승하기 시작했고 1985년 이후 인플레이션도 역시 그러했다. 물가 및 임금규제는 인플레이션 감속 기간에 한 번도 시행된 적이 없었다. 그리고 이러한 인플레이션 감속은 일본이 원유가격 인상에 적응해야 했던 바로 그 어려운 기간 동안에 이루어졌다.

| 결론

다음 5가지 간단한 진리는 인플레이션에 관해 우리가 알고 있는 것 대부분의 지식을 담고 있다.

1) 인플레이션은 화폐증가 속도가 생산증가 속도보다 빠를 때 발생하는 화폐적 현상이다(물론 화폐증가의 원인은 다양하다).
2) 오늘날 모든 정부가 화폐량을 결정하거나 결정할 수 있다.

3) 인플레이션에 대한 처방은 화폐증가율의 하락, 오직 그것뿐이다.

4) 인플레이션이 발전하기까지는 몇 달이 아니라 몇 년의 시간이 소요되며, 인플레이션이 치유되는 데도 역시 시간이 걸린다.

5) 인플레이션 처방에 따른 불유쾌한 부작용은 불가피하다.

미국은 1960~90년 사이에 화폐증가를 5배 높이는 과정에 들어갔다. 화폐증가율이 높아질 때마다 처음엔 경기확장이, 나중엔 인플레이션이 뒤따랐다. 그럴 때마다 정책 당국은 인플레이션의 진정을 위해 화폐증가를 둔화시켰다. 화폐증가의 둔화 다음에는 경기침체가 뒤따랐다. 시간이 더 흐른 후에야 인플레이션이 하락하고 경기가 회복되었다. 여기까지의 과정은 1971~75년 사이 일본의 경험과 일치한다.

불행하게도, 1980년대까지 미국은 일본이 오랜 기간 동안 금융긴축을 실시한 데서 보인 인내심을 보이지 못했다. 대신에 미국 정부는 화폐 증가의 가속화를 통해 경기침체에 과잉반응을 보임으로써, 또 한 차례의 인플레이션을 발생시키고 결과적으로 높은 인플레이션율과 높은 실업에 빠지게 하였다. 드디어 1980년대에 접어들어 미국은 약간의 인내심을 발휘하기 시작했다. 1982년 후반 들어 화폐증가의 가속화가 경기팽창으로 이어지자 연준은 인플레이션이 1980년대 중반의 최저 수준보다 상당히 웃돈 다음이긴 하지만 종전의 최고 수준에 이르기 훨씬 전인 1987년에 금융긴축을 실시했다. 연준이 다시 한번 인플레이션율을 장기적으로 낮게 하락시키기 위해 필요한 긴축금융을 시행하고자 노력하고 있는 중이다.

이에 따라 내가 책을 쓰고 있는 현재(1991) 미국은 인플레이션적 경기후퇴를 다시 경험하고 있다. 비록 인플레이션은 두드러지게 하락하지는 않았지만 경기후퇴는 이미 종식되었거나 이제 막 종식되는 중에 있는 것으로 보인다.

우리는 그동안 실업이냐 인플레이션이냐 하는 그릇된 이분법에 오도되어 왔다. 이러한 양자택일적 선택은 착각이다. 진정한 선택문제는 높은 실업을 높은 인플레이션의 결과로 받아들일 것인가, 아니면 인플레이션 처방의 일시적 부작용으로 받아들일 것인가를 결정하는 일이다.

MONEY MISCHIEF

Chapter 9

칠레와 이스라엘: 동일한 정책, 반대의 결과[94]

1979년 칠레와 1985년 이스라엘은 같은 목적으로 동일한 금융정책 조치를 채택했다. 그 결과 칠레는 참담한 실패였으나, 이스라엘은 큰 성공을 거두었다. 이 두 사례는 동일한 금융정책일지라도 여건 여하에 따라 매우 다른 결과를 가져올 수 있다는 것을 보여준다. 또한 이 사례들은 고정환율과 연계통화라는 −언뜻 보아 유사하게 보이는− 두 화폐제도 사이에 근본적 차이가 있다는 것을 명확히 보여준다.

| 칠레

살바도르 아옌데Salvador Allende는 1970년 11월 집권했지만 1973년 9월, 아우구스토 피노체트Augusto Pinochet 장군에 의해 전복되었다. 피노체트가 군사혁명위원회를 설치했을 때, 그는 황폐한 경제와 연 500% 이상의 인플레이션을 물려받았다. 피노체트 정권 초기 단계에는 군 장교들이 경제정책을 맡았다. 당시 인플레이션은 더욱 기승을 부렸는데, 이는 대규모 재정적자를 화폐 발행으로 충당한 직접적인 결과였다.[95]

1974년 피노체트는 인플레이션을 억제하기 위해 급진적인 조치가 필요하다는 것을 깨닫고 극적인 개혁안을 채택하기로 결심했다. 이 개혁안을 개발한 경제학자들은 거의 대부분 시카고대학 대학원 출신들이어서 '시카고 보이스Chicago Boys'라고 불린다. 1975년에 그들 중 몇 명이 각료로 임명되었다. 그들은 정부 부문의 지출과 인원을 대폭 축소하고, 아옌데 정권이 국유화했던 기업들을 다시 민영화하고, 물가·임금·수출입에 대한 규제를 제거했다. 이러한 조치의 결과로 화폐발행을 현격히 줄일 수 있었다. 즉각적으로 인플레이션은 수그러들었다. 실질 국내총생산의 암묵적 디플레이터로 측정한 인플레이션이 1974년 694%에서 1975년에는 342%로, 1979년에는 46% 이하로 떨어졌다. 실질소득이 13%가 떨어진 어려운 과도기의 한 해가 지난 후 경기는 활성화되었다. 1975~80년까지의 연평균 실질성장률은 7.5%였다. 1979년 6월까지는 변동환율제에서 미국과 다른 선진국에 비해 칠레의 인플레이션이 높았던 것만큼 페소화의 평가절하가 허용되었다.

1979년 6월, 재무성은 (내가 이 장 서두에서 언급한) 치명적 조치를 취했는데, 이는 미국달러에 대한 칠레 페소를 고정시키는 것이었다. 즉, 중앙은행이 페소와 미국달러를 사고팔 때의 교환비율을 고정시키는 고정환율제를 채택하기로 한 것이다. 이러한 조치로 이미 이루어진 인플레이션의 하락을 굳히고, 앞으로 추가적 인플레이션의 하락을 쉽게 한다는 것이 정부의 기대였다.

이러한 기대의 근거는 잘 알려진 것이다. 즉 고정환율제를 채택하면 칠레가 대외적 규제를 받아 과도한 화폐발행을 억제할 것이라는 사실이었다. 고정환율제를 유지하는 동안에 칠레는 화폐량에 대한 독자적 규제를 포기했다. 왜냐하면 칠레의 화폐량은 -단순히 설명하면- 칠레의 물가를 미국 물가와 대등하게 유지하기 위해서는 어떠한 수준에도 맞추어져야 했기 때문이다. 2년 동안 정부의 기대는 달성되었다. 인플레이션율이 1980년에 29%로, 1981년에 12%로 하락한 반면, 생산은 1980년에 8%, 1981년에 6%로 증가했다([그림 9-1] 참조). 고정환율제의 유지는 특히 1981년에 해외로부터 대규모 자본유입 덕분에 더 가능했고, 자본유입에 이바지한 것도 틀림없다(Harberger, 1984, 표 1).

불행하게도 칠레가 고정환율제를 채택한 지 오래지 않아, 미국이 1970년대의 인플레이션을 근절하기 위해 매우 긴축적인 금융정책을 채

그림 9-1 칠레의 실질소득 및 디플레이터의 전년 대비 변화율(1977~1986)

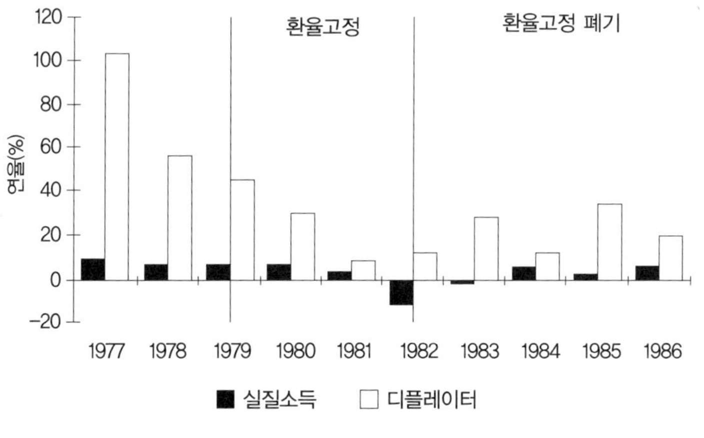

출처: 칠레 중앙은행(1986).

택했다. 미국의 인플레이션은 1980년에 절정에 이르렀다가 급격히 둔화되었으며 동시에 심각한 경기침체가 뒤따랐는데, 이는 1982년 후반까지 지속되었다. 미국의 정책 변화에 수반하여 달러의 외환가치가 1980~81년에는 18%, 1981~82년에 13%, 1982~85년에 23% 평가절상되었다. 만일 칠레가 변동환율제를 지속했더라면, 칠레는 다른 주요 화폐에 대해서는 페소를 안정적으로 유지하면서 미국달러에 대해서는 평가절하시킴으로써 미국달러의 평가절상을 상쇄할 수 있었을 것이다. 그러나 실제는 고정환율제를 채택하고 있었기 때문에 그러한 선택 가능성은 없어졌다. 칠레는 다른 외국 화폐에 대한 미국달러의 평가절상에 따라 함께 페소를 움직이지 않을 수 없었다. 칠레의 문제를 더욱 어렵게 한 것은 석유의 달러가격은 1979~81년까지 두 배 이상 오른 반면, 칠레의 주요 수출품목인 구리의 달러가격은 1980~82년까지 약 40% 정도 떨어졌다.

미국달러의 평가절상, 석유가격의 두 배 인상, 구리 가격의 참담한 하락이 결합적으로 미친 영향은 칠레 경제에 악몽과 같았다. 페소로 보면 국내 물가와 임금이 종전 수준 그대로이지만 수출품은 미국 이외의 다른 나라들의 국내 화폐 단위로는 훨씬 비싸지고, 석유를 제외한 그 나라들로부터의 수입품은 페소 단위로 싸졌다. 게다가 미국의 경기후퇴는 칠레 상품의 수요를 줄였다. 외환보유고의 해외 유출을 제한하기 위해 중앙은행은 금융긴축정책을 채택했다. 경제성장을 지속하려면 명목물가와 임금을 극단적으로 낮추어야 했지만 물가와 임금은 그렇게 신축적이지 못했다.[96] 실제로는 물가와 임금이 오히려 상승을 계속했는데, 그 부분적인 이유는 과거지향적인 연동제에 있었다. 그 결과 칠레는 미국의 경기후퇴보다 더 심각한 불황의 늪에 빠져 실질생산은 1982년에

14%, 1983년에 1% 감소했다([그림 9-1] 참조).

정치 · 경제적 압력으로 환율고정화 조치를 취한 재무장관 서지오 드 카스트로Sergio de Castro는 1982년 해임되었다. 그해 8월에 고정환율제는 폐지되고 미국달러에 대한 페소의 평가절하가 허용되었다. 그 불리한 영향들이 1983년까지 지속되었으나, 1984년에는 경제가 다시 연 6%의 성장을 보였다.

만약 칠레가 달러에 대한 페소의 고정화 조치를 취하지 않았더라도 세계의 다른 나라들과 함께 그리고 석유와 구리 가격의 변화 때문에 불황을 경험했을 것이다. 그러나 불황의 심각성은 훨씬 덜했을 것이다. 칠레는 페소의 고정화 실험 때문에 비싼 대가를 치렀다.

| 이스라엘

칠레는 높은 세 자리 수에서 낮은 두 자리 수로 인플레이션을 성공적으로 하락시킨 후 미국달러에 대한 페소를 고정시켰다. 이 조치가 인플레이션 억제의 마지막 단계이기를 바라는 기대 때문이었다. 이스라엘이 미국달러에 대해 자국 화폐의 환율을 고정시킨 것은 인플레이션을 억제하기 위한 초기 단계 개혁의 일환으로서였다. 이러한 1985년의 경제안정화 계획이 집행되기 바로 전의 인플레이션은 약 500%였다. 안정화 계획의 주요한 특징은 "달러에 대한 셰켈shekel(이스라엘의 화폐 단위)의 환율을 20% 평가절하, 그 수준에서 새로운 환율의 고정화, 주로 보조금 삭감을 통한 재정적자의 대폭적 감축이었다. 보완적인 소득정책으로서 일시적으로 임금 및 물가의 동결이 시행되었다"(Barkai, 1990a, pp.147~148). 이 정책의 집행수단은 "강력한 금융긴축 정책이었으며… 이는 당초의 취지, 즉 임시 처방 수단으로 작용하여 재정긴축 정책이 효과를 거둘 수 있게 하고, 이에 따라 재정부문의 흡수가 유동성에 대한 하방압력을 지지하도록 하려는 본래 목적했던 효과를 거두었다"(Barkai, 1990a, p.151). 이러한 측면에서 이스라엘의 개혁은 칠레가 1975년 초인플레이션 억제를 위해 취했던 초기 단계 조치들과 매우 유사하다.

중요한 차이점은 이스라엘의 개혁은 환율고정화와 임금 및 물가의 일시적 동결을 포함했는데, 이는 인플레이션을 하락시키려는 정부의 의도에 대한 국민의 신뢰에 보탬이 되고, 이에 따라 낮은 인플레이션에 적응하게 만드는 조치들이었다. 개혁은 눈부신 성공을 거두었다. 인플레이션은 1985년 2/4분기에 연율 500%에서 1986년의 첫 두 분기에 18%, 1986년에 20%로 떨어졌다. 그 이후 인플레이션은 15~20%에 머물렀다 (Barkai, 1987;Bruno and Meridor, 1990).[97] 개혁 조치에 따라 다소 심각했다고 말할 수도 있겠지만 여하튼 상당한 경제성장 둔화가 나타났다. 이는 오래 지속되지 않았으며 1986~87년의 급속한 회복기로 이어졌다. 그러나 그 후 2년 동안 지속된 보다 심각한 경기후퇴의 형태로 지연된 반작용이 나타났다.(Bruno and Meridor, 1990).

달러에 대한 셰켈의 고정화 조치는 이스라엘 개혁의 성공에 기여했는데, 이는 칠레의 환율고정화 조치를 좌절시킨 두 가지 상황이 이스라엘의 경우에는 다행스럽게도 역전되었기 때문이다. 1985년 초기에 달러의 외환가치는 최고수준에 이르렀다가 1985~90년에는 1980~85년 사이에 평가절상된 만큼 평가절하되었다. 더구나 1981년 최고 수준에 이르렀던 석유가격이 1985년 이전까지 점진적으로 하락하다가, 1985년 중에는 급락했다. 달러의 평가절하는 타국 화폐에 대한 셰켈의 가치도 함께 절하함으로써 수출 촉진과 수입 억제, 이에 따른 국제수지의 적자폭 축소에 기여했다는 것을 의미한다. 더구나 이스라엘은 석유 수입국이므로 석유의 달러가격 하락에 따른 이득을 충분히 누릴 수 있었다.

이스라엘은 달러에 대한 환율고정화 조치를 단지 13개월만 유지했다. 1986년 8월에 이스라엘은 환율고정화의 기준 대상을 미국달러 대신 주요 거래대상국의 통화바스켓currency basket으로 바꾸었다. 그 후 거래상대국의 낮은 인플레이션과 이스라엘의 약 20% 정도의 인플레이션 간의 차이를 상쇄하기 위해 불규칙한 기간을 두고 가끔 셰켈을 평가절하했다.[98] 그러나 셰켈을 달러에 대해 고정시켰던 13개월 동안은 달러의 급속한 평가절하 시기였다. 1983년 8월까지는 달러가 1985년 초의 최고 수준보다 이미 32% 정도 평가절하되었다.[99]

▎환율조치가 신뢰할 수 없는 정책인 이유는 무엇인가?[100]

칠레와 이스라엘의 사례는 표면적으로는 유사하지만 근본적으로 매우 상이한 환율제도 장치의 차이를 보여준다.

하나의 환율제도 장치는 연계화폐이다. 달러는 미국의 50개 주와 파나마에서 통용되고 있고, 파운드는 스코틀랜드, 잉글랜드와 웨일즈에서 현재 통용되고 있으며, 과거에는 아일랜드에서도 통용되었다.

약간 복잡한 예는 홍콩달러이다. 1972년 이전에는 (홍콩달러 발행 잔액의 파운드화 가치와 동일한 금액에 상당하는 파운드화를 보존하고) 일정률로 홍콩달러를 파운드로 바꾸어주는 발권기구를 통해 파운드화와 연계되어 있었다.[101] 1983년 화폐개혁 이래, 이와 유사한 발권기구를 통해 홍콩 달러가 미국달러와 통합되어 왔다.

이와 마찬가지로 1차대전 이전의 금본위제에서는 파운드, 달러, 프랑, 마르크는 금의 일정량을 나타내는 다른 명칭에 불과했으며 사실상 연계 단일통화권을 구성했다.

연계통화권의 핵심적 특징은 그 지역 내에서는 화폐발행 권한을 갖는 중앙은행이 기껏해야 하나뿐이라는 점이다. 여기서 '기껏해야'라는 표현은 어느 중앙은행도 순수한 상품 화폐를 보유할 필요가 없기 때문이다. 미국의 연준에는 12개의 지역 은행들이 있지만, 화폐를 발행할 수 있는 중앙기구는 단 하나(공개시장투자위원회)뿐이다. 스코틀랜드와 웨일즈에는 중앙은행이 없다. 홍콩이 화폐를 달러에 연계시켰을 때, 발권기구에 대해 중앙은행의 권한을 부여할 가능성을 남겨두었다. 그리고 중국의 천안문사건(1989년 6월)이 있기 전에, 홍콩 당국은 발권기구를 중앙은행으로 전환시킬 조치의 도입 여부를 궁리 중이었다. 천안문사건의 좋은 영향은 별로 없지만, 굳이 찾는다면 그러한 계획을 무산시킨 일이다.

연계통화제를 채택하면 통화권 내의 다른 지역들 간의 고정환율 유지가 엄격히 자동적으로 이루어진다. 통화 당국 또는 다른 어떤 당국도 개입할 필요가 없다. 뉴욕의 1달러는 샌프란시스코에서도 1달러이고, 스코틀랜드에서 1파운드는 웨일즈에서도 1파운드이다. 아마도 현금수송 비용이나 장부이체 정리비용만큼의 가감이 필요할 것이다. 이것은 19세기 후반 금본위제에서 달러와 파운드 간의 환율이 4.8865달러를 기준으로 금 수송에 따른 비용만큼의 차이(이른바 금현송점gold points) 내에서 변동한 것과 같다. 이와 마찬가지로 7.8홍콩달러는 작은 거래비용만큼 더하거나 뺀 미국의 1달러를 달리 부르는 이름에 불과하다. 홍콩의 발권기구는 환율을 그 수준에서 유지하기 위해 미국 1달러에 7.8홍콩달러를 사고판다는 약속을 준수하는 것 외에 다른 금융조작을 할 필요가 없다. 그리고 홍콩 발권기구는 홍콩 화폐발행잔액의 달러가치에 상당하는 미국 달러 자산을 보유하고 있기 때문에 항상 그러한 능력을 가지고 있다.

칠레와 이스라엘이 채택한 것은 이와는 다른 환율제도 장치이다. 이 대안은 개별 국가의 중앙은행들이 국내 금융정책을 적절히 변화(즐겨 쓰이는 말은 '조정')함으로써 유지하는 수준, 즉 합의된 수준에서 국가별 화폐의 환율을 고정시키는 제도이다.

하나의 공통된 유럽통화를 갖자고 주장하는 사람들이 많다. 이들은 현행 유럽통화제도European Monetary System(EMS)와 같은 고정환율제도를 연계통화권으로 나아가는 첫걸음으로 본다. 내 생각으로 이것은 큰 오류이다. 내 의견으로는 각국 화폐의 환율을 고정시키는 제도는 진정한 연계통화 또는 자유변동환율을 통한 국가별 화폐의 연결제도와 같은 극단적 제도 중 어느 것보다 열등하다. 현재의 상황으로 미루어 각국의 중앙은행들이 환율을 합의된 수준에서 유지하려는 단 하나의 (대외적) 목적을 지향하여 정책을 수립하도록 느긋하게 허용되지 않을 것이다. 금융정책을 여러 가지 국내 목적을 위해 사용하라는 압력이 때때로 불가항력적으로 작용할 것이다. 이러한 때 환율제도는 불안정해진다.

칠레의 조치와 홍콩의 조치의 차이는 다소 불투명하게나마 이러한 현상을 보이는 한 예이다. 칠레의 중앙은행이 1982년 페소의 고정환율을 유지하려면 필요했을 과감한 화폐축소 조치를 취할 의지도 능력도 없었다는 것은 이해할 만하다. 이와 마찬가지로 이스라엘도 셰켈을 1985년에 달러에 대해 그리고 1986년에 통화바스켓에 대해 고정시킨 이후 여러 차례 평가절하를 반복했다. 반면에 홍콩은 1983년 미국달러에 자국화폐를 연계시킨 조치 이후 그러한 평가절하에 의존하지 않았다. 홍콩은 미국달러 이외의 화폐들에 대한 자국 화폐의 평가절상에 대한 적응수단으로서 국내의 물가 및 임금 조정을 택했다. 이 사례가 불투명한 예로 보이는 까닭은 미국달러의 평가절상 대부분이 홍콩이 미국달러에 자국 화폐를 연계시키기 이전에 발생한 것이기 때문이다.

고정환율의 일시적 유지수단으로서 자본유출입에 대한 조정정책, 외환통제, 그리고 국제무역에 대한 제한 조치들을 택할 수 있다. 그러나 이제는 이러한 정책 수단들은 기껏해야 일시적 방편이며 일반적으로 사소한 문제를 중대한 위기로 악화시킨다는 것을 깨닫게 하는 증거들이 많다.

1971년 이전의 브레튼우즈체제 하에서의 경험이 확실히 그 증거이다. 환율 조정이 수없이 때때로 큰 폭으로 일어났다. 이 체제가 그나마 운영되어 온 것은 오직 그간 미국이 온건한 비인플레이션적 정책을 펴왔으며 다른 나라들의 외환규제와 자본이동에 대해 수동적인 자세를 취해온 덕분이었다.

유럽지불동맹European Payment Union(EPU), 스네이크snake제도, 현재의 유럽통화제도(EMS)와 같은 유럽공동시장의 통화제도들의 성공도 역시 그러했다. 이 중 어느 것도 환위기와 환율 변화를 피할 수 없었으며 더러는 아주 붕괴되어버린 것들도 있다. 그간 EMS제도가 성공적으로 운영되어 온 것을 브레튼우즈체제에서 미국의 역할, 즉 온건한 비인플레이션적 정책을 추구하고, 다른 가맹국들의 외환규제와 자본유출입을 묵인해준 역할을 독일이 기꺼이 맡아주었기 때문이다. 만약 독일이 그러한 정책을 더 이상 수행할 의사가 없다면 유럽통화제도도 역시 붕괴되지 않을까 생각된다.

많은 논평자들은 최근에 회원국들, 특히 프랑스가 인플레이션을 억제할 수 있게 된 점을 EMS의 공적으로 평가한다. 프랑스의 반인플레이션 정책이 프랑스가 EMS 회원국이라는 점, 즉 프랑스가 비교적 안정된 독일 마르크화와 연결되어 있다는 점에서 더 큰 신뢰를 얻었다는 것은 의심할 나위도 없다. 그러나 인플레이션의 하락은 결코 EMS 회원국들에게만 국한되지 않은 전세계적인 현상이었다.

나는 인플레이션의 전세계적인 하락이 브레튼우즈체제의 종말과 관련이 있다고 본다. 브레튼우즈체제의 종말이 역사상 유례가 없는 세계통화제도의 채택을 가져왔다. 내가 알기로는, 인류 역사상 최초로 모든 주요 화폐가 이제는 순수한 불환지폐이다. 그것도 과거 개별 국가에서 종종 발생했던 것처럼 위기에 대한 일시적인 대응수단으로서가 아니라 영구적으로 지속될 것으로 예상되는 제도로서의 불환지폐제도이다.

세계 각국들은 해도 없이 미지의 바다를 항해해왔다. 항해의 처음 10년 동안 여러 가지 일들이 발생했고, 특히 세계적인 인플레이션이 폭발적으로 일어났다는 것은 이해할 수 있다. 이러한 세계적 인플레이션의 폭발 때문에 물가와 실업 간에 장기적인 관계가 있다는 이론을 불신하게 되었고, 인플레이션으로부터의 재정적 이득이 줄었으며, 일반 국민의 인플레이션 혐오 경향이 고조되었다. 각국 정부 입장에서는 인플레이션을 급격히 낮추는 정책을 수행하는 것이 정치적으로 유리하게 되었다. 그러한 상황은 EMS 지역 내에서뿐만 아니라 일본, 영국, 미국, 그 밖의 많은 나라에서도 일어났다.

1987년, 영국의 재무장관 나이젤 로슨Nigel Lawson이 파운드화가 마르크화에 대해 평가절상 경향이 있던 시기에 마르크화에 대한 파운드화의 환율을 3:1로 고정시키려는 조치를 취했을 때, 영국은 몇 달 동안 칠레와 이스라엘의 전철을 밟았다. 그 결과 급속한 화폐증가가 나타나 그 조치를 서둘러 폐기하고 인플레이션과 높은 이자율이라는 유산을 남기게 되었다.

1990년 영국이 EMS 가입 결정을 내렸을 때, 비록 지정된 중심 환율에서 상하 6%라는 넓은 폭의 변동을 허용하는 것이기는 하지만 마르크화에 대한 자국 화폐 고정화를 다시 시도했다. 영국이 EMS에 가입하려고 할 때 인플레이션이 약 13%였는데, 이는 이스라엘이 화폐개혁안을 채택할 당시의 인플레이션보다는 훨씬 낮지만 독일, 프랑스, 일본, 미국에 비해서는 높았다. 영국의 EMS 가입 동기는 칠레와 이스라엘이 미국달러에 대한 자국 화폐 고정화 조치 때의 동기와 마찬가지로 정부가 발표한 반인플레이션 정책에 대한 국민의 신뢰도를 높이는 것이었다.

칠레와 이스라엘의 경우에서처럼, 영국에서의 결과는 자국 화폐 고정화의 기준화폐인 마르크화가 향후 어떻게 움직이느냐에 따라 결정된다. 만일 마르크화가 1985년 이후의 달러와 같이 움직인다면, 영국의 조치는 이스라엘의 경우처럼 큰 성공으로 간주될 것이다. 그러나 과거 마르크화의 변동 추세를 고려하면 그러한 결과가 나타날 가능성이 높지 않다. 동독 지역을 부흥시키기 위한 독일의 무거운 재정 부담을 고려한다면, 그러한 가능성을 전적으로 배제할 수는 없다. 반면에 만일 독일의 인플레이션이 낮은 수준에서 유지되고 마르크화가 다른 주요 통화에 대해 강세를 유지한다면, 영국은 칠레의 운명과 −다소 경미하게− 비슷한 경험을 맛보게 될 것이다. 다소 경미하다는 것은 1980~85년까지 미국 달러가 마르크화, 파운드화, 엔화에 대해 평가절상되었던 정도만큼 마르크화가 달러화와 엔화에 대해 평가절상될 가능성이 거의 없기 때문이다. 그러나 마르크화가 다소라도 평가절상된다고 해도, 영국은 환율고정화를 폐지하거나 새로운 중심 환율을 채택할 것으로 생각된다.

MONEY MISCHIEF

Chapter 10

불환지폐 세계에서의
금융정책

우리는 2장에서 역사상 전례가 없는 세계통화제도가 나타났다는 것을 보았다. 이는 세계의 모든 주요 화폐들이 직접적이거나 간접적으로 하나의 불환지폐본위에 연결되어 있는 제도이다.

비록 정부 개입의 가능성이 있더라도 변동환율인 경우에는 직접적으로 연결된 것이고, 화폐가 다른 불환지폐에 연계되어 있는 경우(예컨대 1983년 이래의 홍콩달러)에는 간접적으로 연결된다. 이러한 사태 발전의 궁극적인 결과가 어떻게 될지는 불확실하다.

이 통화제도는 1차대전 이후에 조금씩 나타나기 시작했다. 이때부터 1971년까지 세계의 많은 국가들은 사실상 달러본위제를 채택하게 되었으며, 반면 미국의 화폐제도는 (1933~34년의 짧은 기간을 제외하고는) 표면상으로는 금본위제였지만 실제로는 불환지폐본위제였다. 여기에 정부의 금가격 고정화 계획이 결부되어 있었다. 브레튼우즈협정은 금의 역할에 대한 겉치레 규정과 환율변동 규정을 두고 있음에도 불구하고 대체적으로 이러한 상황을 인정하는 것이다.

미국에 있어서 금의 화폐적 역할의 점진적 변화를 드러내는 두 가지 주요 사건은 1)1933년 금의 개인 소유를 금지시킨 조치와, 2)1965년 연방준비은행 예금에 대해 그리고 3)1968년 연방준비은행권에 대해 금의 법정 지불준비제도를 폐지한 조치였다.

금과 달러 사이의 공식적 연결고리뿐만 아니라 미국의 화폐제도가 금본위제도라는 겉치레를 아울러 없애버린 1971년 닉슨의 금 창구 폐쇄조치는, 이미 진행 중이던 사태 흐름을 공식적으로 시인한 것에 불과하다. 중앙은행들의 장부상 남아 있는 금보유고는 미래 언젠가 다시 중요하게 될 가능성이 있지만, 사실상 지나간 시대의 유물이다. 미국이 금의 개인 소유 금지 조치(1933년)를 철회한 1974년 조치는, 다소 역설적으로 들리겠지만, 금의 화폐적 역할의 종식을 알리는 것이었다.

닉슨의 조치는 1960년대 미국의 극심한 인플레이션 때문에 서둘러 단행되었다. 그리고 브레튼우즈협정의 종식은 1970년대에 미국뿐 아니라 다른 많은 국가에 있어서도 인플레이션의 지속과 가속화에 이바지했다.

불규칙적이며 고도로 가변적인 인플레이션은 화폐개혁의 흥미를 돋우었다. 인플레이션은 통화 당국의 졸렬한 업무 성과를 잘 들추어냈다. 이는 여러 학자들이 이미 내렸던 사전적 정책에 관한 결론(애너 슈워츠와 내가 『화폐의 역사』에서 내린 결론을 포함)을 뒷받침하는 동시에 신뢰성을 높여주었다.

더구나 미국의 경우 Q규정Regulation Q을 통한 은행지급이자에 대한 정부 규제가 종래에도 신용시장의 효율적 청산에 다소 장애요인으로 작용했으나, 인플레이션에 따른 명목이자율의 상승 때문에 심각한 장애요인으로 되었다. 이에 따른 한 가지 반응으로 시장금리 연동부 단기금융

상품money market mutual funds(MMMF)이 고안되었는데, 이는 소액 저축자들에게 높은 시장이자율의 혜택을 얻을 수 있게 하는 상품이다. 말하자면 이러한 시장금리 단기상품money mutual funds(MMF)들은 금융혁신의 쐐기날이었으며, 이 때문에 은행과 기타 금융기관들의 업무를 제약하는 다른 규제들이 완화되었다. 뿐만 아니라 은행지불이자율에 대한 규제가 즉각적으로 완화되고 나중에는 폐기되었다. 이러한 규제완화는 미국 금융제도 전체에서 전통적 의미의 은행들이 차지하는 역할이 급격히 위축되는 추세를 막기에는 너무 늦고, 너무 제한적이었다. 오늘날 신용시장에서 은행들이 차지하는 비중은 지난날에 비해 훨씬 낮아졌다. 그 대신 시어스로벅Sears Roebuck, 아메리칸익스프레스American Express, 메릴린치Merrill Lynch와 같은 비은행 금융기관들의 비중이 높아졌다.

인플레이션과 이에 따른 규제완화가 몰고온 하나의 사건은 저축대부조합S&L 업계의 위기 사태였다. 이는 현재에도 동업계 예금에 대한 연방예금보험공사에 극도로 막중한 손실부담을 안겨주고 있으며, 이는 결국 납세자들의 부담이 되는 셈이며, 결국 연방예금보험공사의 존폐를 위협하고 있다.[102]

불규칙적인 인플레이션과 높고 가변적인 이자율은 미국 이외 다른 나라에서도 비슷한 사태 발전을 유발했다. 그 결과 전세계적으로 규제완화의 압력이 일어났다.

역사상 현재 상황과 똑같은 전례를 찾아보기란 어렵다. 2장과 8장에서 살펴본 것처럼 유사 이래 상품화폐, 주화나 금속 덩어리 형태의 화폐가 지배적인 한에는 급격한 인플레이션은 물리적으로 가능하지 않았다. 화폐가치 잠식의 정도는 기초소재인 저금속에 대한 귀금속의 가치의 비율에 의해 제한되었다. 지폐가 발명되어 널리 보급된 다음에야 비로소 근래에 발생한 것과 같은 급속한 인플레이션이 기술적으로 가능하게 되었다.

과거 이러한 사례를 평가하면서, 어빙 피셔는 1911년에 이렇게 기술했다. "태환 불가능한 지폐는 그것을 사용하는 나라에 거의 어김없이 재앙이 되었다"(1929, p.131). 피셔가 이렇게 글을 쓴 이후 사태는 확실히 그의 명언과 일치했다. 바로 이 기간에 역사상 가장 엄청난 지폐 재앙이 연속적으로 발생했다. 즉, 1차대전과 2차대전 직후의 초인플레이션, 다수의 라틴아메리카 국가들과 저개발국가를 비롯한 여러 국가들에서의 급속한 인플레이션과 초인플레이션, 가장 최근의 예로 1970년대의 전세계적인 인플레이션을 들 수 있다.

정화正貨본위제도가 종식되고 모든 나라들이 피셔의 말대로 '태환 불가능한 지폐'를 갖는 세계통화제도가 출현함에 따라 전혀 다른 두 가지 흐름의 경제학 문헌이 나타났는데, 그중 하나는 학술적인 것이고 다른 하나는 대중적인 것이다. 학술적인 문헌은 화폐개혁과 경제학자들이 말하는 외부화폐, 즉 아무런 지불 약속이 없는 그저 화폐인 화폐(그 예로서는 금본위제도에서는 소재가치가 충실한 주화, 현재 미국의 화폐제도에서는 연방준비은행의 지폐와 예금)를 공급함에 있어서 정부의 역할을 다루고 있다. 반면에 대중적인 문헌은 위기를 경고하고 경화硬貨를 선호하는 내용인데, 이 문헌들은 모두 본질적으로 피셔의 명언이 유효하며, 세계의 주도적 국가들이 다시 상품본위제도를 채택하지 않는 한 세계는 필연적으로 고삐 풀린 악성 인플레이션에서 벗어날 수 없다는 명제에 기초를 두고 있다.

흥미롭게도 이 두 줄기의 흐름은 이제까지 함께 어울린 적이 별로 없었다. 나의 견해로는 학술적인 문헌은 대중적 문헌에서 제기된 다음의 문제를 대체로 회피해왔다. 역사상 선례가 없는 현행의 통화제도를 빚어낸 상환조건들에 현행 지폐제도가 붕괴되어 사라질 가능성을 바꿀 조건이 수반되어 있는가가 문제이다. 이 장의 나머지 부분에서는 이 문제에 관해 나의 몇 가지 의견을 제시한다.

8장에서 지적했듯이, 인플레이션은 사실상 정부로 하여금 어느 누구의 찬성투표도 없이, 그리고 케인즈의 말을 빌리면 "백만 명 중의 한 사람도 감지할 수 없는 방법으로"(1920, p.236) 조세를 부과할 수 있기 때문에 정부의 재정수입 원천으로서는 다른 것보다 항상 매력적이었다. 그러나 사용하는 일반 국민의 광범위한 지지를 받는 상품본위제도의 존재는 인플레이션에 대해 제동장치 구실을 했다. 초인플레이션은 물론 급속한 인플레이션조차도 선진국에서는 비교적 드물게 나타난 이유는 주로 일반 국민의 여론 때문이었다. 평화 시기와 민심의 동요가 없는 시기에는 국민이 화폐의 태환성을 유지하도록, 태환이 중지된 경우에는 다시 화폐의 태환을 회복하도록 정부에 압력을 가할 수 있었다.

금융·재정제도를 개혁하는 데 있어 핵심적 과제는 정화 태환의 기능, 즉 정부로 하여금 인플레이션을 재정수입 원천으로 하지 못하게 압력을 가하면서 정화 태환에 대체하는 장치를 발견하는 것이다. 달리 말하면, 우리는 물가 안정의 기초로서 화폐용 상품의 물질적 제약을 대체할 만한 명목상의 닻을 찾아야 한다.

"태환 불가능한 지폐는 그것을 사용하는 나라에 거의 어김없이 재앙이 되었다"는 1911년 피셔의 명언이 향후 수십 년에도 여전히 유효할지는 알 수 없다. 아르헨티나, 볼리비아, 브라질, 칠레, 멕시코, 이스라엘과 같은 나라들의 최근 경험은 피셔의 명언을 지지한다. 그러나 이 국가들은 모두 경제개발이 높지 않은 나라들이며, 오늘날의 선진국보다는 피셔가 고려 대상으로 삼았던 나라들과 공통점이 더 많다고 할 수 있다. 일본, 미국, 유럽공동시장 등 선진국들의 경험은 우리가 장래를 보다 낙관적으로 내다볼 수 있는 몇 가지 근거를 제시한다. 이들 선진국에서 정부로 하여금 조세 부과 없이 정부용 자원을 확보하라는 압력은 과거와 마찬가지로 오늘날에도 강하다. 그러나 지폐 인플레이션의 정치적 매력을 감소시키는 반대의 압력이 증가되어왔다. 정보혁명이 정보수집 비용을 대폭 감소시켰으며, 정부의 정책 변화를 포함한 경제적 교란 요인에 대해 사람들의 예상이 보다 신속하고 정확하게 반응을 보일 수 있게 되었다. 그 결과 일반 국민들뿐만 아니라 금융시장도 과거에 있어서보다 인플레이션에 대해 행동 반응이 더 빠르고 야물어졌다.

8장에서 지적했듯이, 인플레이션은 세 가지 방법으로 재원을 제공한다. 첫째, 정부의 화폐발행은 본원통화 보유에 대한 암묵적인 인플레이션 조세로 된다. 둘째, 인플레이션은 소득세 과표 구성요소의 적어도 일부 또는 소득세 계층을 인플레이션에 대해 조정하지 못하는 결과로 명시적 조세의 증가를 초래할 수 있다. 셋째, 인플레이션은 장래의 인플레이션을 충분히 감안하지 못한 이자율로 발행된 부채잔액의 실질가치를 감소시킨다. 최근의 정치 · 경제 · 금융 측면의 사태 발전은 이상 세 가지 재정수입 확보 방법의 유효성을 크게 감소시켰다.

첫 번째 방법과 관련하여 미국에서의 실제 수치를 살펴보면 이러한 추세를 알 수 있다. 본원통화는 19세기 중반부터 대공황 때까지 놀랍게도 국민소득의 10% 수준에서 일정하게 유지되었다. 대공황 때부터 이 비율은 급격히 상승해 1946년에는 약 25%의 최고 수준에 이르렀다. 그 이후 국민소득에 대한 본원통화의 비율은 감소 추세를 보이고 있으며 1990년에는 약 7%였다. 정부의 조세와 지출이 국민소득의 30~50%, 때때로 그 이상까지 차지하는 현대사회에서 세 가지 방법 중에서 첫 번째 방법의 중요성이 가장 작다. 만일 인플레이션이 국민소득에 대한 본원통화의 비율을 하락시키지 않는다면(실제로 그러하리라는 것은 의심할 나위 없지만), 본원통화가 연간 10% 증가하더라도 오늘날에는 미국 정부의 재정수입 증가는 국민소득의 0.7%에 불과할 것이다. 인플레이션 영향을 고려하지 않더라도 앞으로 추가적인 금융혁신 때문에 국민소득에 대한 본원 통화의 비율은 더욱 낮아지고, 이 방법을 통한 재정수입 징수의 유효성은 더욱 감소할 것이다. 나는 이 같은 추세가 다른 많은 나라에서도 존재하고, 이에 따라 이들 나라에서도 이 방법을 통한 재정수입의 중요성이 떨어졌다고 생각한다.

인플레이션에 의한 재정수입 확보의 두 번째 방법인 소득계층의 승급은 첫 번째 방법보다 훨씬 중요한 작용을 했을 것으로 보인다. 이는 최근 수십 년 동안 미국의 경우에 있어서 확실히 그러했다. 인플레이션 때문에 저소득 계층이나 중간소득 계층의 사람들에게 투표기회가 주어졌더라면 도저히 찬성표를 얻을 수 없을 정도로 높은 세율의 개인소득세가 부과되었다. 이 같은 소득계층 승급의 결과로 개인소득세에 물가연동제를 도입하도록 정치적 압력이 가해졌으며, 이는 이 같은 방법을 통한 재정수입의 전부는 아닐지라도 그 대부분을 소멸시켰다.[103] 다른 나라의 사정은 잘 모르지만, 상당한 인플레이션이 발생한 나라에서는 반드시 개인세 구조가 상당한 정도로 물가연동화 되었으리라는 것이 나의 의견이다.

세 번째의 방법도 극히 중요하다. 2차대전이 끝났을 때 공채 형태로 빌린 미국 연방정부의 부채는 연간 국민소득의 106%에 이르렀다. 1967년에는 공식적인 연방정부 예산이 계속적으로 적자였음에도 불구하고 연방정부 부채는 국민소득의 약 32%까지 줄어들었다. 그 이후로 적자가 지속되고 증가됨에 따라 부채는 늘어났으나, 현재에는 국민소득의 약 46% 수준에 지나지 않는다. 이러한 부채비율 하락은 부분적으로는 실질 경제성장 때문이었으나 주요 원인은 인플레이션이었다. 인플레이션은 명목적으로 양(+)인 부채의 발행이자율을 사후적으로 음(−)의 실질이자율이 되게 만들었다([그림 2−1] 참조).

금융시장에서의 변화 움직임은 세 번째 방법의 재정수입을 급격하게 잠식했다. 시장요인들의 압력 때문에 정부가 낮은 명목이자율로 장기부채를 발행하기 곤란하게 되었다. 그 결과의 하나로 미국에서는 1970년대의 인플레이션기에 연방부채의 평균 만기기간이 대폭 단축되었다. 즉, 시장이자부 공채의 경우 평균 만기기간이 1946년에 9년 1개월이던 것이 1976년에는 2년 7개월로 단축되었다. 평균 만기기간이 1976~80년대 초까지 이 수준을 약간 상회하는 수준에서 맴돌다가 인플레이션이 진정됨에 따라 다시 연장되어 1990년에는 6년 1개월로 되었다.

전쟁 상황을 제외하면, 장기부채의 경우보다 단기부채의 경우에 예상치 못한 인플레이션 때문에 양의 명목이자율이 사후적으로 음의 실질이자율로 바뀌기는 어렵다. 더구나 이렇게 하는 것이 장기부채보다 단기부채의 경우가 유리하지 못하다. 지난 수십 년 동안 역사적으로 높고 가변적인 인플레이션을 경험한 덕분에, 그 이전 오랜 기간 동안 비교적 안정되었던 물가 수준을 감안해 물가 예상이 형성되던 10년 전 혹은 20년 전에 비해, 상당 기간 상당 수준의 예상치 못한 인플레이션을 발생시키기가 훨씬 어렵게 되었다.

영국에서는 현재 정부가 물가연동채권을 발행하고 있다. 이러한 채권의 경우, 정부는 사후적으로 음(-)의 실질이자율로부터 이익을 얻을 수 없다. 미국에서도 오래 전부터 재무성이 이와 유사한 증권을 발행하자는 주장이 대두되어 왔으나 아직까지 재무성은 실행 의지를 보이지 않고 있다. 그러나 만일 미국의 인플레이션이 다시 높고 가변적으로 된다면 조건부 증권을 발행하라는 압력이 틀림없이 가중될 것이다.

아마도 앞으로 수십 년 동안 비교적 안정된 장기물가 수준을 경험하게 된다면 다시 자산 보유자들은 명목이자율을 실질이자율과 동일한 것으로 간주할 것이다. 그러나 오늘날에는 확실히 사람들은 명목이자율과 실질이자율을 동일시하지 않는다.

요약하면, 인플레이션은 정치적 선택으로서 그 매력이 점차 감퇴되었다. 인플레이션에 매우 민감해진 유권자들을 감안한다면, 현행의 태환 불가능 지폐본위제도가 피셔의 명언처럼 되지 않게 만드는 금융제도 장치를 확립하는 것이 정치적으로 유리할 것이다.

최근의 경험이 이와 같은 견해를 뒷받침해주고 있다. 1970년대의 인플레이션 상황은 (세계의 다른 많은 나라들의 경험에 비해서는 가벼운 것이지만) 19세기와 20세기 대부분의 기간 동안 미국, 영국, 일본에서 일반적으로 용인되던 기준으로 보면 아주 심각한 것이었다. 그러나 그 인플레이션의 심각성은 모든 서구 국가에서 디스인플레이션 정책, 즉 지속적 인플레이션을 회피하기 위한 화폐증가를 억제하고 일시적으로 상당 수준의 실업을 감수하는 정책을 이끌어내도록 하는 정치적 압력을 자아냈다.

미국의 인플레이션은 두 자리 숫자에서 낮은 한 자리 숫자로 진정되었으며, 1983년부터 지속되어온 3~5%의 인플레이션을 더 낮추겠다고 거듭 천명하는 연준의 정책 의지에 대해 광범한 지지가 형성되어 있다.

8장에서 살펴보았듯이, 일본은 아마도 가장 인상적인 본보기가 된다. 1970년 초 일본의 인플레이션은 20%를 훨씬 웃도는 수준에 이르렀었다. 정부와 일본은행은 신속하고 효과적으로 대응하여 화폐증가율을 대폭 감소시켰다. 이들은 화폐증가율을 안정적으로 유지했다. 그 결과 인플레이션이 낮은 수준으로 떨어졌을 뿐만 아니라 다른 많은 국가들을 괴롭혔던 인플레이션율의 급격한 오르내림을 피할 수 있었다.

독일은 조금 색다른 예로, 과거의 경험이 인플레이션의 정치적인 매력을 어떻게 바꿀 수 있는가를 보여준다. 2차대전 후 전기간을 통해 독일의 인플레이션은 영국, 미국, 대부분의 다른 서구 국가들보다 낮은 추세를 보였다. 이는 분명히 화폐제도를 마비시키고 물물교환에 의존하지 않을 수 없게 했던 1차대전 후의 초인플레이션 경험과 2차대전 후의 억압형 인플레이션 경험의 장기적 영향이다.

이와 마찬가지로 영국도 두 자리 수의 인플레이션을 경험한 후에 동반하는 실업의 증가에도 불구하고 일시적으로 인플레이션을 대폭 낮추는 데 성공했다. 유럽통화동맹을 통해 화폐가 연결되어 있는 프랑스와 기타 유럽공동시장의 국가들의 경우에도 역시 사정은 그러했다.

인플레이션을 통한 정치적 이익 획득 가능성이 명백히 감소한 것은 장래에 대해 낙관을 가질 만한 근거이지만, 이것만으로 피셔의 명언이 이제는 진부하게 되었다고 확언할 수는 없다. 정부는 단기적인 압력에 대응하다 보면 때로는 장기적으로 상당한 역효과를 미치는 조치를 취하게 된다. 1980년대 초반의 이스라엘이 그 두드러진 예이다. 이스라엘은 인플레이션이 보잘것없는 재정수입 조달 방법으로 되는 상황에서 계속적으로 인플레이션에 의존했다. 따지고보면, 이스라엘의 당시 특수 상황에서는 인플레이션은 재정수입을 조달하는 방법이기보다는 정부재원을 축내는 방법이었다. 그러나 9장에서 보았듯이, 1985년에 이스라엘도 인플레이션을 종식시키기 위해 강력한 조치를 취했다.

그러나 재정수입 조달 방법의 하나로 불환화폐를 사용하려는 유혹이 궁극적으로 상품본위제(아마도 이런저런 종류의 금본위제도가 되겠지만)로 복귀하지 않을 수 없는 상황을 유발할 것인가 하는 문제는 여전히 미해결로 남아 있다. 상품본위제도의 대안으로서 가능성이 돋보이는 것은 앞으로 수십 년에 걸쳐 선진국들이 화폐증발에 대해 효과적인 통제기구를 만들어 세계의 모든 지역에 걸쳐 장기간 안정된 물가 수준을 보장할 재정·금융제도를 개발하는 것이다.

최종적인 해답은 역사가 앞으로 수십 년 동안 펼쳐지면서 나타날 뿐이다. 그 해답의 내용은 이 책에서 살펴본 바와 같은 역사적 사례들로부터 우리가 교훈을 얻느냐의 여부에 크게 좌우된다. 배움의 과정은 화폐와 화폐제도에 관한 체계적 분석이 처음으로 나타난 이래 몇 세기 동안 줄곧 진행되어왔다. 세계가 이제까지 탐색되지 않은 미지의 영역으로 모험을 시작함에 따라 이러한 배움의 과정은 새롭고 절박한 단계로 들어섰다.

"화폐, 광범위하고 예기치 못한
효과를 가져오는 것"

지금까지의 탐색여행에서 우리는 광범위한 시간과 공간을 거쳤다. 즉, 고대 로마와 그리스에서 시작하여 여러 시간과 장소를 방문하면서 이스라엘과 칠레까지 여행했다. 비록 우리가 이 책에서 직접적으로 자세히 다룬 것은 몇몇 사례에 불과하지만 간접적으로는 많은 사례에 대해 살펴보았다.

화폐 현상에 대한 나의 집중적 연구가 거의 반세기가 지난 다음 이제 느끼게 되었듯이, 독자들도 화폐의 보편적 역할, 화폐에 관한 몇 개의 단순한 명제들의 응용 가능성, 그럼에도 불구하고 일반 대중은 물론 통화당국자조차도 이러한 명제들을 이해하고 응용하는 데에 어려움을 겪는다는 것을 깨달았을 것이다. 2차대전 말에 프랑스의 수상이자 베르사이유조약의 구상자였던 조르주 클레망소Georges Clemenceau는 언젠가 "전쟁은 너무 심각한 문제이기 때문에 군대에만 맡길 수 없다"라고 언급했다. 나는 종종 그의 말을 바꾸어 "화폐는 너무 심각한 문제이기 때문에 중앙은행에만 맡길 수 없다"라는 말로 표현해왔다.

화폐는 비록 무형의 것이지만 한 나라 경제에 있어서 대단히 핵심적인 요인이기 때문에, 화폐구조의 작은 변화조차 광범위하고 예기치 못한 효과를 가져온다. 1873년 화폐주조법의 사례에서처럼 법률에서 한 구절 생략한 것이 수십 년 동안 한 나라의 경제와 정치를 혼란시킬 수도, 거의 결정지을 수도 있다. 스코틀랜드의 발명가들과 남아프리카의 광부들이 미국에서 부상하고 있는 한 스타(W.J. 브라이언을 의미−옮긴이)의 정치생명을 끝장낼 수도 있다. 미국에서 정치적 영향력이 있는 소수의 의원 그룹에게 베풀어진 유화책은 결과적으로 중국이 공산화되는가의 여부에 영향을 미칠 수도 있다. 두 나라가 동일한 화폐정책을 결정했더라도 6년의 시차 때문에 한 나라에서는 실패, 다른 나라에서는 성공이라는 상반된 결과를 가져올 수 있다. 화폐제도의 하나의 변화가 해도 없는 바다를 불안과 격동 속에서 10년 이상 항해하게 한 후에도 여전히 표류하게 할 수도 있다. 이러한 서글픈 이야기는 이 책에서 다룬 사례들을 훨씬 넘어 얼마든지 많다.

아마 가장 중요하고 철저하게 기록되었음에도 불구하고 완강하게 저항받고 있는 하나의 명제는 "인플레이션은 언제 어디서나 화폐적 현상이다"라는 것이다.[104] 이 명제는 수천 년은 아닐지라도 수백 년 동안 학자들과 실무자들이 알고 있었다. 그러나 이 명제에도 불구하고 정부 당국은 화폐가치의 변조 −국민의 참여 없는 조세− 에 의해 국민을 수탈하고자 하는 유혹에 빠지는 것을 막지 못했다. 그러면서 정부는 자기네가 결코 그런 짓을 하고 있지 않다고 완강히 부인하면서 인플레이션에 대해서는 온갖 다른 나쁜 요인을 둘러댔다.

이것은 고대 역사가 아니다. 그 예를 보기 위해 미국과 다른 선진국의 1970년대 이전까지 되돌아갈 필요가 없다. 그러한 유혹에 굴복한 것이 아르헨티나, 브라질, 나카라과를 포함해 많은 라틴아메리카 국가들이 현재 처해 있는 절망적인 곤경의 근원이다. 가장 최근에 본격적 초인플레이션이 볼리비아에서 발생했는데, 다행히도 그 나라는 이제 화폐제도를 개혁했지만 그동안 생산 차질, 빈곤, 생활수준 저하라는 비싼 대가를 치르지 않을 수 없었다. 그리고 나는 앞으로 수십 년 내에 세계가 높은 인플레이션과 본격적 초인플레이션의 더 많은 사례를 경험하게 되지 않을까 우려된다.

통화량의 급격한 증가는 인플레이션을 일으키고, 급격한 감소는 불황을 야기시킨다. 이것 역시 잘 실증된 명제이다. 비록 이 책에서는 직접적으로 다루지 않았으나 그 명제의 몇 가지 일화들, 즉 미국에서 1873~79년의 불경기, 1890년대 초반 불황기, 프랭클린 루스벨트를 백악관 주인으로 만들고 1930년대의 은구매 사업의 무대를 제공했던 1929~33년의 대공황이 언급되었다.

화폐에 관한 잘 실증된 이러한 명제와 유사한 명제들이 정책을 수립하는 데 너무나 자주 무시되는 까닭은 무엇인가? 하나의 이유는 개인의 상황 파악과 사회적 상황 판단 사이에는 차이가 있다는 것이다. 당신이 딸기를 사기 위해 시장에 간다면 공시된 가격으로 얼마든지 원하는 만큼의 딸기를 살 수 있다. 당신이 보기에 가격은 고정되어 있고 수량은 가변적이다. 그러나 모든 사람들이 갑자기 딸기를 먹고 싶어 한다고 하자. 사회 전반적으로 보면 일정한 기간에 구입할 수 있는 딸기의 총량은 고정되어 있다. 처음의 가격에서 수요량이 갑작스럽게 증가한다면 그것은 결국 수요량을 일정한 공급량에 맞도록 줄일 만큼 가격이 인상되어야 수요가 충족될 수 있다. 사회 전체로 보면 수량은 고정되어 있고 가격은 가변적이다. 이것은 개인의 경우와 상반된다.

이러한 상반된 입장은 대부분의 상황에서도 사실이다. 우리가 다루어 온 화폐의 분야에서, 예를 들면 당신은 한 개인으로서 부의 한도 내에서 원하는 만큼 얼마든지 현금을 가질 수 있다. 그러나 만일 화폐를 본원통화로 정의한다면 중앙은행(연준)에 의해 -보다 넓게 화폐를 정의한다면 중앙은행과 은행들에 의해- 주로 결정되어 어느 시점에서나 한 사회의 화폐량은 고정되어 있다. 어느 한 사람이 화폐 보유를 줄이려고 해야만 당신이 화폐 보유를 늘릴 수 있다.

한 개인의 입장에서는 그 궁극적인 원천이 자신의 생산성 향상에 있든지 정부의 통화발행에 있든지 소득증가는 좋은 상황이다. 그러나 사회 전체의 입장에서는 두 가지 원천은 매우 다르다. 2장에 소개한 헬리콥터 우화에서처럼 생산성 향상은 축복이며, 통화증발은 저주가 될 수도 있다.

개인들이 개인적 경험을 일반화하는 것, 개인들에게 사실인 것이 사회 전체에 대해서도 사실이라고 믿는 것은 자연스럽다. 그러나 방금 위의 예에서처럼 주제가 화폐이든 다른 경제·사회적 현상이든 대단히 널리 유포된 경제적 오류의 근저에 이러한 혼돈이 자리잡고 있다.

또한 사람이 선과 악을 인격화하여 나쁜 일을 다른 사람의 악한 의지 탓으로 돌리는 것도 인간적이다. 그러나 착한 의지를 좌절시키는 것은 보이지 않는 악마일 수도 있지만 오해 때문일 수도 있다. 이에 대한 처방은 맞비난이 아니라 오해가 풀리도록 설명하는 데서 찾을 수 있다.

일반적으로 경제관계, 그리고 특히 화폐문제에 대한 정확한 이해가 얼마나 중요한가는 프랑스 국회의원 피에르 듀퐁Pierre S. du Pont이 2세기 전에 언급한 말로 생생하게 나타난다. 화폐 −프랑스 혁명기의 불환지폐− 를 추가적으로 발행하자는 제안에 대해 그는 이렇게 말했다.

"여러분, 격렬한 토론에 이끌려 상대방이 나쁜 의도를 가졌다고 가정하는 것은 좋지 않은 습관입니다. 우리는 남의 의도에 대해 관대할 필요가 있습니다. 즉, 우리는 남의 의도가 선하다고 믿어야 합니다. 그러나 우리는 모순된 논리 또는 터무니없는 추론에 관대할 필요는 없습니다. 악인이 의도적으로 저지르는 범죄보다 엉터리 논리를 내세우는 사람이 본의 아니게 저지르는 범죄가 더 컸던 것입니다"(1790, 9. 25) (Friedman, 1977, p.471).

| 참고 문헌 |

Bagehot, Walter. Lombard Street. London : H. S. King, 1873.

―. Some Articles on the Depreciation of Silver and on Topics Connected With It. London: H. S. King & Co., 1877. Reprinted in The Works of Walter Bagehot, vol. 5, edited by Forrest Morgan. Hartford, Conn. : The Travelers Insurance Co., 1891.

Banco Central de Chile, Direccion de Estudios. Indicadores economicos y sociales 1960~1985. Santiago, Chile: Central Bank of Chile, 1986.

Barkai, Hai. "Israel's Attempt at Economic Stabilization." Jerusalem Quarterly, Summer 198, pp. 3~20.

―. "The Role of Monetary Policy in Israel's Stabilization Effort." In Transcript of the Symposium on American-Israel Economic Relations(held June 5~7, 1988). New York: American Israel Economic Corporation, 1990. (a)

―. "The Role of Monetary Policy in Israel's 1985 Stabilization Effort." Working Paper WP/90/29. Washington: International Monetary Fund, April 1990. (b)

Barnes, James A. "Myths of the Bryan Campaign." Mississippi Valley Historical Review 34(December 1947): 367~400.

Barnett, Paul S. "The Crime of 1873 Re-examined." Agricultural History 38 (July 1964): 178~181.

Brandt, Loren, and Sargent, Thomas J. "Interpreting New Evidence about China and U.S. Silver Purchases." Journal of Monetary Economics 23(1989): 31~51.

Bruno, Michael, and Meridor, Leora(Rubin). "The Costly Transition from Stabilization to Sustainable Growth: Israel's Case." Discussion Paper

90.01. Jerusalem:Bank of Israel, January 1990.

Bryan, William Jennings. The First Battle. Chicago: W. B. Conkey Co., 1986.

Cagan, Phillip. "The Monetary Dynamics of Hyperinflation." In Studies in the Quantity Theory of Money, edited by Milton Friedman. Chicago: University of Chicago Press, 1956.

Capie, Forrest. "Conditions in Which Very Rapid Inflation Has Appeared." In The National Bureau Method, International Capital Mobility and Other Essays, edited by Karl Brunner and Allan H. Meltzer. Carnegie–Rochester Conference Series on Public Policy, vol. 24. Amsterdam: North–Holland, 1986.

Carothers, Neil. Fractional Money. New York: Wiley & Sons; London: Chapman & Hall, Ltd., 1930.

Chang, Kia–ngau. The Inflationary Spiral. Cambridge: Technology Press of Massachusetts Institute of Technology; New York: Wiley; and London: Chapman & Hall, Ltd., 1958.

Chang, P. H. Kevin. "Commodity Price Shocks and International Finance." Ph. D. dissertation. Massachusetts Institute of Technology, 1988.

Chou, Shun–hsin. The Chinese Inflation, 1937~1949. Foreword by C. Martin Wilbur. New York and London: Columbia University Press, 1963.

Commager, Henry. "William Jennings Bryan, 1860~1925." In There Were Giants in the Land. Introduction by Henry Morgenthau, Jr. New York and Toronto: Farrar & Rinehart, 1942.

Culbertson, John M. Macroeconomic Theory and Stabilization Policy. New York: McGraw–Hill, 1968.

Deane, Phyllis. "New Estimates of Gross National Product for the United Kingdom, 1830~1914." The Review of Income and Wealth 14 (June 1968): 95~112.

Dowd, Kevin. "The Mechanics of the Bimetallic Standard." Unpublished Discussion Paper. Nottingham, England: University of Nottingham, April 1991.

Drake, Louis S. "Reconstruction of a Bimetallic Price Level." Explorations in Economic History 22 (April 1985): 194~219.

Edgeworth, Francis Y. "Thoughts on Monetary Reform." Economic Journal 5 (September 1895): 434~451.

Encyclopaedia Britannica, 11th ed. (1910). S.v. "Gold."

Encyclopaedia Britannica, 1970 ed. S.v. "Panic."

Feavearyear, Albert. The Pound Sterling. 2d ed., revised by E. Victor Morgan. Oxford: The Clarendon Press, 1963.

Fetter, Frank W. Development of British Monetary Orthodoxy, 1979~1875. Cambridge: Harvard University Press, 1965.

—. "Monetary Policy." In Monetary and Financial Policy, by Frank W. Fetter and Derek Gregory. [Dublin]: Irish University Press, 1973.

Fisher, Irving. "The Mechanics of Bimetallism." Economic Journal 4 (September 1894): 527~537.

—. Appreciation and Interest. American Economic Association Monograph, 1st ser., vol. 11, no. 4. Cambridge, Mass.: American Economic Association, 1896.

—. The Purchasing Power of Money. New York: Macmillan, 1911. 2d ed. New York: Macmillan, 1913. New ed. New York: Macmillan, 1929.

Friedman, Milton. A Program for Monetary Stability. New York: Fordham University Press, 1960.

—. Inflation: Causes and Consequences. Bombay: Asia Publishing House, 1963. Reprinted in Milton Friedman, Dollars and Deficits. Englewood Cliffs, N. J.: Prentice-Hall, 1968.

—. The Quantity Theory of Money and Other Essays. Chicago: Aldine, 1969.

—. "Money." Encyclopaedia Britannica, 15th ed. (1974).

—. "Nobel Lecture: Inflation and Unemployment." Journal of Political Economy 85 (June 1977): 451~472.

—. "Monetary Policy for the 1980s." In To Promote Prosperity: U.S. domestic Policy in the Mid-1980s, edited by John H. Moore. Stanford, Calif.:

Hoover Institution Press, 1984.

−. "The Resource Cost of Irredeemable Paper Money." Journal of Political Economy 94, part 1 (June 1986): 642~647.

−. "Quantity Theory of Money." In The New Palgrave: A Dictionary of Economics, vol. 4, edited by John Eatwell, Murray Milgate, and Peter Newman. New York: Stockton Press, and London: Macmillan, 1987.

−. "The Case for Floating Rates." Financial Times(London), December 18, 1989.

Friedman, Milton, and Schwartz, Anna J. A Monetary History of the United States, 1867~1960. Princeton: Princeton University Press, 1963.

− and −. Monetary Statistics of the United States. New York : Columbia University Press, 190.

− and −. Monetary Trends in the United States and the United States and the United Kingdom. Chicago: University of Chicago Press, 1982.

Froman, Lewis A. "Bimetallism Reconsidered in the Light of Recent Developments." American Economic Review 26(March 1936): 53~61.

Furness, William Henry. The Island of Stone Money: Uap and The Carolines. Philadelphia and London: J. B. Lippincott Co., 1910.

Giffen, Sir Robert. The Case Against Bimetallism. London: G. Bell & Son, 1892. 4th ed. London: George Bell & Sons, 1896.

Greenwood, John G., and Wood, Christopher J. R. "The chinese Hyperinflation: Part 1. Monetary and Fiscal Origins of the Inflation, 1932~45." Asian Monetary Monitor 1, no. 1 (September−October 1977): 25~39. (a)

− and −. "The Chinese Hyperinflation: Part 2. The Crisis of Hyperinflation, 1945~49." Asian Monetary Monitor 1, no. 2(November−December 1977): 32~45. (b)

− and −. "The Chinese Hyperinflation : Part 3. Price Stabilization after the 1949 Revolution." Asian Monetary Monitor 2, no. 1(January−February 1978): 27~34.

Hamilton, Alexander. Treasury Report on the Establishment of a Mint, January 28, 1791. Reprinted in Documentary history of Banking and Currency in the United States, vol, 1, edited by Herman E. Krooss. New York: Chelsea House Publishers, 1969.

Hamilton, Earl J. "Prices and Wages at Paris under John Law's System." Quarterly Journal of Economics 51 (November 1936): 42~70.

Harberger, Arnold C. "Chile's Devaluation Crisis of 1982," unpublished English version of "La crisis cambiaria chilena de 1982" in Cuadernos de Economia 21, no. 63(August 1984): 123~136.

Hetzel, Robert. "A Better Way to Fight Inflation." Wall Street Journal, April 25, 1991, p. A14.

Hofstadter, Richard. The american Political Tradition and the Men Who Made It. New York: Alfred A. Knopf, 1948.

—. "William Jennings Bryan: 'Cross of Gold' Speech, 1896." In An American Primer, vol. 2, edited by Daniel Boorstin. Chicago: University of Chicago Press, 1966.

Hoover, Ethel D. "Retail Prices after 1850." In Trends in the American Economy in the Nineteenth Century. National Bureau of Economic Research Studies in Income and Wealth, vol. 24. Princeton : Princeton University Press, 1960.

Huang, Andrew chung. "The Inflation in China." Quarterly Journal of Economics 62(August 1948): 562~575.

Hughes, Jonathan. American Economic History. 2d ed. Glenview, Ill.: Scott, Foresman & Co., 1987.

Hume, David. "Of Interest"(1742). In Essays, Moral, Political and Literary, vol. 1 of Essays and Treatises. A new ed. Edinburgh: Bell & Bradfute, Cadell & Davies, 1804. (a)

—. "Of Money" (1742). In Essays, Moral, Political and Literary, vol. 1 of Essays and Treatises. A new ed. Edinburgh: Bell & Bradfute, Cadell & Davies, 1804. (b)

Jastram, Roy W. Silver: The Restless Metal. New York: John Wiley, 1981.

Jevons, William Stanley. The Coal Question. London: Macmillan, 1865.

—. Money and the Mechanism of Exchange. London: H. S. King & Co., 1875. 9th ed. London: Kegan Paul. Trench. Trubner & Co., Ltd., 1890.

—. Investigations in Currency and Finance, edited by H. S. Foxwell and published posthumously. London: Macmillan, 1884.

Keynes, John Maynard. The Economic Consequences of the Peace. New York: Harcourt, Brace & Howe, 1920.

—. A Tract on Monetary Reform(1923). In The Collected Writings of J. M. Keynes, vol.4, edited by E. Johnson and D. E. Moggridge. London: Macmillan, 1971.

Kreps, T. J. "The Price of Silver and Chinese Purchasing Power." Quarterly Journal of Economics 48 (February 1934): 245~285.

Laughlin, James Laurence. The History of Bimetallism in the United States. 1886. 2d ed. New York: D. Appleton & Co., 1895.

Leavens, Dickson H. Silver Money. Bloomington, Ind.: Principia Press, 1939.

Lerner, Eugene M. "Inflation in the Confederacy, 1861~65." In Studies in the Quantity Theory of Money, edited by Milton Friedman. Chicago: University of Chicago Press, 1956.

Linderman, Henry R. Money and Legal Tender in the United States. New York: Putnam's, 1877.

Marshall, Alfred. Official Papers. London: Macmillan, 1926.

Nartin, David A. "The Impact of Mid-Nineteenth Century Gold Depreciation upon Western Monetary Standards." Journal of European Economic History 6 (Winter 1977): 641~658.

Mises, Ludwig von. The Theory of Money and Credit. Translated by H. E. Batson. New Haven: Yale University Press, 1953.

National Executive Silver Committee. Silver in the Fifty-first Congress. Washington: Gray, 1890.

The New Palgrave: A Dictionary of Economics, vol. 4, edited by John Eatwell, Murray Milgate, and Peter Newman. New York: Stockton Press, and London: Macmillan, 1987. S.v. "Walker, Francis Amasa."

Newcomb, Simon. "Has the Standard Gold Dollar Appreciated?" Journal of Political Economy 1 (September 1893): 503~512.

Nicholson, J. Shield. A Treatise on Money. Edinburgh and London: W. Blackwood & Sons, 1888. 3d ed. London: Adam and Charles Black, 1895.

Nugent, Walter T. K. Money and American Society, 1865~1880. New York: Free Press, 1968.

O'Leary, Paul M. "The Coinage Legislation of 1834." Journal of Political Economy 45 (February 1937): 80~94.

─. "the Scene of the Crime of 1873 Revisited: A Note." Journal of Political Economy 68(August 1960): 388~392.

Paris, James D. Monetary Policies of the United States, 1932~1938. New York: Columbia University Press, 1938.

Rawski, Tomas G. Economic Growth in Prewar China. Berkeley: University of California Press, 1989.

Reagan, John H. In U.S., Congress, Senate, Congressional Record, 51st Cong., 1st sess., 1890, 21, pt. 3:2830.

Redish, Angela. "the Evolution of the Gold Standard in England." Journal of Economic History 50 (December 1990): 789~805.

Ricardo, David. The High Price of Bullion. 4th ed., corrected. London: John Murray, 1811. Reprinted in The Works and Correspondence of David Ricardo, vol. 3: Pamphlets and Papers, 1809~1811, edited by Piero Sraffa. Cambridge: University Press (for the Royal Economic Society), 1951.

─. Proposals for an Economical and Secure Currency. 2d ed. London: John Murray, 1816. Reprinted in The Works and Correspondence of David Ricardo, vol. 4: Pamphlets and Papers, 1815~1823, edited by Piero Sraffa. Cambridge: University Press (for the Royal Economic Society), 1951.

─. Minutes of Evidence Taken before the Secret committee on the Expediency of the Bank Resuming Cash Payments, March 4, 1819. (a) Reprinted in The Works and Correspondence of David Ricardo, vol. 5: Speeches and Evidence, edited by Piero Sraffa. Cambridge: University Press (for the Royal Economic Society), 1952.

−. Minutes of Evidence Taken before the Lords Committee Appointed an Secret Committee to Enquire into the State of the Bank of England, with Reference to the Expediency of the Resumption of Cash Payments at the Period Now Fixed by Law, March 24, 1819. (b) Reprinted in The Works and Correspondence of David Ricardo, vol. 5: Speeches and Evidence, edited by Piero Sraffa. Cambridge: University Press (for the Royal Economic Society), 1952.

Roccas, Massimo. "International Bimetallism Revisited." Paper presented at the Second Annual Congress of the European Economic Association, Copenhagen, Denmark, August 1987.

Rockoff, Hugh. "the 'Wizard of Oz' as a Monetary Allegory." Journal of Political Economy 98 (august 1990): 739~760.

Rolnick, Arthur J., and Weber, Warren E. "Gresham's Law or Gresham's Fallacy?" Journal of Political Economy 94 (February 1986): 185~199.

Saint Marc, Michele. Histoire Monetaire de la france, 1800~1980. Paris: Presses Universitaires de France, 1983.

Salter, Sir Arthur. China and Silver. New York: Economic Forum Inc., 1934.

Schuettinger, Robert L., and Butler, Eamon F. Forty Centuries of Wage and Price Controls. Washington: Heritage Foundation, 1979.

Schumpeter, Joseph A. History of Economic Analysis, edited by Elizabeth Boody Schumpeter. New York: Oxford University Press, 1954.

Stewart, William M. "Silver the Money of the People." In Papers and Addresses before the First National Silver Convention Held at St. Louis, November 26, 27 and 28, 1889, edited and compiled by E. A. Elliott. St. Louis: Buxton & Skinner Stationery Co., 1889.

T'ang, Leang−Li. China's New Currency System. Shanghai China United Press,

1936.

Timberlake, Richard H., Jr. "Repeal of Silver Monetization in the Late Nineteenth Century." Journal of Money, Credit, and Banking 10 (February 1978): 27~45.

U. S. Bureau of the Census. Historical Statistics of the United States, colonial Times to 1970. Bicentennial ed. Washington: Government Printing Office, 1975.

U.S. Commission on the Role of Gold in the Domestic and International Monetary Systems. Report to the Congress. vol. 1. Washington: Government Printing Office, March 1982.

U.S. Secretary of the Treasury. Annual Report of the State of the Finances for the Fiscal Year Ended June 30, 1899. Washington: Government Printing Office, 1899.

−. Annual Report for 1928. Washington: Government Printing Office, 1928.

Walker, Francis A. "The Free Coinage of Silver." Journal of Political Economy 1 (March 1893): 163~178.

−. "Address on International Bimetallism," Schoolmasters' club of Massachusetts, Boston, November 7, 1896. (a) In Discussions in Economics and Statistics, vol. 1, edited by Davis R. Dewey. New York: Holt, 1899.

−. International Bimetallism. New York: Holt, 1896. (b)

Walras, Leon. Elements of Pure Economics. Translated by William Jaffe. Homewood, Ill.: Irwin, 1954.

Warren, George F., and Pearson, Frank A. Prices. New York: Wiley, 1933.

− and −. Gold and Prices. New York: Wiley, 1935.

White, Andrew Dickson. Fiat Money and Inflation in France. New York: Appleton & Co., 1896.

Wignall, Christian. "The Fall of Silver: Park 1. China and the Silver Standard." Asian Monetary Monitor 2, no. 4(July−August 1978): 33~43. (a)

−. "The Fall of Silver: Park 2. The Last Years (1914~1935)." Asian Monetary

Monitor 2, no. 5(September~October 1978): 28~39. (b)

Yang, Lien-sheng. Money and Credit in China. Cambridge: Harvard University Press, 1952.

Yang, Peixin. Inflation in Old China (in Chinese). Beijing: People's Publishing Co., 1985.

Yeh, K. C. "Capital Formation in Mainland China, 1931~1936 and 1952~1957." Ph. D. dissertation. Columbia University, 1964.

Young, Arthur N. China's Wartime Finance and Inflation, 1937~1945. Cambridge: Harvard University Press, 1965.

─. China's Nation-Building Effort, 1927~1937. Stanford, Calif: Hoover Institution Press, 1971.

1 화폐의 정의에 관해서는 프리드먼과 슈워츠(Friedman and Schwartz, 1970, Part. I) 참조.

2 충분한 논의를 위해서는 프리드먼과 슈워츠(1963) 참조. 이 근엄한 조직의 활동에 대한 개인적 관심의 흥미로운 예로서, 1935년 워싱턴 소재 중앙통제기구의 명칭 변경을 들 수 있다. 그 이름은 연방준비위원회Federal Reserve Board에서 연방준비제도이사회Board of Governors of Federal Reserve System로 개칭되었다. 왜 간결한 이름을 번거로운 이름으로 바꾸었을까? 그 이유는 전적으로 명예에 대한 고려 때문이었다. 역사적으로 보면 중앙은행의 장長은 총재governor라고 불렸다. 이것은 명예스런 칭호이다. 1929년 이전에는 12개의 연방준비은행의 장들이 총재라고 불렸는데, 이는 이 제도의 창안자들이 진정으로 지역별 중앙집권적 체제를 만들겠다는 소망에 따른 것이었다. 그런데 연준에서는 의장만이 총재라고 불리고 나머지 6명은 단지 위원이라 불렸다. 1935년의 은행법Baking Act의 일부분으로서, 개별 연방준비은행의 장들은 프레지던트president로 칭호가 바뀌고, 중앙기구는 연방준비제도이사회로 개칭함으로써 위원회의 위원들은 각기 총재가 될 수 있었다! 이 얼마나 쩨쩨한 일인가? 그러나 이것은 개별은행으로부터 워싱턴으로 옮겨진 권력의 실질적 이전을 상징하는 것이기도 하다.

3 일반적인 관행은 명목현금잔고를 가격지수로 나누는 것으로 실질현금잔고를 정의하는 것이다. 가격지수 그 자체는 전형적으로(즉 소비자가격지수의 경우 소비자의 전형적 가계예산을 반영하기 위해 빵 몇 개, 버터 몇 파운드, 신발 몇 켤레 등) 표준적 재화 바구니를 상이한 시점에서 추정한 비용을 나타낸다. 이러한 정의에 따르면, 실질현금잔고는 명목현금잔고로 구입할 수 있는 재화 바구니의 수량이라는 차원을 가진다.

4 이 같은 예시적인 숫자들은 화폐를 현금통화와 동일시한 정의에 상응하도록 선택된 것이며, 현금통화의 경우 현실적이다. 미국의 M2와 같이 광범한 통화총량의 경우 현금잔고 보유는 훨씬 더 크다. 현재 미국에서의 현금잔고 보유는 국민소득의 약 9

개월분에 해당한다.

5 실제에 있어서 2차대전 후 대부분의 기간 동안 이러한 추가적 효과들은 미국의 경우 거의 균형을 이루었다. 따라서 현재의 정의에 따른 미국의 M2는 대부분 현금잔고의 보유비용 변화에 대응하여 대략 9개월 수준을 중심으로 움직여왔다.

6 실제로는 조세효과를 감안해야 하는 필요성 때문에 상황은 더 복잡하다.

7 여기서의 헬리콥터의 예와 이 절의 나머지 부분은 프리드먼(1969, 1장)에 기초하고 있다.

8 다시 한 번 이 숫자가 화폐를 현금통화 또는 본원통화로 정의할 경우에만 적절한 숫 자라는 것을 지적하고자 한다. 최근에는 본원통화의 유통속도가 이전보다 단연코 높은 수준인 15 또는 20이었다. 현재 미국의 M2와 같은 화폐 개념의 경우에는 유통 속도가 1년에 약 1.3으로서 훨씬 낮다.

9 이 절 이하의 상당 부분은 프리드먼(1974)에서 발췌했다.

10 결론은 주로 프리드먼(1987)에서 발췌한 것이다.

11 나는 이 책의 초고에 대해 유익한 논평을 해준 마이클 보도Michael D. Bordo, 콘 래드 브라운Conrad Braun, 필립 케이건Phillip Cagan, 조 캅Joe Cobb, 헤럴드 휴 Harold Hough, 데이빗 레이들러David Laidler, 휴 로코프Hugh Rockoff에게 감사 하며, 항상 그러하듯이 애너슈워츠Anna J. Schwartz에게는 특별한 감사를 드린다. 또한 데이빗 프리드먼David D. Friedman과 〈*Journal of Political Economy*〉의 익 명의 논평자가 유익한 수정작업 의견을 많이 제시해주었음을 밝혀둔다.

12 폴 올리어리(Paul M. O'Leary, 1960, p.390)에 따르면 "범죄라는 용어를 처음 사 용한 사람은 1876년에 미국 통화위원회US Monetary Commission의 서기장인 조 지 웨스턴George M. Weston으로, (1877년에 발간된) 동 위원회의 보고서에 첨부 된 그의 특별 보고서에서였다"고 한다. 그러나 바네트(Barnett, 1964, p.180)는 "1873년의 범죄(the crime of 1873)"라는 표현을 처음으로 사용한 사람은 1890년 7 월 10일에 콜로라도 주의 상원의원인 헨리 텔러(Henry M. Teller)였다고 한다.

13 이 법은 "(법정비율로 주조되기 위해서) 반입되는 지금(地金)·지은(地銀)은 인수 직후 가능한 한 신속히 성분 분석·주조되어야 하며, 반입자에게 어떠한 비용도 부과해서는 안 된다"라고 명시하고 있다(Jastram, 1981, p.63). 따라서 화폐주조는 모두에게 무제한 가능하도록 개방되어 있고 비용 부담이 없다는 두 가지 의미에서 자유로웠다.

화폐주조에 아무런 비용 부담이 없어야 한다는 규정은 예외적이었다. 일반적으로는 '주조비seignorage' 라고 하는 약간의 공과금이 때로는 주조 비용으로 부과된다. 그러나 이른바 '주조비' 라고 불리는 공과금이 교묘히 조장되어 주조 비용의 보상 이외의 목적으로 사용되어왔다. 즉 옛날의 영주(seignors=lords)들은 재정 수입을 위해, 프랭클린 루스벨트 대통령은 은가격의 고정화 수단으로 이용했다(7장 참조).

14 순환소수(0.2929…, 0.3939…)는 금형(金衡) 1온스(troy ounce)가 480그레인과 일치하기 때문에 발생한다. 만일 1달러가 순은 371.25그레인 혹은 순금의 24.75그레인과 일치하는 것으로 정의된다면, 은 1온스는 480을 371.25 혹은 1.2929달러로 나눈 만큼의 가치를, 그리고 금 1온스는 480을 23.75 혹은 19.3939달러로 나눈 만큼의 가치를 가졌다.

15 롤닉과 웨버(Rolnick and Weber, 1986)가 지적했듯이, 정확을 기하기 위해서는 그 '법' 은 훨씬 더 구체적으로 기술되어야 한다.

16 비록 그 비율이 16:1이라고 설명하지만 이는 근사치일 뿐이다. 1834년의 법에 의하면 금 달러의 중량은 순금 23.2그레인으로 책정되었는데, 이에 따라 금·은의 비율은 16:1을 약간 상회했다. 그런데 이 법은 1837년에 개정되어 금 달러의 중량이 23.22로 되고, 이에 따라 금·은 비율은 16:1을 약간 하회했다. 이러한 중량 변경 이유는 주화의 합금 비율을 정확하게 10%가 되도록 하기 위해서였다. 미국에서의 초기 주조법에 대한 좋은 자료는 국립행정은위원회(National Executive Silver Committee, 1890)이다. 또한 미국 금역할위원회(US Commission on the Role of Gold, 1982, vol.1, 2장)도 참고하기 바란다.

17 그린백 지폐에 관한 재미있는 일화 하나를 소개한다. 살몬 체이스Salmon P. Chase 는 1862년 최초의 그린백 지폐가 발행되던 때의 재무장관이었다. 그리고 그는 8년 뒤에 대법원에서 그린백 발행권에 대한 합법성을 다루는 유명한 그린백 사건들 중 첫 사건을 판정할 때 대법원장이었다. 체이스는 사건을 다루기에 부적격하다고 스스로 제척하였을 뿐만 아니라, 대법원장의 자격으로서는 그가 재무장관 재직시의 일을 비합법적이라고 결정한 대법원의 다수 의견에 동의했다. 그러나 1년이 지난 뒤 두 자리의 공석이 채워진 후에 그린백을 다룬 두 번째 사건에서 첫 번째의 판결 이 번복되었는데, 이때 대법원장 체이스는 반대 의견을 주장한 소수의 한 사람이었다.

18 1873년의 법에는 당시 은본위제를 채택하고 있던 멕시코와 극동 지역과의 무역 거래에 사용하기 위한 무게가 무거운 '무역 달러trade dollar' 를 주조할 수 있도록 하는 조항이 있었다. 이 무역달러는 법화로서의 지위를 갖고 있었다. 그러나 주화 5

달러의 은화는 법화가 될 수 없으며, 외국의 주화도 법화가 될 수 없다는 내용의 개정법령이 의회에서 통과된 1874년 6월에 무역달러의 법화 지위는 제거되었다 (Barnett, 1964, p.178 참조).

누전트(Nugent, 1968, pp.98, 134)에 따르면, 주조 법안은 1868년 상원의원인 존 셔먼John Sherman에 의해 처음으로 제안되었는데, 실제로 통과된 법안은 1869년에(추후에 약간의 변경이 있었겠지만) 초안이 마련되어 1870년 4월에 상원에 처음으로 제출되었다.

19 그린백 시대와 정화지불 재개에 관한 상세한 설명은 프리드먼과 슈워츠(1963, 2장) 참조할 것.

20 1819년까지에는 금의 시장가격이 법정가격 수준으로 떨어졌으나 영국의 중앙은행인 영란은행Bank of England은 1821년까지도 지폐를 금으로 상환하도록 하는 합법적 근거가 없었다.

21 많은 역사가들이 실제로 일어난 사태를 당연한 것으로 간주하는 경향이 있지만, 그것만이 가능했던 대응 조치가 아니었다. 프랑스는 영국보다 더 심한 재정적 압박을 받아왔으나 "때로는 전체 유럽의 절반을 상대로 한 20년간의 전쟁 동안 나폴레옹은 단 한번도 불태환 지폐 발행에 의존하지 않았다"(Walker, 1896b, p.87). 이 이야기는 6장에서 상세히 다룬다.

22 영국에서 정화 지불재개의 가장 영향력 있는 지지자 중의 한 사람인 데이비드 리카도David Ricardo는 처음에는 복본위제가 아니라 은본위제를 찬성했다(〈1816〉 1951, p.63). 그 후 의회의 증언에서 금본위제도로 돌아섰는데, 그 이유는 "기계류가 특히 은광에 적합하고, 그에 따라 은의 양적 증가와 그 가치의 변화에 크게 기여할 수 있는 동일한 영향이 금의 경우에는 작용하지 않을 것이라고 나는 이해하게 되었다"는 것이다(1819a〉 1952, pp.390~391;〈1819b〉 1952, p.427). 기술적 '전문가들'의 의견에 입각한 수많은 판단들이 흔히 그러하듯이 리카도의 이 판단도 크게 빗나간 것으로 드러났다. 이는 6장에서 자세하게 설명된다.

23 현재 금과 은이 모두 값싼 화폐인 지폐로 대체되었기 때문에 금이나 은을 조폐국에 가져가 보아야 이익이 없다. 그러나 아직도 회계 장부상으로는 공식 가격으로 기록된다(1온스당 은은 1.2929달러, 금은 42.22달러). 미국 정부의 금 보유고는 여전히 공식가격으로 회계 장부에서 평가된다. 그러나 아무도 1달러라고 찍힌 은화나 20달러라고 찍힌 금화를 명목가치대로 화폐로 사용할 생각은 하지 않을 것이다. 이 동전들은 각각 그 가치가 8달러와 475달러나 되는 것으로 화폐 수집가들의

수집 대상품이다. 나는 은화와 금화의 현재 시장가치에 대한 개략적인 추정치를 제공한 콘래드 브라운Conrad J. Braun에 감사한다.

24 이것은 1803~73년의 프랑스 상황이었다. 당시 전기간에 걸쳐 금과 은이 유통되었는데, 시장에서는 때때로 은이 금을 대체하기도 하고 또 때로는 금이 은을 대체하는 경향이 나타나기도 하면서, 시장의 가격 비율이 15.1:1의 프랑스 공식비율을 벗어나 움직였다(Walker, 1896b, 4장, 5장, 특히 p.121). 복본위제도에 대한 완전한 논의를 위해서는 6장을 참조할 것.

25 그들은 반대자 중의 한 사람이 지지하는 것으로 인용하기까지 했다. "로린Laughlin 교수가 말하듯이, 상원은 주로 화폐주조비와 감모의 문제에 시간을 소비했고, 하원은 주로 관리들의 봉급 문제에 시간을 소비했다"(National Executive Silver Committee, 1890, p.22).

26 이는 옥스퍼드 영어사전에 나와 있는 정의이다.

27 휴 로코프(1990)는 흥미 있는 글을 통해서 다음과 같이 설득력 있게 주장한다. 프랭크 바움Frank Baum의 『오즈의 놀라운 마법사The Wonderful Wizard of Oz』는 "어린이들의 이야기일 뿐만 아니라 인민당주의 시대Populist Era의 정치적·경제적 논쟁에 대한 세련된 논평"이라고 한다. 즉 소위 '1873년의 범죄'라고 불리는 것에 의해 야기된 은 문제를 둘러싼 소요에 대한 논평이라는 것이다. 로코프에 의하면 "오즈의 땅은 금본위제도가 지배하며, 금 1온스(오즈)가 신비하리만치 중요한 동양을 말한다"(p.745). 계속하여 로코프는 금을 지지하는 민주당원이며 대통령으로서 "1893년의 셔먼 은구매법안Sherman Silver Purchase Act이 성공적으로 폐기되도록" 조치한 그로버 클리블랜드Grover Cleveland를 동양의 사악한 마녀로 보았다(p.746). 이와 마찬가지로 로코프는 이야기 속에 나오는 가공의 장소, 인물 그리고 사건들을 은 자유화운동의 마지막 수년간 중요한 역할을 했던 실제의 장소, 인물, 사건들로 하나하나 일치시켜 밝힐 수 있었다.

28 프랑스가 15.5:1이 당시 시장비율과 거의 같았기 때문에 채택한 것은 분명하지만, 프랑스가 복본위제도를 성공적으로 유지한 것이 그 비율을 안정화시키는 데 큰 도움을 주었다는 것은 의심의 여지가 없다(Walker, 1896b, p.87;Fisher, 1911, p.136 참조).

29 이 장의 다음 절에서 살펴보는 추정치에 따르면, 화폐용으로 필요한 은의 양은 실제로 매입한 금의 양보다 26배 정도 더 많이 축적되었을 것이다.

30 나는 이 점에 관하여 휴 로코프의 견해를 빌렸다.

31 프랑스가 15.5:1의 공식적 금 · 은 가격비율로 복본위제도를 성공적으로 유지하였던 1803~73년에 최저 시장비율은 1859년의 15.19:1, 최고 시장비율은 1813년의 16.25:1이었다. 대부분의 기간 동안 그 변화의 폭은 훨씬 좁았다(Warren and Pearson, 1933, 표 25, p.144).

32 이는 프리드먼과 슈워츠(1982)에서 사용한 기준 연도이다.

33 4장의 추정치에 의하면, 만일 미국이 복본위제도를 유지했더라면 시장비율이 1896년에 24:1이었을 것이다. 그러나 본문에서 지적했듯이, 이 추정치는 상당히 과대추정인 것으로 생각된다.

34 오래 전에, 나는 당시 남일리노이대학 경제학 교수인 루이스 드레이크Louis Drake에게 미국이 복본위제도를 지속했을 경우 미국과 세계의 가격에 미쳤을 효과를 추정해보라고 제안했다. 그는 몇 년 동안 이 연구를 계속하여 많은 자료를 수집했으나 출판할 만큼 만족스러운 결과를 얻지 못했다. 1982년 그의 사망 후, 동료와 친구들은 그의 원래 추정치들을 모두 담고 있는 준비 논문을 서류철에서 발견하고 이를 수정하여 드레이크의 논문집(1985, pp. 194~219)에 실었다. 내가 이 책의 3장으로 된 논문을 시작했을 때, 나는 그의 연구 결과를 그대로 사용할 수 있으리라고 생각하였다. 그러나 그의 논문을 자세히 읽었을 때, 그가 출판을 미루었던 제약들을 알게 되었다. 따라서 비록 그의 자료와 분석방법으로부터 도움을 받았지만, 나는 독자적으로 추정치를 구하게 되었다. 그러므로 나의 최종적 결과는 그의 결과와 상당한 차이가 있다.

35 이 변수들과 앞으로 계속되는 변수들에 대해서는 이 장의 끝에 있는 자료 출처를 참조할 것.

36 이러한 접근 방법은 휴 로코프의 덕분이다. 이는 내가 처음에 세웠던 가정(매력이 적은)을 대치한다.

37 이러한 추정치들이 완성된 이후에 발견한 것이지만, 이러한 추정치들에 대한 아주 흥미로운 검토 방법을 어빙 피셔가 제공한다. 그는 1911년 다음과 같이 썼다. "만일 (예컨대 전세계적인 복본위제도의 채택에 의해서) 금과 은이 함께 유지될 수 있는 방법이 고안된다면, 물가는 금본위제 국가에서 1873~76년까지의 평균처럼 대폭으로 하락하지 않았을 것이고, 은본위제 국가에서는 오른다고 해도 대폭적으로 상승하지 않았을 것이다. 그러나 물가는 아마 금본위제 국가에서는 1890~93년까지 약 10% 정도, 1896년에는 그 이상으로 하락했을 것이다." 어빙 피셔는 물가가 1873~76년과 1890~93년에 금본위제 국가에서 실제로 22% 하락했고, 은본위제

국가에서는 17% 상승했다고 추정하고 있다. [표 4-1]에 의하면 금본위제 국가인 미국에서는 그 기간 동안 22% 하락했으나, 내가 대표적인 금본위제 국가로 간주한 영국에서는 14% 하락했다. 영국에서의 가상적 물가지수 추정치는 그 절반 수준인 7%만큼 하락했다가 1896년까지 더욱 하락했는데, 이것은 두 가지 측면에서 피셔의 추정치에 근접한다. 회피되었을 물가하락보다 작다는 측면에는 특히 근접한다. 은본위제 국가에 관해서는 [표 4-1]에 나타나 있는 16:1의 미국의 물가 수준 추정치가 4% 하락했고, (이 장의 〈더욱 정교한 추정치〉에서 논의되는) 가상적 물가 수준 추정치는 4% 상승했는데, 이는 피셔의 '만일(if at all)' (1911, pp.244~245)과 모순이 없다.

38 워렌과 피어슨의 여러 표의 주석에 따르면, 1865~1932년까지의 지수는 뉴욕 연방준비은행의 칼 스나이더Carl Snyder가 만든 것이라고 한다. 워렌과 피어슨은 이와 유사한 실물생산지수를 보여준다. 미국 생산지수의 추세는 미국의 실질소득의 추세(프리드먼과 슈워츠, 1982에 기초한 추정치)보다 더욱 급격하다. 반면에 일반적인 등락은 서로 매우 유사하다. 따라서 나는 미국의 생산과 실질소득의 대수적인 추세logarithmic trend 사이의 차이와 일치하는 비율, 즉 매년 1%의 4/10로 추세를 제거함으로써 워렌과 피어슨의 지수를 조정하려는 실험을 했다. 그러나 최종 결과에 대한 효과는 아주 미미한 것이며, 효과가 있었다면 최종 결과는 통계적 유의성의 정도를 약간 감소시켰다. 따라서 나는 원래의 지수를 그대로 사용했다.

39 1874년은 EWMDS에 대한 추정치를 구한 첫 번째 해이다. 이 때문에 내가 1차 연도 추정치를 얻을 수 있는 첫해는 1874년이다.

40 아주 곤란한 점은 미국의 금보유량이 어떻게 배분되었나를 정확히 나타내는 것이다. 나의 초기의 개략적인 추정 방법은 이 문제를 피해 넘어갔다. 그러나 완전한 해답을 위해서는 이 문제를 회피할 수 없다. 금과 은의 수요함수는 수요되는 연간 수요량을 다루고 있으며 그 수요함수를 연간 공급과 일치시킬 필요가 있다. 이는 우리가 미국이 금의 보유량으로부터 세계 여타 국가로 매년 방출되었을 금의 양을 금의 총생산량에 합산할 필요가 있다는 것을 의미하고 있다. 그러나 나는 순전히 자의적 가정에 의하지 않고서는 연간 금의 방출량을 추정할 수 있는 방법을 알지 못한다.

41 비화폐용 금의 산출된 수요함수는 적합도의 우수성goodness of fit에 있어서 은의 경우와 마찬가지로 만족스러운 것이나, 경제적인 논리에 있어서는 만족스럽지 못하다. 대수적 수요함수와 선형 수요함수는 다음과 같다.

$$\log WNMG = 4.34 + 0.555 \log WI - 0.777 \log RPS - 0.259 \log RPG \qquad \text{식 14)}$$
$$(13.2) \quad (10.0) \qquad\quad (1.4) \qquad\qquad (4.5)$$

$$WNMG = 169.862 + 3.08 \log WI - 8.721 RPS - 1.482 RPG \qquad \text{식 15)}$$
$$(4.2) \qquad (9.0) \qquad\quad (0.8) \qquad\quad (2.8)$$

여기서 WNMG는 세계의 비화폐용 금의 수요를 나타낸다. 은의 경우처럼 두 방정식 모두 아주 높은 다중공선성(대수방정식에서의 조정된 R2의 값은 0.98이며, 선형방정식에서는 0.97이다)을 나타내고 있으며 상대적으로 적은 표준오차를 보여준다. 대수방정식에서 상관관계의 표준오차는 0.031이다. 그리고 선형방정식에서 이에 상응하는 변이계수의 추정치는 분모가 산술평균이건 기하평균이건 아무런 상관없이 0.037이다.

미국의 금역할위원회 보고서의 4장의 부록은 1950~80년 그리고 1969~80년의 금의 산업용 수요를 추정하기 위해 변수의 대수값으로, 선형인 수요방정식의 추정이 보고되고 있다(1982, pp.176~177). 이 보고서는 독립변수들은 개별적으로 내가 사용한 변수들, 즉 금의 실질가격, 은의 실질가격, 실질소득과 동일하다. 방정식들의 두 개 집단들은 실질가격을 추정하기 위해 두 가지 선택적인 디플레이터, 즉 미국의 도매물가지수와 세계 소비자물가지수를 사용하고 있다. 두 개의 방정식 집단들의 차이는 장기의 방정식에서는 미국의 소득만을 사용하는 반면에, 단기의 방정식에서는 세 가지의 대안적인 실질소득 변수인 7개 주요 선진국, 미국 그리고 세계의 실질소득을 사용한다.

미국의 소득을 사용하고 있는 4개의 방정식은, 비록 4개 중의 하나만이 통계적으로 유의적이지만, 은의 실질가격의 계수를 음수로 나타낸다. 반면 다른 4개의 방정식(기간이 짧은 방정식에서의 모든 변수)에서는 모두 정의 계수값을 보여주고 있어서 이론적 기대와 일치한다. 그러나 이 중에서 통계적으로 유의적인 수준에 근접하는 것은 없다. 이 증거는 문제를 해결하는 데 아무런 도움이 되지 않는다는 것이 명백하다.

42 Encyclopaedia Britannica, 11th ed.(1990) 중 1896년에 대한 자료 'Gold' 항목 참조. 20세기의 처음 25년의 수치는 워렌과 피어슨(1935, p.122) 참조.

43 3장의 각주에서 설명했듯이, 휴 로코프는 『오즈의 마법사』가 은의 수요와 이 선거 운동에 대한 가상적 이야기라고 주장한다.

44 엄격히 말해서 이 말은 예측하지 못한 디플레이션에 대해서만 정확하다. 만약 디플레이션이 예측된 것이라면 이자율이 기대 디플레이션을 감안하여 조정될 수 있다. 그러나 확실히 19세기에는 디플레이션과 인플레이션이 단지 불완전하게 예측되었으며 게다가 상당한 시차가 있었다는 충분한 증거가 있다(어빙 피셔의 1896을 보라).

45 4장은 이러한 가정 하에 가상적인 물가 수준의 추정치를 제시한다.

46 과대평가에 대한 이유는 두 경우에 서로 다르다. 기간 내내 은의 자유 화폐주조가 지속되었을 경우에 대한 나의 추정은 만약 자유로운 화폐주조가 계속되었더라면 발생하지 않았을 화폐교환에 영향받은 자료를 사용할 수밖에 없었다. 그러나 그것은 내 추정치가 실제 상황에 타당성을 부여하지 못한다. 그 이유는 추정 작업과정에서 나는 실제로 매우 다른 금과 은의 축적 행태를 가정했기 때문이다. 만일 예컨대 1897년에 16:1의 비율로 자유주조가 시행되었더라면 금과 은의 수급조건에 내가 가정했던 점진적 변화보다 훨씬 큰 변화가 즉각적으로 나타났을 것이다. 그 결과 나의 24:1보다 낮은 시장가격비가 나타났을 것으로 추측된다.

47 나는 원고를 읽어준 안젤라 레디쉬Angela Redish, 휴 로코프 그리고 애너 슈워츠의 논평에 감사한다. 〈*Journal of Economic Perspectives*〉의 편집자들의 상세한 논평이 크게 유익했다.

48 이들은 사사오입한 가격이다. 순금의 1온스는 480그레인이므로 금의 정확한 법정가격은 480/23.22 또는 $20,6711835였고, 은의 정확한 법정가격은 480/371.25 또는 $1,2929였다.

49 오늘날 화폐 및 거시경제학의 교과서들이 복본위제주의를 거의 언급조차 하지 않았으므로, 이것이 통설로 남아 있다고 실증하기는 쉽지 않다. 교과서들은 거의 모두 금본위제를 약간 언급하지만, 전형적으로는 금본위제만이 언급될 필요가 있는 상품본위제라는 것을 당연시한다. 나는 1968년부터 1986년 사이에 간행된 7권의 인기 있는 화폐 및 거시경제학 교재를 검토했는데 단지 2권만이 복본위제를 언급하고 있다. 가장 초기의 교과서만이 복본위제의 장점과 단점을 논했는데, 그것도 각주에서 "복본위제의 비판이 너무 지나쳤다"고 기록하고 있다(Culbertson, 1968, p.133n). 나는 1964~87년에 발간된 7권의 미국경제사 교과서를 조사했다. 모두 통화제도로서 여러 상품의 이용, 복본위제 그리고 금본위제로의 전환을 다루고 있다. 그러나 일반적인 접근은 엄격히 사실적이고, 하나의 예외를 제외하고는 통설적이다. 예를 들어 가장 최근의 (그리고 내가 이해하기로 가장 널리 사용되고 있는)

교재는 다음과 같이 평범하게 언급하고 있다. "복본위제주의는 두 금속이 가격에 있어서 끊임없이 상호경쟁적으로 이상한 결과를 가지고 변동하기 때문에 채택하기에 부적합한 금속본위제이다." 그리고 "은이 1840년대와 1850년대의 금의 공급 증가에 의해 유통 과정에서 밀려났다...그러므로 1873년의 주조법은 은 달러 주조 재개의 근거조항을 삭제했다"(Hughes, 1987, pp.175~176, 360).

50 1880년에 금화와 은화는 모든 거래 잔고(주화+지폐+은행예금)의 70% 이상을 점하고 있었는데, 당시 미국에서의 비율은 15%였다. 프랑스의 자료는 세인트 마크 (Saint Marc, 1893, pp.22~23), 미국의 자료는 프리드먼과 슈워츠(Friedman and Schwartz, 1963, pp.131, 174).

51 프랑스의 중요성을 예시한다면 1850년과 1870년에 프랑스의 화폐용 은이 1493년 부터 생산된 전세계 모든 은의 10% 이상에 달했다. 1850년에는 프랑스의 화폐용 금이 세계 화폐 금보유량의 약 1/3이었고, 1870년에는 1/2 이상이었다(나는 세계의 화폐용 은의 보유량의 추정치를 발견할 수 없었다. 그 까닭으로 나는 여기서 세계의 생산량과 프랑스의 화폐용 은을 비교하였다). 프랑스 자료는 세인트 마크 (Saint Marc, 1893, 23~33), 세계 금보유량 자료는 워렌과 피어슨(Warren and Pearson, 1933, pp.78~79).

52 프랑스의 화폐량에 있어서 금온스 대 은온스 비율은 전적으로 금의 증가를 통해서 41에서 8까지 떨어졌다.

53 파운드는 순금 113그레인으로 정해졌고, 미국의 달러는 23.22그레인으로 정해졌다. 이들 두 수치의 비율이 평가환율이 된다. 여담으로 말하자면, 빅토리아 시대에 영국의 편협성을 나타내는 고전적 이야기 속에서 한 미국인이 영국 신사에게 영국 화폐의 복잡성을 비난하면서 "실링에 12펜스, 파운드에 20실링, 기니아에 21실링 이라니, 이게 뭐요" 했다. 영국 신사는 답하기를 "당신들 미국인은 무엇에 대해 불평하고 있소? 당신의 터무니없는 달러를 보시오. 파운드에 4.8665달러라니."

54 1989년 3월 24일 날짜의 개인 서신에서 안젤라 레디쉬는 화폐주조 비용과 1%의 거래 비용을 감안한 최대 허용 한계는 15.3에서 15.89였다고 제시하고 있다. 인용된 시장비율의 한계는 불완전한 추정치인데, 그렇더라도 그녀의 추정 범위와 크게 상충되지 않는다.

55 워커(《1896b》, 4, 5, 6장)는 이전의 프랑스의 경험과 아울러 이 사례도 훌륭히 논의하고 있다.

56 슘페터는 그가 언급한 '단본위제 광신자들'이 '황금의 지지자'가 아니라 '실버맨

silver men' 들 사이에 있다는 것을 분명히 한다. 이러한 점에서 그는 통설과 입장을 같이 하고 있다. 슘페터가 "의심할 바 없는 학문적 명성"을 가진 것으로 말했던 저술을 남긴 프랜시스 A. 워커의 견해처럼 나 자신의 견해는 금을 지지하는 측에도 단본위제 광신자들이 있었다는 것이다.

57 그 분석은 훨씬 일찍이 피셔(1894, pp.527-537)에서 잘 전개되어 있다.

58 워커는 남북전쟁의 자원자였는데, 전쟁 후 장군으로 승진하였으며, 통계학자, 경제학자 그리고 교육행정가로 뛰어난 경력을 가졌다.

59 기펜의 명성의 근거는 당시 위대한 경제학자 중의 한 사람인 F.Y. 에지워스(1895, p.435)가 기펜의 여러 오류 중 하나를 반박하는 글의 서두에서 외교적으로 칭송한 말에 있다. "기펜 선생이 제기한 논의는 논쟁의 여지가 있을 것 같지가 않다. 나는 몹시 송구스러운 마음을 가지고 다음과 같은 반대 논의를 제시한다."

60 워커(1893, p.75, n. 1)는 다음과 같이 썼다. "단연코 영국 경제학자들의 최정상인 케임브리지대학의 알프레드 마샬 교수는 나에게 복본위제주의와 금의 단본위제주의 중에서 어느 편인가 하면 그는 복본위제주의자라고 나에게 여러 번 말했다."

61 "나는 비록 철저하게 국제적 복본위주의자이지만, 우리나라가 단독적으로 은을 복귀시키고자 하는 노력이 우리 국가의 이익에는 물론 진정한 국제 복본위제주의에 대해서도 유해하다고 줄곧 생각해왔다"(Walker, 1896, p.iv).

62 제본스가 복본위제를 지지하는 이론적 주장의 가장 훌륭하고 가장 간결한 기술은 그의 저서 『화폐와 교환메커니즘 *Money and the Mechanism of Exchange*』(1875) 1890, pp.137~138)에 있다. 피셔는 그의 『*The Mechanics of Bimetallism*』(1894)에서 이 기술을 언급하고 있는데, 여기서 그는 훨씬 더 철저하고 명확한 분석을 제시한다. 피셔는 또한 그의 논문이 준비된 다음에 워커가 피셔의 논문(1894, p.529, n. 1)의 일부에서와 "거의 똑같은 논거를 살피고 실질적으로 동일한 결론을 표현했다"는 것을 발견하였다고 기록한다.

63 세르누시는 프랑스의 저명한 복본위제주의자였다.

64 흥미롭게도 다른 분야, 즉 석탄의 미래 역할과 이용 가능성에서도 제본스의 예측은 역시 크게 표적에서 빗나갔다(Jevons, 1865를 참조).

65 베이지호트는 또한 프랑스의 은의 비화폐화에 대해 의심을 나타냈는데, 그 후 곧 그것은 실제로 나타났다.

66 1821년 금을 기초로 한 지불재개가 영국에서 본위제의 다툼을 끝내지 못한 것은, 1879년 금을 기초로 한 지불재개가 미국에서 본위제의 다툼을 종결짓지 못한 것과

같다. "1821년의 법에 대한 가장 끈질긴 공격은 은본위제 또는 복본위제의 지지자들로부터 나왔다"(Fetter, 1973, p.17). 페터는 1825년의 위기에 대한 반응과 관련하여 화폐의 정설을 다룬 그의 저서의 한 절의 일부를 '복본위제의 새로운 지지 New Support for Bimetallism'라고 제목을 붙였다. 그는 또 한 절의 일부를 '은과 복본위제에 유리한 논평Favorable Comments on Silver and Bimetallism'이라는 다른 제목을 붙이고 다음과 같이 쓰고 있다(1965, pp.124, 181). "은본위제 또는 복본위제를 지지하는 지난번의 진지한 의회의 움직임은 1835년에 있었으나, 그 당시와 1844년 사이의 기간에 은이 화폐제도에서 보다 영속적인 지위를 차지해야 한다는 제안이 화폐금융정책의 다른 측면에 대해 다양한 견해를 가진 많은 사람들로부터 나왔다." 그 후 다시 1870년대와 1880년대에 미국이 금을 기초로 지불재개를 하고, 프랑스, 독일, 기타 유럽 국가들이 금본위제로 전환한 것이 은의 금가격을 급격히 하락시키기 시작한 이후 "인도의 환율 변동이 영국에 대해 조성하고 있던 혼란, 복본위제를 위한 미국으로부터의 압력, 그리고 금가격의 하락으로 인한 국내의 경제문제들이 국제적 복본위제의 가능성에 대해 진지하게 고려하도록 하였다"(1973, p.19). "(1887년에 임명된) 한 위원회는 찬반이 엇갈린 의견서를 통해 복본위제를 추천했으나 정부는 그러한 제의를 추진하지 않았으며, 이 운동은 국제적 정치 차원에서 출발도 하지 못했다"(Fetter, 1973, p.19).

67 최근 복본위제에 대한 두 개의 논문이 발표되었는데, 이는 상황이 바뀌고 있다는 조짐일 수도 있다(Roccas, 1987;Dowd, 1991).

68 "1923년부터 1933년 동안 은을 위해 무엇인가를 하라는 제안들"에 대한 자세한 논의는 리벤스Leavens의 저서 중 위의 제목을 참조(1939, p.224~235).

69 토머스 수정안의 초기의 조그만 효과는 제한된 기간 동안 정부의 전쟁 채무를 갚기 위해 온스당 50센트의 가격이라는 인위적 가격으로 은을 받아들인다는 규정이었다는 것이다. 약 2천만 온스 남짓의 은이 그해(1937년) 초기에 이 규정에 의거하여 구매되었다.

70 회의는 1933년 6월 12일 런던에서 개회되어 7월 27일 폐회되었다.

71 파리스(1938, pp.54~55)가 요약한 법의 요지는 다음과 같다.

목적 :

(1) 은의 가격을 인상

(2) 화폐용 금보유고의 가치의 1/3까지 은보유고를 증가

(3) 은증서silver certificate의 발행

위와 같은 목적을 달성하기 위한 조치들

(1) 재무장관은 그가 공약에 합당하다고 생각하는 조건 하에서 국내와 해외의 은을 구매

(2) 가격이 화폐용 가치(순은 온스당 1.2929달러)에 이르거나 화폐용 은보유고 가치가 화폐용 금보유고의 가치에 이를 때 은구매를 중지

(3) 1934년 5월 1일 미국 내 은 가격이 순은 온스당 0.50달러를 초과하지 않도록 함

(4) 화폐용 은보유고 가치가 화폐용 금보유고의 1/3을 초과할 때 은을 판매

(5) 은구매 비용에 미달하지 않는 표면액까지 은증서를 발행

(6) 재무장관이 은의 수출, 수입 및 기타 관련 거래를 통제할 수 있음

(7) 대통령은 은을 '국유화' 할 수 있음

(8) 은의 매매에서 얻는 이익에 대해 50%의 세금을 부과함

72 중국은 은본위제를 채택하고 있었지만 인도는 이미 이탈했다. 그러나 인도는 1893년까지는 은본위제를 채택하고 있었으며, 인도의 주화는 여전히 주로 은화였다.

73 금과 은의 상대가격이 좁은 범위 내에 머물렀다고 해서 금이나 은의 구매력이 불변했다는 것을 의미하지 않는다.

74 연속된 가격의 시계열 자료는 1976~86년까지는 상무성 GNP 디플레이터와 1800~67년까지는 미국 금역할위원회 보고서(1982)에 게재된 도매물가에 프리드먼과 슈워츠(1982)의 디플레이터와 연결시켜서 얻었다. 뉴욕의 은가격 자료는 워렌과 피어슨(1933)의 『역사적 통계*Historical Statistics*』, 그리고 야스트럼(Jastram, 1981)으로부터 얻어 연결했다.

75 홍콩은 중국과 밀접한 경제적 관계 때문에 역시 은본위제를 채택하고 있었으며, 에티오피아(당시 아비시니아Abyssinia), 페르시아(지금의 이란)도 역시 그러했다 (Leavens, 1939, p.39). 중국을 은본위제 국가라고 말하는 것은 단순화한 표현이다. "구리가 중국에 있어서 은보다 사업상 이용되는 비율이 더 높았다. 이러한 구리 주화는 금속으로서의 가치에 기초하여 유통되었다. 일반 사람들에게는 구리주화가 교환의 매개수단이자 가치 계산의 척도였다"(Kreps, 1934, pp.252~253). 그러나 본질적으로 모든 구매 거래와 외국 무역은 은을 기초로 이루어졌다.

76 중국이 변동환율제와 대등한 제도를 채택한 것이 물가에 미친 영향에 관한 훌륭한 논의는 위그날(1978a, pp. 33~43;1978b, p.39)을 참조. 이 논문들은 원전에서는 무기명으로 되어 있어서, 나는 〈*Asian Monetary Monitor*〉의 발행인이며 편집자인 존 그린우드John Greenwood의 1990년 4월 18일자 개인 서신을 통해 저자를 확

인했다.

77 그린우드와 우드에 의해 씌어진 이 논문과 다른 두 논문들은 원전에서는 무기명으로 되어 있다. 존 그린우드로부터의 1990년 4월 18일자 개인 서신을 통해 저자를 확인했다.

78 이 문단과 앞의 두 문단의 자료는 솔터(1934, pp.15~19)에서 인용한 것이다. 그러나 브렌트와 사전트(Brandt & Sargent, 1989), 로스키(Rawski, 1989), 그리고 장(P.H.K.Chang, 1988)에 의한 다른 해석들은 이 장의 부록을 참조하기 바람.

79 미국의 은구매사업으로 인해 야기된 사건들에 대한 다른 해석들은 이 장의 부록을 참조하기 바람.

80 솔터는 〈뉴욕타임스〉 특파원으로 1933년 런던세계경제회의를 취재했으며, 그 후에도 계속적으로 이 신문에 특별기고했다. 〈뉴욕타임스〉 보도에 의하면, 1934년 말 그가 뉴욕에서 몇 차례 연설을 한 것으로 되어 있으므로, 내가 인용한 사설은 그가 집필했을 가능성이 없지 않다. 그가 쓴 사설의 내용을 인용하는 것은 부자유스러운 것이 아니다.

81 이 효과가 얼마나 중요할 수 있었던가를 다소나마 짐작하려면, 그것은 은의 수출과 정부예산에 관한 자료에서 얻을 수 있다. 1932~36년까지 (중국의 법정가격으로 평가하여) 약 9억 원(元)의 은이 수출되었고, 1932~38년까지는 거의 14억 원이 수출되었다(Leavens, 1939, p.303). 간접적인 증거들에 의하면 그 은의 상당량은 개인 보유로부터 나왔지만, 반 정도의 양은 정부가 직접 보유한 화폐용 보유고로부터 또는 예금과 지폐에 대한 준비자산으로 국유은행들이 보유한 데에서 나온 것일 수 있다. 일본의 중국 침략 전이지만 이미 국민당 정부가 필사적으로 군사력을 강화하려고 했던 1936년에 정부 차입은 2억 7천 6백만 원이었고, 이것의 상당한 부분은 만기부채를 차환하기 위한 것이었다(Rawski, 1989, p.15;Brandt & Sargent, 1989, p.43). 따라서 정부가 직접 보유한 은만으로도 이러한 적자를 수년간 충당하였을 것이다. 더구나 그 은을 이용할 수 있었다면, 적어도 어느 정도의 기간 동안은 물가안정화와 화폐상환 건전화에 도움이 될 수 있었을 것이다. 이에 따라 군비 확장으로 야기된 재정적자는 보다 작았을 것이고, 인플레이션을 유발하지 않는 차입 능력은 보다 컸을 것이다. 결국 인플레이션 유발적 화폐팽창의 시작이 적어도 1년 동안 또는 아마도 2년 이상의 기간 동안 연기될 수 있었다고 가정하는 것은 불합리하지 않은 것으로 보인다. 물론 은수출의 일부는 정부가 사용하는 재화와 용역의 구매자금으로 간주되어야 한다. 그러나 그것의 상당량 또는 대부분

은 아마도 개인 계정으로 국내 자산을 대체한 해외 자산의 축적 목적으로 쓰였을 것이다.

82 은행권 발행에 대한 자료는 양(Yang, 1985, p.35), 도매물가지수 자료는 황 (Huang, 1948, p.564)을 참조. 중국어로 쓰여진 양의 표의 제목과 표제를 번역해 준 리우 나Liu Na에게 고마움을 밝힌다.

83 물가 하락이 경제에 미친 영향에 대한 동시대 관찰의 몇 가지 예는 앞에서 언급되었다(Salter, 1934;Young, 1971;Young, 1971에 의해 인용된 Rogers). 또 하나 후기의 관찰은 탕(T'ang, 1936)에 수록되어 있다. 1931년 영국의 금본위제 폐기 이후 기간에 관련하여 그는 다음과 같이 기술하였다. "물가하락은 상황을 크게 악화시켰는데, 농민과 제조업자들의 수입은 감소하는 반면에 차입금 이자, 조세 등의 지출은 높고 지대, 임금 등은 물가보다 느리게 하락하였기 때문이다. 고정임금의 상시고용 노동자들의 입장은 물가하락으로 개선되었으나, 대다수의 임금 노동자들은 위기상황으로 실직하게 되었으므로 그 손실은 일자리를 유지한 자들에 대한 혜택을 상쇄하고 남음이 있었다. 경제 상황은 계속 악화되었다"(p.51).

1년 뒤의 상황에 관하여, 탕의 기술은 다음과 같다. "1932~33년의 불황이 산업에 미친 영향은 실업의 대량 증가로 기록되었다…1934년 상황은 더욱 악화되었다. 물가하락이 처음에는 제조업자와 토지소유 농민에게 타격을 준 반면에 농업 노동자들과 일자리를 유지한 기타 노동자들은 생계비 인하로 이득을 보았다. 그러나 경제 상황의 악화로 농업 노동자와 공장 노동자 모두의 임금은 감소했으며 고통은 점차 확산되었다"(p.60).

훨씬 이후에 출판되었지만 동시대 관찰의 또 하나 예로 영(1971, 208~211, 220~223)이 있다.

84 미국의 경우 이 같은 낮은 비율은 남북전쟁 후에야 도달되었다. 당시 미국의 1인당 실질소득은 1933년 중국의 1인당 실질소득 추정치의 거의 10배에 달하였다. 프랑스의 경우 이 같은 낮은 비율은 1952년에서야 달성되었다(Saint Marc, 1983, pp.38~39)는 것은 놀라운 일이다.

85 IMF 추정치에 기초한 1988년의 저개발국가에 대한 비율은 인도는 60, 시리아와 멕시코는 62, 차드는 65, 자이레와 네팔은 68, 예멘아랍공화국은 74, 그리고 중앙아프리카공화국은 78이다.

86 로스키는 은행권의 지급보증용 은의 가능한 감소를 감안하지 않았기 때문에 협의의 화폐총량의 감소는 과대평가일 수 있다. 그러나 그러한 요인을 최대한 감안하

더라도 1931~35년간 미미한 증가만 나타낼 뿐이며, 1932~35년 기간에는 3%와 2%의 감소를 나타낸다.

87 물가지수는 미국과 영국의 경우에는 실질국민소득을 계산할 때 사용하는 암묵적 디플레이터이고, 독일과 일본 그리고 브라질의 경우에는 소비자물가지수이다. 브라질을 제외한 모든 나라의 경우 화폐는 미국에서 M2라고 불리는 통화총량 개념이며, 브라질의 경우에는 1989년까지의 자료만 입수 가능하기 때문에 미국의 M1에 해당하는 개념이다. 미국과 영국의 경우 생산은 실질국민소득이지만 다른 나라의 경우 실질 GNP이다. 미국과 영국의 자료 출처는 프리드먼과 슈워츠(Friedman & Schwartz, 1982, [표 4–8]과 [4–9])이며 1975년 이후의 것은 공식통계 자료를 외삽(外揷)한 것이다. 다른 나라의 자료는 매년 발행되고 있는 IMF의 〈국제금융통계 *International Financial Statistics*〉에서 발췌했으며, 브라질의 자료는 브라질 중앙은행의 1989년 연차보고서에서도 구하였다.

88 이것은 모든 그림에서 횡축에 대한 종축의 비율을 동일하게 정함으로써 가능하게 된다.

89 연준이 정부기관이냐, 민간기업이냐에 관해서는 논쟁의 여지가 많다. 이러한 논쟁 때문에 음모가 있다는 내용의 '엉터리' 문헌들이 많이 출판되었다. 연준의 이사회 Board of Governors (이하 BOG라 함)는 7명의 위원으로 구성되어 있는데, 이들은 모두 상원의 동의를 얻어 대통령이 임명하도록 되어 있다. 따라서 이는 분명히 한 정부기관이다.

논쟁의 발생 근거는 12개의 연방준비은행들이 모두 연방법에 의거한 법인으로서 각각 주주들과 이사들과 총재가 있기 때문이다. 각 연방준비은행의 주주들은 그 지역의 가맹은행이며, 이들은 9명의 이사 중 6명을 선출하도록 되어 있다. 나머지 3명의 이사는 연준의 BOG가 임명한다. 각 가맹은행들은 연방준비은행 자본금 및 잉여금의 3%에 해당되는 만큼의 주식을 구입하도록 되어 있다. 따라서 명목적으로는 연방준비은행들은 민간 소유이다.

그러나 연방준비은행 주식에 대한 배당금은 6%로 제한되어 있다. 그 소득의 비용 초과분은 재무성으로 귀속된다(1989년엔 그 규모가 200억 달러에 달하였다). 각 지역의 연방준비은행의 이사회는 은행의 경영진을 임명한다. 그러나 BOG는 거부권을 가지며, 지역 연방준비은행장들presidents의 임명에 있어 때때로 주요 역할을 할 때가 있다.

마지막으로 BOG 이외에 연준의 가장 중요한 정책기구는 7명의 이사(BOG위원)와

12개 연방준비은행의 행장들로 구성된 공개시장위원회Open Market Committee 이다. 그러나 항시 12명의 은행장 중 5명만이 의결권을 갖기 때문에 BOG의 최종적 통제권이 확보된다. 요약하면, 지역별 연방준비은행들은 명목적으로 민간 소유라는 위장수단에도 불구하고 연준은 사실상 정부의 한 기구이다.

90 여기서 "정확하게 측정한다"는 말은 이른바 적자에 일종의 숨겨진 조세(hidden tax)도 포함한다는 뜻이다. 여기서 인용한 수치들은, 이른바 '조세' 총액보다 조세부담을 더 잘 나타내는 척도로서 정부지출은 국민소득에 대한 비율로 나타낸 것이다. 그러나 이것이 더 나은 척도이긴 하지만, 예산 편성에 포함되어 있지 않은 정부지출을 포함하지 않기 때문에 여전히 매우 낮은 수치이다.

91 흔히 인용되는 부채 수치들은 연방기구들과 연준의 부채도 포함하고 있기 때문에 오류를 일으키기 쉽다. 예를 들면 1990년 6월 현재 총부채는 3,233조 달러이고, 순부채는 그보다 1/3이 줄어든 2,207조 달러이다.

92 이에 관한 나의 최초의 체계적 제안은 『통화안정계획*A Program for Monetary Stability*』(1960)에 담겨 있다. 그리고 나의 가장 최근의 제안은 『1980년대의 금융정책*Monetary Policy for the 1980s*』(1984)에 담겨 있다.

93 최근 일본 자료의 자세한 협조에 대해 요시오 스즈키Yoshio Suzuki에게 감사드린다.

94 칠레의 사례에 대한 정보를 제공해준 돈 그레슬Don Gressel과 아놀드 하버거 Arnold Harberger, 이스라엘의 사례에 대한 정보를 제공해 준 헤임 바케이Haim Barkai와 미첼 브르노Michael Bruno에게 감사한다.

95 피노체트는 1973년 9월에 정권을 장악하였으며, 전년 동기 대비 소비자물가의 인플레이션이 절정에 이른 것은 1974년 4월이었다.

간단히 설명하면, 1973년의 정부 지출은 국내총생산GDP의 44%, 명시적 조세수입은 GDP의 20%에 이르러, 결국 재정적자는 국민소득NI의 24%였다. 이 시점에 이르러서 정부는 국민 또는 해외로부터 차입할 수 있는 능력이 실질적으로 사라졌으며, 적자보전의 유일한 수단은 화폐발행뿐이었다. 더욱이 국민들은 인플레이션 기간 동안 정부가 발행하는 화폐의 경제적 사용방법을 터득하게 됨에 따라 화폐발행 잔액은 국내총생산의 약 3~4% 정도로 감소하였다. 국민소득의 24%에 달하는 적자의 보전수단으로 화폐량에 조세를 부과하기 위해서는 600~800%의 조세(인플레이션─옮긴이)가 필요하였는데, 1974년 GDP 디플레이터는 1973년에 비해 약 700% 정도 높았다.

96 더욱이 하버거가 강조한 바와 같이, 교역조건의 변화와 자본유입의 급격한 감소 때문에 완전한 조종을 위해서는 실질 임금의 하락이 있어야 했는데, 이는 법적 제한에 의해서 불가능했다. 그러나 자본유입의 감소는 적어도 부분적으로는 칠레 페소의 대미 달러의 환율고정화와 달러의 평가절상 때문이었다. 환율고정화 조치가 1980년과 1981년에 자본유입의 급증을 촉진시켰다는 것은 의심할 여지가 없다. 달러의 평가절상은 비달러 외국 투자자들에게 칠레에 대한 자본투자의 매력을 감소시킴에 따라 반대의 영향을 미쳤다. 추가적으로 칠레의 국제수지와 국내 경제상황에 미친 영향은 달러에 대한 평가절하의 우려를 불러일으켰으며, 이는 달러 투자자들을 위축시켰다.

97 바케이(1990b)는 다른 논문에서 거의 동일한 시기에 실시된 이스라엘, 아르헨티나, 브라질의 개혁을 비교한다. 이스라엘의 개혁은 성공적이었으나, 다른 두 나라의 개혁은 인플레이션이 일시적으로 하락되었을 뿐 실패로 끝났다. 그는 성패의 차이를 이스라엘은 정부적자의 축소와 금융긴축정책을 강행한 반면 두 나라는 그렇게 하지 못한 탓으로 보았다.

98 셰켈은 1987년 1월, 1988년 12월, 1989년 1월, 1989년 6월, 그리고 1990년 9월에 각각 12, 5, 8, 4, 10% 씩 평가절하되었다.

99 연방준비이사회Federal Reserve Board의 〈10개 선진국 화폐에 대한 미국 달러의 가중평균환율〉에 기초한 것이다.

100 이 절은 주로 프리드먼(Friedman, 1989)에서 따온 것이다.

101 이러한 발권기구는 대영제국 전성기 동안 영국 식민지들에 대한 전형적 제도장치였다.

102 FDIC와 FSLIC가 제정된 후 처음 30여 년 동안에는 일반 은행이나 저축대부조합 중 어느 것이나 파산은 거의 없었다. 예금자들은 은행의 과도한 위험 부담업무로 인해 손해를 본 것이 없었지만, 주식 소유자들은 손해를 보았다. 따라서 위험에 대해 충실한 자기자본이라는 완충장치가 있는 한, 주식소유자들(혹은 상호금융기관의 경우에는 경영자들)은 과도한 위험을 회피해야 할 유인이 충분하다.

1970년대의 인플레이션 가속화는 이자율의 상승을 초래하였으며, 이는 모두 단기로 차입하고 장기로 대출하는 은행과 저축대부조합의 순자산가치를 붕괴시켰다. 특히 저축대부조합들은 그들의 자산이 주로 장기·고정금리의 저당채권대출로 구성되어 있기 때문에 취약했다. 일단 순자산가치가 소멸되면 은행은 위험도가 높은 업무활동에 개입할 유인을 갖게 된다. 말하자면 동전던지기를 해서 "앞면이 나오면 은행이 돈을 먹고, 뒷면이 나오면 납세자가 돈을 잃는(즉, 은행이 부실화되면 납세자가 그 부담을 안게 된다는)" 막가는 식의 영업행위를 하게 된다. 이에 따라 1970년대 후반에는 일반은행의 파산이 크게 늘어나고 저축대부조합의 파산은 파국적으로 급증했다. 만일 화폐증가가 1970년부터 계속 억제되었더라면 인플레이션의 가속화는 회피될 수 있었을 것이고, 보험제도 장치의 결함에도 불구하고 저축대부조합의 연간 도산 숫자는 한 자리 수에 머물렀을 것이다.

103 개인소득세에 대한 인플레이션의 잔여효과 중 가장 중요한 것은 인플레이션에 따라 자본이득과 이자율을 조정시키지 못하게 되는 데서 발생한다. 명목적 자본이득과 명목 이자수입은 과세 대상이지만 실질 자본이득과 실질 이자수입의 명목가치는 조세 대상이 아니다. 그리고 법인소득세에도 잔여효과가 존재한다.

104 나는 내가 프리드먼(1963)에서 처음으로 이러한 말을 사용했다고 믿고 있으며 그것은 프리드먼(1968, p.39)에 재인쇄되었다.

| 찾아보기 |

1873년의 범죄 7

1873년의 화폐주조법 78

1차대전 231

2차대전 231

EMS제도 282

GNP 디플레이터 266

Q규정 290

| ㄱ |

경기변동이론 58

경제분석사 167

경제적이며 안정적 화폐를 위한 제안
  182

경화硬貨주의자 170

계층 승급 244

고정환율제 274

공개시장위원회 40

공개시장투자위원회 280

공급 48

관리지폐본위제도 203

교환매개수단 31

국민당 정부 209

국민은화당 133

국제복본위제 174

국제통화기금 159

그레샴의 법칙 65

그로버 클리블랜드 136

그린백 68, 82

그린백 인플레이션 169, 202

그린백당 93, 144

그린백본위 140

금 창문의 폐쇄 36

금·은 가격비 97

금덩어리[地金] 68

금본위제 139

금속화폐 157

금원金元 210

금은복본위제도 6

금의 단본위주의 160

금의 창문 159

금현송점 84, 164, 281

금화 위조 181

금환본위제 159

기펜의 역설 171

깎아내기 65

| ㄴ |

나이젤 로슨 284

나폴레옹전쟁 68, 162, 165

남북전쟁 68, 82, 93, 140, 158, 202

낮은 생산성 237
노동조합 236
농촌구제법안 189
뉴턴 179
뉴팔그라브 사전 150
니콜라스 비들 81

| ㄷ |
단본위제도 7
단본위화폐 광신자들 185
대공황 199, 294
대륙의회 32
대주조개혁 66
대체관계 48
대체자산 48
대체화폐 32
데나리우스 은화 66
데이비드 리카도 182
데이비드 흄 50, 64
도매물가지수 266
독일의 금본위제 164
돌화폐 31
돌화폐의 섬 21
두 유밍 210
드라크마 66
디플레이션 140
땀내기 65

| ㄹ |
라틴통화동맹 90
러시아 227
레옹 왈라스 173

로렌 브렌트 213
로마제국 224
로버트 기펜경 171
로버트 헤슬 262
롬바드 스트리트 35
루드비히 에르하르트 34
루드비히 폰 미제스 162
루스벨트 158, 194
루이스 프로만 160
루피 191, 204
리처드 닉슨 8, 159
리처드 홉스테터 136
린더맨 86

| ㅁ |
마시모 로카스 170
마크 하나 137
마틴 월버그 191
맥킨리 관세법 145
메릴린치 291
멕시코 202
명목변수 45
명목자산 46
명목현금잔고 41
명목화폐 수량 40
모건 101
모택동 190, 227
물가 및 임금규제 261
물가변동률 58, 266
물가상승 56
물가안정 262
물가연동제 172, 244

물가지수본위제 185
물가효과 71
물물교환 32, 43
미국달러의 평가절상 276
미국의 복본위제 역사 171
미국의 화폐제도 289
미달반응 57
미시시피 거품 225
미합중국은행 81
밀링 66

| ㅂ |
배급제 232
버거씨병 247
법정가격비 97
법정 금·은 가격비 173
법정불환지폐본위 159
법정비율 180
법화 30, 79, 94
보조화폐 82
복리 계산 234
복본위제 반대론 171
복본위제도 7
복본위주의의 재고 160
부셸 36
분배 효과 53
불태화 265
불환지폐 68, 200, 289
브라이언 153
브라질 234
브레튼우즈체제 36, 74, 282
블랜드-앨리슨법안 92, 144

비금융활동 217

| ㅅ |
사버린 화폐 175
사이먼 뉴콤 60, 150
사전적 수익 46
사후적 수익 46
살바도르 아옌데 226, 273
상방한계비율 168
상품본위제도 64
서지오 드 카스트로 277
석유수출국기구 238
석유파동 238
세계경제회의 195
세계통화제도 289
셔먼은구매법안 92
셰켈 277
소득(수익) 29
소득변화율 58
솔론 66
수요 48
수요증가 254
쉴드 니콜슨 175
슘페터 167
스네이크제도 282
스칸디나비아동맹 91
스코프스 공판 137
스탠리 제본스 172
스페인-미국전쟁 139
슬러츠키 교차방정식 조건 125
시어스로벅 291
시장금리 단기상품(MMF) 39, 44, 291

시장금리 연동부 단기금융상품
  (MMMF) 290
시장비율 180
시카고 보이스 274
실업 269
실질변수 45
실질현금잔고 41, 44
실질화폐 수량 40
심메털리즘 172, 185

| ㅇ |

아더 솔터 207
아메리칸익스프레스 291
아시냐 68, 165, 223
아우구스토 피노체트 273
아우레우스 금화 66
안젤라 레디쉬 179
알렉산더 해밀턴 79, 161
알프레드 마샬 171
애너 슈워츠 95, 213
앤드류 잭슨 81
양 린생 225
얩(웹) 섬 21
어거스트 벨몬트 101
어네스트 세이드 85
어빙 피셔 37, 162, 173, 292
에지워스 172
엔화 204
엘머 토머스 194
연동連動조항 258
연방예금보험공사 291
연방준비은행 24

연방준비제도이사회 37
영란은행 176
오스트랄 42
완전고용 정책 239
왐펌 35
워렌과 피어슨 120
월터 누전트 87
월터 베이지호트 7, 177
윌리암 보라 194
윌리엄 맥킨리 133
윌리엄 제닝스 브라이언 6, 82, 133
윌리엄 헨리 퍼니스 3세 21
유고슬라비아 227
유량 41
유럽지불동맹 282
유럽통화제도 281, 282
유용성 43
은 지지세력 197
은구매사업 189
은본위제 198
은의 가치절하 177
은의 단본위주의 160
은의 자유화운동 133
이사벨 페론 226
이스라엘 8, 273, 277
인도 151, 204
인민당 101
인플레이션 32, 57, 302
인플레이션적인 화폐증가 253
일물일가의 법칙 214
일본 204
임금인상 236

| ㅈ |

자산 29
자유 주조 79
자유주조운동 97
장 기아오 190
장개석 190, 205
장기 평균수준 48
장기국채 260
재개법 83, 134
재정거래 164
저개발국가 292
저량 41
저성장과 고실업 252
적합도의 우수성 121
전쟁배상금 90
정부지출 239
정화正貨 32, 79, 115, 217
정화正貨본위제도 79, 84, 292
정화준비율 117
제본스 176
제임스 로렌스 로린 146, 171
제임스 반스 136
제임스 켈러헌 241
제임스 하비 로저스 208
조르주 클레망소 300
조지 보트웰 87
존 로우 225
존 셔먼 87
존 제이 녹스 87
주식 41
주화가치 훼손 67
중국 68, 190, 198, 203

중국 내전 212
중국달러 204
중국의 화폐와 신용 225
지금주의地金主義 85
지금地金・지은地銀의 연결 172
지금地金의 높은 가격 182
지폐본위 140
지폐본위제 83

| ㅊ |

청화법 62, 102, 133
체르보네츠 33
초과반응 57
초인플레이션 190, 224
최적 화폐 수량 5
칠레 8, 273

| ㅋ |

카르데나스 대통령 202
컨티넨탈화폐 32, 223
케빈 장 213, 218
크렙스 192
클라렌스 대로우 138
키 피트만 192

| ㅌ |

태환불능지폐본위 159
토머스 로스키 214
토머스 사전트 213
토머스 수정안 189
통화량 302
통화바스켓 279

통화증발增發 240
트로이온스 79

| ㅍ |
파운드스털링 204
페세타 42
페소 281
페이 21
페쿠스 35
평가환율 164
평균가격 60
평균가격지수 60
폐화廢貨 효과 36
포레스트 카피 224
폴 올리어리 81, 88
프랑스은행 24
프랑스의 복본위제 164
프랑스-프러시아전쟁 164
프랜시스 워커 88, 150, 169
프랭크 페터 181
프랭클린 델라노 루스벨트 7, 151, 189, 302
피에르 듀퐁 304
피일법 178
피트만법 191

필립 케이건 211

| ㅎ |
하방한계비율 168
헌트 형제들 200
헨리 모겐소 208
헨리 콤머저 138
홍콩달러 279
화폐 29
화폐 현상 69
화폐 환상 142, 216
화폐가치 훼손 67
화폐개혁 42, 219
화폐경제 43
화폐발행 239
화폐수축 216
화폐의 가치절하 165
화폐의 역사 101, 213, 216, 218, 290
화폐의 정원 8
화폐적 현상 5
화폐제도 157
화폐증가 251
화폐증가율 70
화폐증가율 효과 71
화폐팽창 242

통화 이론으로 노벨경제학상을 수상한 세계적 경제학자의 돈 이야기

화폐경제학

제1판 1쇄 인쇄 | 2024년 3월 28일
제1판 1쇄 발행 | 2024년 4월 4일

지은이 | 밀턴 프리드먼
옮긴이 | 김병주
펴낸이 | 김수언
펴낸곳 | 한국경제신문 한경BP

주   소 | 서울특별시 중구 청파로 463
기획출판팀 | 02-3604-590, 584
영업마케팅팀 | 02-3604-595, 562   FAX | 02-3604-599
H | http://bp.hankyung.com   E | bp@hankyung.com
F | www.facebook.com/hankyungbp
등   록 | 제 2-315(1967. 5. 15)

ISBN 978-89-475-4948-6 03320